JN198236

「御義口伝」要文講義

池田大作

聖教新聞社

目次

南無妙法蓮華経
題目の師子吼で　人間革命の栄光のドラマを！……5
序品第1
大願を燃やせ――悩みは成長の光源……27
方便品第2〈上〉
誰もが皆「仏」なり――この真実に目覚めよ……47
方便品第2〈下〉
私自身が妙法の当体！――確信ある自分に……67

譬喩品第3・信解品第4
妙法は万人に等しく具わる無上の宝なり …… 87
化城喩品第7
法華経は三世にわたる師弟の共戦譜 …… 107
法師品第10
「広宣流布の大願」こそ創価学会の魂 …… 127
見宝塔品第11・提婆達多品第12
現実世界で　あるがまま輝く仏たれ …… 147
勧持品第13
〝難こそ誉れ〟の信心こそ学会精神 …… 167
従地涌出品第15
崇高なり　地涌の使命を果たしゆく人生 …… 187

如来寿量品第16〈上〉
下種——万人の幸福を開く仏の聖業……207
如来寿量品第16〈中〉
「生も歓喜、死も歓喜」の大境涯……227
如来寿量品第16〈下〉
「我此土安穏」の幸福世界を祈り築く……249
常不軽菩薩品第20
人類の善性を薫発する友情の対話を……271
付録
英訳『御義口伝』への序文
第3代会長　池田　大作……292

一、本書は、「大白蓮華」に掲載された「世界を照らす太陽の仏法」（2022年11月号〜2023年12月号）を『「御義口伝」要文講義』として収録した。

一、御書の引用は、『日蓮大聖人御書全集　新版』（創価学会版）に基づき、ページ数は（新〇〇ページ）と示した。『日蓮大聖人御書全集』（創価学会版、第二七八刷）のページ数は（全〇〇ページ）と示した。

一、法華経の引用は、『妙法蓮華経並開結　新版』（創価学会版）に基づき（法華経〇〇ページ）と示した。

一、引用文のなかで、旧字体を新字体に、旧仮名遣いを現代仮名遣いに改め、句読点を補ったものもある。また、引用文中の御書を『日蓮大聖人御書全集　新版』に基づいたものもある。

一、肩書、名称、時節等については、掲載時のままにした。

一、説明が必要と思われる語句には、〈注〇〉を付け、編末に「注解」を設けた。

——編集部

南無妙法蓮華経

題目の師子吼《ししく》で 人間革命の栄光《えいこう》のドラマを！

「力《ちから》あらば一文一句《いちもんいっく》なりともかたら《語》せ給《たも》うべし」（新1793㌻・全1361㌻）

私たちが心肝《しんかん》に染《そ》め抜《ぬ》いてきた御金言《ごきんげん》です。弘教《ぐきょう》こそ宗教《しゅうきょう》の生命《せいめい》です。

20世紀《せいき》の大歴史家《だいれきしか》トインビー博士〈注1〉は、宗教《しゅうきょう》を論《ろん》ずる中《なか》で、こう指摘《してき》されていました。

「人間は、自分《じぶん》が貴重《きちょう》だと思《おも》うものは、大切《たいせつ》であるからこそ、他《た》の人びとにも伝《つた》え、かれらと分《わ》かち合《あ》いたいという強《つよ》い希望《きぼう》をいだいている」

宗教《しゅうきょう》は、人類《じんるい》の歴史《れきし》とともにあり、それぞれの社会《しゃかい》において、個人個人《こじんこじん》の内面《ないめん》にとどまらず、他者《たしゃ》と共有《きょうゆう》され広《ひろ》まっていった。そして距離《きょり》を越《こ》え、時代《じだい》を超《こ》えて伝《つた》えられ、幾多《いくた》の苦難《くなん》を越《こ》えて分《わ》かち合《あ》われていった。その原動力《げんどうりょく》となった人間の熱願《ねつがん》が的確《てきかく》に捉《とら》えられています。

今《いま》、日蓮大聖人《だいしょうにん》の「太陽の仏法」が、その慈悲《じひ》と哲理《てつり》の大光《たいこう》で、全世界を燦々《さんさん》と照《て》らす

20世紀を代表する歴史学者アーノルド・J・トインビー博士と笑顔で
握手を交わす池田先生（1973年5月、ロンドンで）

時代《じだい》に入《はい》りました。各国・各地域《かくちいき》で創価の同志《とも》は、〝この大仏法を一人でも多《おお》くの人々に伝《つた》えていきたい。いな、伝《つた》えずにおくものか、喜《よろこ》びを分《わ》かち合《あ》わずにおくものか〟という大《おお》いなる希望《きぼう》と熱意《ねつい》で、日々《ひび》、前進《ぜんしん》しています。

法華経を自在闊達《じざいかったつ》に講義《こうぎ》

この時《とき》に当《あ》たり、日蓮仏法の真髄《しんずい》が留《とど》められた御義口伝《おんぎくでん》を、わが地涌《じゆ》の同志《どうし》と共《とも》に学《まな》んでいきたい。

日蓮大聖人《だいしょうにん》は、ありのままの凡夫《ぼんぷ》の身《み》に、万人成仏《ばんにんじょうぶつ》の大法《だいほう》である南無妙法蓮華経を覚《さと》り、受持《じゅじ》し、体現《たいげん》された末法《まっぽう》の御本仏《ごほんぶつ》であられます。その根本的《こんぽんてき》な覚《さと》りの御境地《ごきょうち》から、法華経並《なら》びに開結《かいけつ》を自在闊達《じざいかったつ》に展開《てんかい》・活釈《かっしゃく》し、弟子《でし》たちに口伝《くでん》された珠玉《しゅぎょく》の言々句々《げんげんくく》を日興上人《にっこうしょうにん》が編纂《へんさん》したと伝《つた》えられます。不二《ふに》の心で結《むす》んだ、この師弟《してい》の講義《こうぎ》が御義口伝《おんぎくでん》です。

御義口伝《おんぎくでん》を拝《はい》する上《うえ》で最《もっと》も重要《じゅうよう》なことは何《なに》か。南無妙法蓮華経とは、大聖人《だいしょうにん》が覚知《かくち》された宇宙《うちゅう》と生命《せいめい》を貫《つらぬ》く根源《こんげん》の法《ほう》そのもの、一念三千《いちねんさんぜん》の法理《ほうり》そのものであるという大確信《だいかくしん》に立《た》つことです。

初代会長・牧口常三郎《つねさぶろう》先生も、御義口伝《おんぎくでん》を身読《しんどく》されました。その座右《ざゆう》の一書《いっしょ》は、愛用《あいよう》されていた霊艮閣版《りょうごんかくばん》の御書と同《おな》じく、戦時下《せんじか》、軍部政府《ぐんぶせいふ》の弾圧《だんあつ》の中《なか》、押収《おうしゅう》されています。獄中《ごくちゅう》の訊問調書《じんもんちょうしょ》によれば、牧口先生は、「法華経とは如何《いか》なる教《おし》えか」と問《と》われ、堂々《どうどう》と答《こた》えられます。

「無始無終《むしむしゅう》にして、始《はじ》めなき久遠《くおん》より、終《お》わりなき永劫《えいごう》にわたり、常《つね》に流動《りゅうどう》しつつ、絶《た》えず一切《いっさい》の森羅万象《しんらばんしょう》を活躍《かつやく》せしむるところの法《ほう》、それ自体《じたい》に相応《そうおう》すべく行動《こうどう》することが、仏法であり、妙法であります」〈注2〉——と。

先生が言《い》わんとされたものこそ、南無妙法蓮華経であり、宇宙《うちゅう》と生命《せいめい》の根源《こんげん》の法《ほう》に則《のっと》った生《い》き方《かた》です。この妙法への信仰《しんこう》をもって、あの暴虐《ぼうぎゃく》な国家主義《こっかしゅぎ》の権力《けんりょく》をも悠然《ゆうぜん》と見下《みお》ろされていたのです。

第2代会長・戸田城聖《じょうせい》先生も、牧口先生と同《おな》じく獄中闘争《ごくちゅうとうそう》を貫《つらぬ》き、そして悟達《ごだつ》されました。すなわち、「仏《ほとけ》」とは何《なに》かという問《と》いを突《つ》き詰《つ》めた先《さき》に、豁然《かつぜん》と得《え》た「仏《ほとけ》とは生命《せいめい》なり」との覚知《かくち》であり、法華経の深義《じんぎ》を問《と》い続《つづ》けて得《え》た、「我《われ》、地涌《じゆ》の菩薩《ぼさつ》なり」との使命《しめい》の自覚《じかく》です。この境地《きょうち》から、先生は御義口伝《おんぎくでん》に明《あ》かされる生命観《せいめいかん》を拝《はい》し、法華経を「生命《せいめい》論《ろん》」として展開《てんかい》されたのです。

まさしく、深遠《しんえん》なる生命《せいめい》の大地《だいち》に依《よ》って立《た》ち、「一人」の無限《むげん》の可能性《かのうせい》を開《ひら》き、闊達《かったつ》でダイナミックな智慧《ちえ》と力《ちから》を解《と》き放《はな》つ創価教学《きょうがく》の原点《げんてん》が、ここにあります。

「民衆《みんしゅう》仏法」「師弟《してい》の宗教《しゅうきょう》」「生命尊厳《せいめいそんげん》の思想《しそう》」

私たちは御義口伝《おんぎくでん》を学《まな》ぶ中《なか》で、人類《じんるい》が願《ねが》ってやまなかった〝人間宗教《しゅうきょう》〟の実像《じつぞう》に触《ふ》れることができる。そこには、三つの柱《はしら》があります。

第一に「民衆《みんしゅう》仏法」という柱《はしら》です。

例《たと》えば、御義口伝《おんぎくでん》には、「凡夫即極《ぼんぷそくごく》」（新993㌻・全714㌻）、「末法《まっぽう》の『仏《ほとけ》』とは、凡《ぼん》夫《ぷ》なり」（新1067㌻・全766㌻）等《とう》と説《と》かれます。

絶対《ぜったい》に人間を離《はな》れない。十界互具《じっかいごぐ》〈注3〉の凡夫《ぼんぷ》を一切《いっさい》の基準《きじゅん》とし、凡夫《ぼんぷ》の生命《せいめい》に尊極《そんごく》の仏《ほとけ》が具《そな》わり、凡夫《ぼんぷ》のために仏《ほとけ》も存在《そんざい》するとの明言《めいげん》です。「権威《けんい》の宗教《しゅうきょう》」「宗教《しゅうきょう》のための宗教《しゅうきょう》」から、「民衆《みんしゅう》仏法」「人間のための宗教《しゅうきょう》」への大転換《だいてんかん》が、御義口伝《おんぎくでん》には貫《つらぬ》かれています。

第二に「師弟《してい》の宗教《しゅうきょう》」という柱《はしら》です。

御義口伝《おんぎくでん》には、「日蓮等《にちれんら》の類《たぐ》い」と何度《なんど》も仰《おお》せです。それは、開目抄《かいもくしょう》の「我《われ》ならびに我《わ》が弟子《でし》」（新117㌻・全234㌻）とも同義《どうぎ》でしょう。「師子吼《ししく》」を「師弟共《していとも》に唱《とな》うるところの音声《おんじょう》」（新1043ジペー・全748ジペー）とも言《い》われます。師弟《してい》の共戦《きょうせん》に生《い》き生《い》きと勇敢《ゆうかん》に踏《ふ》み出《だ》す中《なか》にこそ、我《われ》らの成仏《じょうぶつ》の直道《じきどう》があるのです。

第三に、「生命尊厳《せいめいそんげん》の思想《しそう》」という柱《はしら》です。

一人一人の凡夫《ぼんぷ》は至高《しこう》の仏性《ぶっしょう》を具《そな》えた当体《とうたい》であり、その生命自体《せいめいじたい》が「宝塔《ほうとう》」〈注4〉である。一人一人が、かけがえのない無上《むじょう》の尊《とうと》い存在《そんざい》であることを、御義口伝《おんぎくでん》は繰《く》り返《かえ》し明《あ》かされます。

そして法華経には「無一不成仏《むいちふじょうぶつ》」──「一《ひと》りとして成仏《じょうぶつ》せざること無《な》けん」（法華経138ジペー）とあります。一人も置《お》き去《ざ》りにしない、いかなる人であれ、絶対《ぜったい》に救《すく》わずにはおかない。この慈悲《じひ》の心が、日蓮仏法の平等大慧《びょうどうだいえ》の精神《せいしん》です。

混迷《こんめい》を深《ふか》める21世紀《せいき》にあって、地球《ちきゅう》の平和《へいわ》のために「生命尊厳《せいめいそんげん》の宗教《しゅうきょう》」「人間主義《しゅぎ》の仏法」を、御義口伝《おんぎくでん》の尽《つ》きせぬ智慧《ちえ》から学《まな》び、より一層明確《いっそうめいかく》にしていきたいと願《ねが》っております。

「御義口伝《おんぎくでん》」南無妙法蓮華経の一節（新984ジペー・全708ジペー）

南無妙法蓮華経

御義口伝《おんぎくでん》に云《い》わく、「南無《なむ》」とは梵語《ぼんご》なり。ここには「帰命《きみょう》」と云《い》う。人法《にんぽう》これ有《あ》り。人《にん》とは釈尊《しゃくそん》に帰命《きみょう》し奉《たてまつ》るなり。法《ほう》とは法華経《ほけきょう》に帰《き》命《みょう》し奉《たてまつ》るなり。また云《い》わく、「帰《き》」と云《い》うは迹門不変真如《しゃくもんふへんしんにょ》の理《り》に帰《き》するなり。「命《みょう》」とは本門随縁真如《ほんもんずいえんしんにょ》の智《ち》に命《もと》づくなり。「帰命《きみょう》」とは南無妙法蓮華経これなり。

現代語訳

「南無妙法蓮華経」について、御義口伝《おんぎくでん》に次《つぎ》のように仰《おお》せである。

「南無《なむ》」とは梵語《ぼんご》（古代《こだい》インドの文章語《ぶんしょうご》・サンスクリット）である。漢語《かんご》（中国語）では「帰命《きみょう》」という。

帰命《きみょう》には「人《にん》」への帰命《きみょう》と、「法《ほう》」への帰命《きみょう》がある。「人《にん》」への帰命《きみょう》とは釈尊《しゃくそん》に帰命《きみょう》し奉《たてまつ》ることである。「法《ほう》」への帰命《きみょう》とは法華経に帰命《きみょう》し奉《たてまつ》ることである。

また、次《つぎ》のように仰《おお》せである。帰命《きみょう》の「帰《き》」とは、迹門不変真如《しゃくもんふへんしんにょ》の理《り》に帰《き》することである。帰命《きみょう》の「命《みょう》」とは、本門随縁真如《ほんもんずいえんしんにょ》の智《ち》に命《もと》づくことである。「帰命《きみょう》」とは南無妙法蓮華経そのものである。

南無妙法蓮華経が一切《いっさい》の根本《こんぽん》

御義口伝《おんぎくでん》全体の冒頭《ぼうとう》に、「南無妙法蓮華経」と掲《かか》げられています。ここに甚深《じんじん》の意義《いぎ》があります。

南無妙法蓮華経（妙法蓮華経）とは、単《たん》なる経題《きょうだい》ではない。法華経の肝心《かんじん》であり、根源《こんげん》の法《ほう》そのもの、永遠《えいえん》なる生命《せいめい》の法則《ほうそく》であるというのが、大聖人《だいしょうにん》の覚《さと》りであり、御義口伝《おんぎくでん》の根《こん》本的立場《ぽんてきたちば》なのです。

「帰《き》する」こと、「命《もと》づく」こと

梵語《ぼんご》の「南無《なむ》」とは、漢語《かんご》で「帰命《きみょう》」――「命《いのち》」を仏《ほとけ》やその教《おし》えに「帰《き》」す、つまり自《じ》分《ぶん》の全《すべ》てをかけて信《しん》じ、実践《じっせん》するということです。洋《よう》の東西《とうざい》を問《と》わず、人間は、いわゆる哲学《てつがく》や宗教《しゅうきょう》、また科学《かがく》やイデオロギーなど、何《なん》らかの信《しん》ずる対象《たいしょう》を持《も》って生《い》きてきたと言《い》えましょう。

しかし、それらが、「生命《せいめい》」「生死《しょうじ》」といった問題《もんだい》について、真《しん》に答《こた》えているか、どうか。この根幹《こんかん》の問題《もんだい》を明快《めいかい》に解明《かいめい》しゆく道《みち》を示《しめ》したのが、末法《まっぽう》の法華経たる日蓮大聖人《だいしょうにん》の仏法なのです。

トインビー博士も、最晩年《さいばんねん》、仏法を深《ふか》く探究《たんきゅう》していたのは、ご存《ぞん》じの通《とお》りです。この帰命《きみょう》の対象《たいしょう》には「人《にん》」と「法《ほう》」があり、さらに、帰命《きみょう》を「帰《き》」と「命《みょう》」に分《わ》けて掘《ほ》り下《さ》げて展開《てんかい》されます。

すなわち、「帰《き》」とは、「迹門不変真如の理《しゃくもんふへんしんにょのり》」〈注5〉に「帰《き》する」ことである。次《つぎ》に「命《みょう》」とは、「本門随縁真如の智《ほんもんずいえんしんにょのち》」〈注6〉に「命《もと》づく」ことであると仰《おお》せです。

不変《ふへん》の真理《しんり》を探究《たんきゅう》し、その世界に参入《さんにゅう》していく方向《ほうこう》が「帰《き》する」であり、その真理の大《だい》地《ち》を踏《ふ》みしめた上《うえ》で、今度《こんど》は現実《げんじつ》の世界に立《た》ち戻《もど》り、随縁《ずいえん》の智慧《ちえ》に「命《もと》づき」活動《かつどう》していくのです。

それが、南無妙法蓮華経への帰命《きみょう》です。

先師《せんし》と恩師《おんし》も常《つね》に御義口伝《おんぎくでん》を

思《おも》えば、牧口先生は、「法華経は天地間《てんちかん》の森羅万象《しんらばんしょう》を包摂《ほうせつ》するところの宇宙《うちゅう》の真理《しんり》であり、我々《われわれ》人間生活《せいかつ》の行動規範《こうどうきはん》たる根本的大法《こんぽんてきだいほう》」であると述《の》べ、ご自身《じしん》の価値論《かちろん》も、この法によって「生《い》きる」のだと言《い》われていました〈注7〉。

つまり、妙法に「帰《き》する」とともに、「命《もと》づく」生《い》き方《かた》から、私たちの現実生活《げんじつせいかつ》における美《び》・利《り》・善《ぜん》のあらゆる価値創造《かちそうぞう》が開花《かいか》される、ということでありましょう。

さらに言《い》うと、戸田先生の獄中《ごくちゅう》の悟達《ごだつ》、すなわち、「仏《ほとけ》とは生命《せいめい》なり」「我《われ》、地涌《じゆ》の菩薩《ぼさつ》なり」と覚知《かくち》された体験《たいけん》も、「帰《き》」と「命《みょう》」の意義《いぎ》から捉《とら》えられるでしょう。

恩師《おんし》は仏法を求《もと》め抜《ぬ》き、法華経を三世永遠《さんぜえいえん》の「生命《せいめい》の法《ほう》」として会得《えとく》されるとともに、その根源《こんげん》の法《ほう》に立脚《りっきゃく》した地涌《じゆ》の菩薩《ぼさつ》として、民衆救済《みんしゅうきゅうさい》のために広宣流布の誓願《せいがん》に生《い》き抜《ぬ》かれたのです。

戸田先生は、御義口伝《おんぎくでん》を通《とお》して法華経を講義《こうぎ》されました。私は入信1年を経《へ》た頃《ころ》（19

48年9月）、師《し》の講義《こうぎ》を拝聴《はいちょう》した感動《かんどう》を日記《にっき》に綴《つづ》りました。

「ああ、甚深無量《じんじんむりょう》なる、法華経の玄理《げんり》に、遇《あ》いし身《み》の福運《ふくうん》を知《し》る」

「妙法の徒《と》。吾《わ》が行動《こうどう》に恥《はじ》なきや。吾《わ》れ、心奥《しんおう》に迷《まよ》いなきや。信《しん》ずる者《もの》も、汝自身《なんじじしん》なり」

そして「妙法への帰命《きみょう》」こそ、真《しん》の生命《せいめい》の道《みち》であると覚悟《かくご》したのです。

「若人《わこうど》よ、大慈悲《だいじひ》を抱《いだ》きて進《すす》め。若人《わこうど》よ、大哲理《だいてつり》を抱《いだ》きて戦《たたか》え。吾《わ》れ、弱冠《じゃっかん》二十《はたち》にして、最高《さいこう》に栄光《えいこう》ある青春《せいしゅん》の生《い》きゆく道《みち》を知《し》る」

私たちは、「妙法」という最極《さいごく》の生命《せいめい》の大地《だいち》に立《た》って、わが使命《しめい》の舞台《ぶたい》で人間革命と立《りっ》正安国《しょうあんこく》への栄光《えいこう》のドラマを演《えん》じゆけることを誇《ほこ》りとしていきたい。

「創価」とは「価値創造《かちそうぞう》」――我《われ》ら地涌《じゆ》の同志《どうし》は、妙法に命《もと》づく智慧《ちえ》を自在《じざい》に発揮《はっき》して、「幸福《こうふく》」と「平和《へいわ》」を創《つく》り開《ひら》きながら、多彩《たさい》なる人華《にんげ》の輝《かがや》きを広《ひろ》げていくのです。

「御義口伝《おんぎくでん》」南無妙法蓮華経の一節（新984ジペー・全708ジペー）

南無妙法蓮華経の「南無《なむ》」とは梵語《ぼんご》、「妙法蓮華経《みょうほうれんげきょう》」は漢語《かんご》なり。梵漢共時《ぼんかんぐじ》に南無妙法蓮華経と云《い》うなり。

現代語訳

（御義口伝《おんぎくでん》に仰《おお》せである）南無妙法蓮華経の「南無《なむ》」とは梵語《ぼんご》、「妙法蓮華経《みょうほうれんげきょう》」は漢語《かんご》である。梵語《ぼんご》と漢語《かんご》が一体《いったい》となって南無妙法蓮華経というのである。

壮大《そうだい》な閻浮提《えんぶだい》広宣流布の構想《こうそう》

次《つ》いで御義口伝《おんぎくでん》では、「梵漢共時《ぼんかんぐじ》」――南無妙法蓮華経の題目は、梵語《ぼんご》と漢語《かんご》という異《こと》なる言語《げんご》・文化《ぶんか》が結合《けつごう》して成《な》り立《た》っていると仰《おお》せです。「共時《ぐじ》」という一語《いちご》は、世界広布新時代《しんじだい》の今《いま》、各国の同志《どうし》の実感《じっかん》だと思います。

大聖人《だいしょうにん》の御在世当時《ございせとうじ》、インド（天竺《てんじく》・月氏《がっし》）と中国（漢土《かんど》・震旦《しんたん》）を並《なら》び挙《あ》げることは、全世界を包含《ほうがん》する広《ひろ》がりがありました。「梵漢共時《ぼんかんぐじ》」の南無妙法蓮華経とは、全人類《ぜんじんるい》のための〝普遍《ふへん》の法《ほう》〟であるとの御確信《ごかくしん》でもありましょう。

法華経は、「仏法東漸《とうぜん》」〈注8〉の旅《たび》の中で、多言語《たげんご》に翻訳《ほんやく》され、民族《みんぞく》、文化《ぶんか》、風土《ふうど》などの差異《さい》を超《こ》えて、無数《むすう》の人々に希望《きぼう》と蘇生《そせい》の慈光《じこう》を送《おく》ってきました。この流伝《るでん》を踏《ふ》まえ、五濁悪世《ごじょくあくせ》〈注9〉の末法《まっぽう》にあって、大聖人《だいしょうにん》は、流罪地《るざいち》の佐渡《さど》で、「仏法必《ぶっぽうかなら》ず東土《とうど》の日本《にほん》より出《い》ずべきなり」（新611ページ・全508ページ）と、「仏法西還《せいかん》」〈注10〉を御予言《ごよげん》されました。

御自身《ごじしん》が先駆《さきが》けとなり、妙法が全世界に広《ひろ》まるのだとの大宣言《だいせんげん》です。

「五人所破抄《ごにんしょはしょう》」〈注11〉に、こうあります。

「西天《さいてん》の仏法東漸《ぶっぽうとうぜん》の時《とき》、既《すで》に梵音《ぼんおん》を翻《ほん》じて倭《わ》・漢《かん》に伝《つた》うるがごとく、本朝《ほんちょう》の聖語《しょうご》も、広《こう》宣《せん》の日《ひ》は、また仮字《かな》を訳《やく》して梵《ぼん》・震《しん》に通《つう》ずべし」（新2190ページ・全1613ページ）

民衆《みんしゅう》にわかりやすく平仮名交《ひらがなま》じりの日本語で書《か》かれた大聖人《だいしょうにん》の御書も、必《かなら》ず翻訳《ほんやく》されて伝《つた》わっていくと断言《だんげん》されています。全世界の民衆救済《みんしゅうきゅうさい》が目的《もくてき》なのです。大聖人《だいしょうにん》と日興上人《にっこうしょうにん》は、はるか未来の壮大《そうだい》な閻浮提《えんぶだい》広宣流布の展望《てんぼう》を、師弟《してい》して語《かた》り合《あ》われていたと拝《はい》されてなりません。

大聖人《だいしょうにん》の御書は今《いま》、創価学会によって、英語、中国語、スペイン語、フランス語、ドイツ語、韓国語など各言語《かくげんご》に翻訳《ほんやく》され、世界中で学《まな》ばれています。

「『大願《だいがん》』とは、法華弘通《ほっけぐつう》なり」（新1027ページ・全736ページ）――大聖人《だいしょうにん》の大願《だいがん》を受《う》け継《つ》ぎ、生命尊厳《せいめいそんげん》の哲理《てつり》を弘《ひろ》め、幸福《こうふく》と平和《へいわ》の智慧《ちえ》を地球民族《ちきゅうみんぞく》に伝《つた》えてきた学会こそが、世界広宣流布を推進《すいしん》する仏意仏勅《ぶついぶっちょく》の団体《だんたい》であることは歴然《れきぜん》です。それが、創価の師弟《してい》の誉《ほま》れなのです。

「御義口伝《おんぎくでん》」南無妙法蓮華経の一節

（新984ジペー～985ジペー・全708ジペー）

「経《きょう》」とは一切衆生《いっさいしゅじょう》の言語音声《ごんごおんじょう》を経《きょう》と云《い》うなり。釈《しゃく》に云《い》わく「声《こえ》、仏事《ぶつじ》をなす。これを名《な》づけて経《きょう》となす」。

現代語訳

（御義口伝《おんぎくでん》に仰《おお》せである）「経《きょう》」とは一切衆生《いっさいしゅじょう》の言語音声《ごんごおんじょう》を「経《きょう》」というのである。章安大師《しょうあんだいし》の釈《しゃく》には「声《こえ》が仏事《ぶつじ》を為《な》す、これを名《な》づけて経《きょう》という」と。

衆生《しゅじょう》の発《はっ》する言葉《ことば》が「経《きょう》」なり

次《つぎ》に、「妙法蓮華経《みょうほうれんげきょう》」の五字《じ》のうち、「経《きょう》」について、〝一切衆生《いっさいしゅじょう》の言語音声《ごんごおんじょう》が経《きょう》である〟と仰《おお》せです。

「言語音声《ごんごおんじょう》」とは人間が発《はっ》する言葉《ことば》に限《かぎ》りません。一切衆生《いっさいしゅじょう》、すなわち〝生《い》きとし生けるもの〟が発《はっ》する言語音声《ごんごおんじょう》です。全《すべ》てが妙法蓮華経の営《いとな》みであり、表《あらわ》れと見《み》るのです。そして、「声《こえ》、仏事《ぶつじ》をなす」〈注12〉です。声が衆生《しゅじょう》を成仏《じょうぶつ》へ導《みちび》くという〝仏《ほとけ》の仕事《しごと》〟をする。声や言葉《ことば》が人を救《すく》うのです。

法華経講義《こうぎ》の修了式《しゅうりょうしき》で、戸田先生が「広宣流布は俺《おれ》がやる」と叫《さけ》ばれた音声《おんじょう》が、私の胸《むね》には今《いま》も轟《とどろ》き続《つづ》けています。

「臆病者《おくびょうもの》は去《さ》れ。続《つづ》く者《もの》は、勇《いさ》んで続《つづ》け！」との師子吼《ししく》に、「吾《われ》、日蓮大聖人《だいしょうにん》の眷属《けんぞく》たり。戸田城聖《じょうせい》先生の弟子《でし》なり」と、決然《けつぜん》たる闘争《とうそう》を誓《ちか》ったのです。

恩師《おんし》の深《ふか》き一念《いちねん》から発《はっ》せられた「声《こえ》、仏事《ぶつじ》」が、まぎれもなく無名《むめい》の青年たち一人一人に地涌《じゆ》の使命《しめい》と凱歌《がいか》の人生《じんせい》を開《ひら》いてくださいました。

声《こえ》は「力《ちから》」です。声は「境涯《きょうがい》」です。声が広宣流布を「開拓《かいたく》」します。声が、相手《あいて》の宿《しゅく》命《めい》を打《う》ち破《やぶ》り、幸福《こうふく》を築《きず》き上げる「仏《ほとけ》の聖業《せいぎょう》」を成《な》し遂《と》げるのです。

題目の音声《おんじょう》が世界を変《か》えていく

「声《こえ》、仏事《ぶつじ》をなす」とは、私たちの唱題の声《こえ》が、自他共《じたとも》の生命《せいめい》の仏界《ぶっかい》を呼《よ》び覚《さ》まし、涌《ゆ》現《げん》させることも意味《いみ》します。

ブラジルの世界的な天文学者《てんもんがくしゃ》であるモウラン博士〈注13〉が題目について言《い》われた言葉《ことば》が蘇《よみがえ》ります。

「私も、『南無妙法蓮華経』という音律《おんりつ》には、宇宙《うちゅう》が創《つく》り上《あ》げられていくような根源《こんげん》のエネルギーを感《かん》じるように思《おも》えます」

南無妙法蓮華経の題目を唱《とな》える声《こえ》に、どれほど偉大《いだい》なる功力《くりき》があるか。

「南無妙法蓮華経は師子吼《ししく》のごとし、いかなる病《やまい》さわり《障》をなすべきや」（新1633ページ・全1124ページ）です。題目は、病魔《びょうま》をも打《う》ち破《やぶ》り、寄《よ》せつけない根源《こんげん》の力《ちから》です。事情《じじょう》によって、心の中《なか》で唱《とな》えるような場合《ばあい》も、生命《せいめい》の奥底《おうてい》から出《で》る仏性《ぶっしょう》の響《ひび》きは、必《かなら》ず魔性《ましょう》を打《う》ち破《やぶ》ります。

また、「題目《だいもく》を唱《とな》え奉《たてまつ》る音《こえ》は、十方世界《じっぽうせかい》にとずかず《届》という処《ところ》なし」（新1121ページ・全808ページ）とも仰《おお》せです。題目を唱《とな》える人は、三世十方《さんぜじっぽう》の仏菩薩等《ぶつぼさつとう》を動《うご》かし、守護《しゅご》の力《ちから》を涌現《ゆげん》できるのです。

さらに、「今《いま》、日蓮等《にちれんら》の類《たぐ》い、聖霊《しょうりょう》を訪《とぶら》う時《とき》、法華経《ほけきょう》を読誦《どくじゅ》し南無妙法蓮華経と唱《とな》え奉《たてまつ》る時《とき》、題目《だいもく》の光《ひかり》無間《むけん》に至《いた》って即身成仏《そくしんじょうぶつ》せしむ」（新991ページ・全712ページ）と。題目による回《え》向《こう》は、生死《しょうじ》を超《こ》えて故人《こじん》の生命《せいめい》をも照《て》らし晴《は》らすのです。

大聖人《だいしょうにん》が願《ねが》われた通《とお》り、地涌《じゆ》の菩薩《ぼさつ》が一閻浮提《いちえんぶだい》に躍《おど》り出《で》ました。今《いま》や南無妙法蓮華経の唱題の声《こえ》が世界の各地《かくち》で響《ひび》き渡《わた》り、希望《きぼう》と幸福《こうふく》の連帯《れんたい》が広《ひろ》がっています。

誰《だれ》もが輝《かがや》く生命《せいめい》の宝塔《ほうとう》に

御義口伝《おんぎくでん》が示《しめ》す〝凡夫《ぼんぷ》こそ仏《ほとけ》であり、誰《だれ》もが十界互具《じっかいごぐ》の当体《とうたい》であり、尊極《そんごく》の仏の生命《せいめい》を具《そな》えている〟という法理《ほうり》は、人々に限《かぎ》りない勇気《ゆうき》と蘇生《そせい》の力《ちから》をもたらしています。

誰人《たれびと》の生命《せいめい》も輝《かがや》く宝塔《ほうとう》となり、生老病死《しょうろうびょうし》の苦悩《くのう》を打開《だかい》し、常楽我浄《じょうらくがじょう》〈注14〉の幸風《こうふう》に包《つつ》まれた凱歌《がいか》の人生《じんせい》を築《きず》き、荘厳《そうごん》できるのです。

この「歓喜《かんき》の中《なか》の大歓喜《だいかんき》」（新1097ページ・全788ページ）を、御義口伝《おんぎくでん》とともに、私たちはいやまして生命《せいめい》の讃歌《さんか》を響《ひび》かせ、地域《ちいき》の友《とも》へ、世界の友へ、未来の友へ、語《かた》り伝《つた》えていこうではありませんか！

《注　解》

〈注１〉【トインビー博士】アーノルド・Ｊ・トインビー。１８８９年～１９７５年。イギリスの歴史学《れきしがく》者《しゃ》・文明史家《ぶんめいしか》。ロンドン大学、王立国際問題研究所《おうりつこくさいもんだいけんきゅうじょ》の要職《ようしょく》を歴任《れきにん》。代表作《だいひょうさく》『歴史の研究《けんきゅう》』は各界《かっかい》に大きな影響《えいきょう》を与《あた》えた。池田大作先生との対談《たいだん》『二十一世紀《せいき》への対話《たいわ》』（『池田大作全集』第3巻所収）は、人類《じんるい》に貴重《きちょう》な展望《てんぼう》を与えるものとして、30言語《げんご》を超《こ》えて翻訳《ほんやく》されている。引用《いんよう》は、ジョン・コグレー『宗教《しゅうきょう》の意味《いみ》』（エンサイクロペディア　ブリタニカ日本支社）の「序文《じょぶん》」（トインビー執筆《しっぴつ》、柳川啓一訳）から。

〈注２〉『牧口常三《つねさぶ》郎《ろう》全集　第10巻　宗教論集《しゅうきょうろんしゅう》・書簡集《しょかんしゅう》』（第三文明社）所収「創価教育学会々長牧口常三郎《つねさぶろう》に対する訊問調書抜萃《じんもんちょうしょばっすい》」。

〈注３〉【十界互具《じっかいごぐ》】法華経に示《しめ》された万人成仏《ばんにんじょうぶつ》の原理《げんり》。地獄界《じごくかい》から仏界《ぶっかい》までの各界が、次《つぎ》の瞬間《しゅんかん》に現《あらわ》れる十界《じっかい》を因《いん》として具《そな》えていること。この十界互具の法理《ほうり》によって九界と仏界の断絶《だんぜつ》がなくなり、あらゆる衆生《しゅじょう》の成仏が可能《かのう》になった。

〈注４〉【宝塔《ほうとう》】法華経見宝塔品《けんほうとうほん》第11で涌出《ゆじゅつ》する、七宝《しっぽう》で荘厳《そうごん》された塔《とう》。日蓮大聖人《だいしょうにん》は「末法《まっぽう》に入《い》って法華経を持《たも》つ男女《なんにょ》のすがた《姿》より外《ほか》には宝塔《ほうとう》なきなり」（新１７３２ページ・全１３０４ページ）と述《の》べられて、御本尊を受持《じゅじ》した衆生《しゅじょう》の当体《とうたい》こそ宝塔に他《ほか》ならない、とされている。

〈注５〉【不変真如《ふへんしんにょ》の理《り》】仏《ほとけ》が覚知《かくち》した永遠《えいえん》に変《か》わらぬ常住《じょうじゅう》不変の真実《しんじつ》の法理《ほうり》・根本原理《こんぽんげんり》。

〈注６〉【随縁真如《ずいえんしんにょ》の智《ち》】永遠《えいえん》の法をよりどころとしながら、刻々《こっこく》と変化《へんか》していく事象《じしょう》（縁《えん》）に随《したが》って、それに最《もっと》も適切《てきせつ》に対応《たいおう》していく真実《しんじつ》の自在《じざい》の智慧《ちえ》。

〈注7〉前掲《ぜんけい》『牧口常三郎《つねさぶろう》全集』所収「訊問調書抜萃《じんもんちょうしょばっすい》」。

〈注8〉【仏法東漸《とうぜん》】インド発祥《はっしょう》の仏法が東方《とうほう》に伝播《でんぱ》していったこと。

〈注9〉【五濁悪世《ごじょくあくせ》】五濁《ごじょく》の盛《さか》んな悪《わる》い世《よ》の中のこと。五濁は時代《じだい》の濁《にご》りの様相《ようそう》、生命《せいめい》の濁りの姿《すがた》を5種《しゅ》に分類《ぶんるい》したもの。法華経方便品《ほうべんぼん》第2に劫濁《こうじょく》（時代の濁り）、煩悩濁《ぼんのうじょく》（煩悩による濁り）、衆生濁《しゅじょうじょく》（人々の濁り）、見濁《けんじょく》（思想《しそう》の濁り）、命濁《みょうじょく》（短命《たんめい》など寿命《じゅみょう》に関《かん》する濁り）とある（法華経124ページ）。

〈注10〉【仏法西還《せいかん》】仏法が東の日本から西のインドへと還《かえ》っていくこと。月氏《がっし》との別称《べっしょう》のあるインドから、釈尊《しゃくそん》の仏法が月の動きと同様《どうよう》に次第《しだい》に東に流布《るふ》した「仏法東漸《とうぜん》」に対《たい》して、日蓮大聖人《だいしょうにん》の仏法は、太陽の動きと同様に東の端《はし》の国である日本から流布して西へと還っていくことをいう。

〈注11〉【五人所破抄《ごにんしょはしょう》】日蓮大聖人《だいしょうにん》の滅後《めつご》、五老僧《ごろうそう》が唱《とな》えた邪義《じゃぎ》を破折《はしゃく》し、日興上人《にっこうしょうにん》の正義《せいぎ》を明《あき》らかにした書《しょ》。引用文《いんようぶん》の通解《つうかい》は「インドの仏法が次第《しだい》に東方《とうほう》に伝《つた》わった時《とき》、すでに梵語《ぼんご》を翻訳《ほんやく》して中国、日本に伝えられたのと同様に、日本の聖人の金言《きんげん》も、広宣流布の時《とき》は、また仮名文字《かなもじ》を翻訳《ほんやく》して、インド、中国に流通《るつう》するのである」。

〈注12〉【声《こえ》、仏事《ぶつじ》をなす】中国の陳《ちん》・隋時代《ずいじだい》に活躍《かつやく》した天台大師《てんだいだいし》（538年～597年）が講述《こうじゅつ》し、弟《で》子《し》の章安大師《しょうあんだいし》（561年～632年）がまとめた『法華玄義《ほっけげんぎ》』にある。章安による序文「法華玄義私記縁起」の中の一節《いっせつ》。

〈注13〉【モウラン博士】ロナウド・モウラン。1935年～2014年。ブラジル・リオデジャネイロ生《う》まれ。天文学者《てんもんがくしゃ》、作家《さっか》、エッセイスト。1984年、ブラジルで天文学博物館《はくぶつかん》を創設《そうせつ》し、初代館《しょだいかん》長《ちょう》に就任《しゅうにん》。池田大作先生との対談《たいだん》に『天文学と仏法を語《かた》る』（『池田大作全集』第116巻所収）がある。引用《いんよう》は同書《どうしょ》から。

〈注14〉【常楽我浄《じょうらくがじょう》】仏《ほとけ》の生命《せいめい》に具《そな》わる徳目《とくもく》。常《じょう》とは、仏が完全《かんぜん》な永遠性《えいえんせい》を実現《じつげん》していること。楽《らく》とは、完全な安楽《あんらく》。我《が》とは、完全な主体性《しゅたいせい》。浄《じょう》とは、完全な清《きよ》らかさをいう。

序品《じょほん》第1

法華経序品《じょほん》の概要《がいよう》

法華経の説法《せっぽう》が始《はじ》まる場所《ばしょ》は、古代《こだい》インドのマガダ国の首《しゅ》都《と》・王舎城《おうしゃじょう》の近辺《きんぺん》にある霊鷲山《りょうじゅせん》です。比丘《びく》・比丘尼《びくに》、在家《ざいけ》の男女《だんじょ》、菩薩《ぼさつ》たち、神々《かみがみ》や人間以外《いがい》の生物《せいぶつ》、さらに国王《こくおう》などが集《あつ》まります。

釈尊《しゃくそん》は瞑想《めいそう》に入《はい》り、何《なに》も語《かた》りません。神通力《じんずうりき》によって、花《はな》が降《ふ》り、大地《だいち》が振動《しんどう》し、仏《ほとけ》の眉間《みけん》からの光《ひかり》に照《て》らされて1万8000もの世界が皆《みな》の眼前《がんぜん》に広《ひろ》がります。

この不思議《ふしぎ》な現象《げんしょう》の理由《りゆう》を弥勒菩薩《みろくぼさつ》が尋《たず》ねると、文殊《もんじゅ》菩薩は〝過去《かこ》にさまざまな仏《ほとけ》たちが、同《おな》じようなことを示《しめ》した後《のち》に法華経を説《と》いた〟と答《こた》えます。

いよいよ釈尊《しゃくそん》が法華経を説《と》く舞台《ぶたい》が整《ととの》います。

大願《だいがん》を燃《も》やせ――悩《なや》みは成長《せいちょう》の光源《こうげん》

凍《い》てつく冬《ふゆ》にあっても、柔《やわ》らかな日差《ひざ》しを浴《あ》びると、思《おも》わず優《やさ》しい温《ぬく》もりを感《かん》じます。人生《じんせい》の冬を一人で凍《こご》えながら耐《た》え忍《しの》んでいる友《とも》へ、温《あたた》かな陽光《ようこう》を送《おく》るのが、創価家族《かぞく》の励《はげ》ましです。

万物《ばんぶつ》を包《つつ》み、育《はぐく》んでくれる太陽の光《ひかり》は、自《みずか》らを燃焼《ねんしょう》して放《はな》たれます。「太陽の仏法」を持《たも》った、わが同志《どうし》も同《おな》じです。

一人一人が厳《きび》しき現実社会《げんじつしゃかい》で、自《みずか》らも悩《なや》みと戦《たたか》いながら、広布の誓《ちか》いに燃《も》えて、友《とも》へ安《あん》心《しん》と希望《きぼう》と勇気《ゆうき》の光《ひかり》を届《とど》けています。何《なん》と尊《とうと》く、まばゆい輝《かがや》きでしょうか。

私も妻《つま》と、皆《みな》さまのこの一年の奮闘《ふんとう》に、心からの感謝《かんしゃ》を込《こ》めて、ご一家《いっか》の福徳勝利《ふくとくしょうり》を祈《き》念《ねん》し、ひたぶるに題目を送《おく》っております。

混迷《こんめい》を深《ふか》める社会を赫々《かっかく》と照《て》らし晴《は》らしゆく仏法です。現実《げんじつ》の苦悩《くのう》を解決《かいけつ》してこそ「人間のための宗教《しゅうきょう》」です。

その人間主義《しゅぎ》の仏法の精髄《せいずい》を説《と》かれた御義口伝《おんぎくでん》の講義《こうぎ》では、いよいよ法華経各品《かくほん》の要文《ようもん》を学《まな》んでいきましょう。

最初《さいしょ》は、序品《じょほん》第1です。

法華経はわが己心《こしん》の劇《げき》

恩師《おんし》・戸田城聖《じょうせい》先生は、戦後《せんご》、創価学会の再建《さいけん》を法華経の講義《こうぎ》から始《はじ》められました。その際《さい》も、またその後《ご》の折々《おりおり》の法華経講義《こうぎ》でも、まず序品《じょほん》について触《ふ》れられるのが常《つね》でした。それは、法華経をどのように読《よ》むのか、先生ご自身《じしん》の立脚点《りっきゃくてん》を明《あき》らかにされるためでありました。

法華経のプロローグとなる序品《じょほん》は、釈尊《しゃくそん》が説法《せっぽう》を開始《かいし》する霊鷲山《りょうじゅせん》〈注1〉に、ありとあらゆる衆生《しゅじょう》が集《あつ》まる場面《ばめん》から始《はじ》まります。

戸田先生は、その意義《いぎ》を明快《めいかい》に示《しめ》されました。

「数十万《すうじゅうまん》の菩薩《ぼさつ》や声聞《しょうもん》や十界《じっかい》の衆生《しゅじょう》がことごとく集《あつ》まって釈迦仏《しゃかぶつ》の説法《せっぽう》を聞《き》くようになっているが、こんなことができるかどうか、拡声器《かくせいき》もなければ、またそんな大《おお》きな声《こえ》が出《で》るわけがない。まして8年間《ねんかん》もそれが続《つづ》けられるわけがない。すなわちこれは釈迦己心《しゃかこしん》の衆生《しゅじょう》であり、釈迦己心《しゃかこしん》の十界《じっかい》であるから、何十万集《なんじゅうまんあつ》まったといっても不思議《ふしぎ》はない」

恩師《おんし》は「獄中《ごくちゅう》の悟達《ごだつ》」〈注2〉によって、ご自身《じしん》が法華経の虚空会《こくうえ》の会座《えざ》に連《つら》なっていた「地涌《じゆ》の菩薩《ぼさつ》」〈注3〉であることを覚知《かくち》されました。

法華経とは自身《じしん》の生命《せいめい》について説《と》き明《あ》かした経典《きょうてん》であり、地涌《じゆ》の菩薩《ぼさつ》が出現《しゅつげん》して、末法《まっぽう》に万人成仏《ばんにんじょうぶつ》の妙法を弘《ひろ》めることを誓《ちか》っている——この絶対《ぜったい》の確信《かくしん》から、〝法華経は、わが人間革命のドラマなり〟〝広宣流布の誓願《せいがん》に生《い》き抜《ぬ》く凱歌《がいか》の民衆劇《みんしゅうげき》なり〟との卓見《たっけん》を示《しめ》されました。この恩師《おんし》の悟達《ごだつ》にこそ、「法華経の心」、そして「大聖人《だいしょうにん》の魂《たましい》」を現代《げんだい》に継承《けいしょう》してきた創価学会の原点《げんてん》があります。

万人《ばんにん》の生命《せいめい》に十界《じっかい》は共通《きょうつう》

序品《じょほん》の冒頭《ぼうとう》では、生《い》きとし生けるものが勢揃《せいぞろ》いします。一切《いっさい》の差異《さい》へのこだわりを乗《の》り越《こ》えて、仏《ほとけ》のもとへ深《ふか》い教《おし》えを求《もと》めて勇《いさ》んで集《あつ》まってきたのです。

法華経は、一切衆生全《いっさいしゅじょうすべ》てに「十界《じっかい》」という生命《せいめい》の共通普遍《きょうつうふへん》の大地《だいち》を見《み》いだしている経典《きょうてん》です。従来《じゅうらい》の経典では説《と》かれていない、全《すべ》ての衆生《しゅじょう》が仏界《ぶっかい》を具《そな》えているという真実《しんじつ》を明《あ》かします。九界《きゅうかい》と仏界の断絶《だんぜつ》を破《やぶ》る「十界互具《じっかいごぐ》」〈注4〉の法理《ほうり》を説《と》く法華経の大舞台《おおぶたい》が、この序品《じょほん》の冒頭《ぼうとう》で整《ととの》えられていると言《い》えましょう。千差万別《せんさばんべつ》の境涯《きょうがい》、境遇《きょうぐう》の対告衆《たいごうしゅ》が揃《そろ》うことで、「万人成仏《ばんにんじょうぶつ》」の道《みち》を開《ひら》かんとする仏《ほとけ》の真情《しんじょう》と熱願《ねつがん》が漲《みなぎ》っていると拝《はい》されます。私たちの生命《せいめい》の広《ひろ》がりは、空間《くうかん》としては無限《むげん》であり、時間《じかん》としては無始無終《むしむしゅう》である。そして、十界《じっかい》の全《すべ》てを本然的《ほんねんてき》に具《そな》えている——これが法華経の生命観《せいめいかん》です。この卓絶《たくぜつ》した仏法思想《しそう》を鮮明《せんめい》に説《と》き明《あ》かしたのが御義口伝《おんぎくでん》なのです。

「御義口伝《おんぎくでん》」序品《じょほん》の一節

(新986ページ・全709ページ〜710ページ)

不信《ふしん》の人《ひと》は「如是我聞《にょぜがもん》」の「聞《もん》」にはあらず。法華経《ほけきょう》の行者《ぎょうじゃ》は、「如是《にょぜ》」の体《たい》を聞《き》く人《ひと》と云《い》うべきなり。ここをもって文句《もんぐ》の一《いち》に云《い》わく「『如是《にょぜ》』とは信順《しんじゅん》の辞《ことば》なり。信《しん》ずれば則《すなわ》ち所聞《しょもん》の理会《りえ》し、順《じゅん》ずれば則《すなわ》ち師資《しし》の道成《みちじょう》ず」。詮《せん》ずるところ、日蓮等《にちれんら》の類《たぐ》いをもって「如是《にょぜ》

我聞《がもん》」の者《もの》と云《い》うべきなり云々《うんぬん》。

現代語訳

〈序品七箇の大事《じょほんななかだいじ》　第一「如是我聞《にょぜがもん》（かくのごときを我聞《われき》きき）」の事《こと》〉

（御義口伝《おんぎくでん》に仰《おお》せである）不信《ふしん》の人は、「如是我聞《にょぜがもん》」の「聞《もん》」ではない。法華経の行者《ぎょうじゃ》は、「如是《にょぜ》」の体《たい》を聞《き》く人というべきである。

ここをもって、天台大師《てんだいだいし》の『法華文句《ほっけもんぐ》』の巻《まき》第一には「『如是《にょぜ》』とは、信順《しんじゅん》の言葉《ことば》である。信《しん》ずることによって聞《き》く所《ところ》の理《り》を会得《えとく》し、順《じゅん》ずることによって師弟《してい》の道《みち》を成《じょう》ずるのである」と述《の》べている。

所詮《しょせん》、日蓮とその弟子《でし》たちを指《さ》して「如是我聞《にょぜがもん》」の人というべきである。

自《みずか》らが南無妙法蓮華経の当体《とうたい》

序品《じょほん》の御義口伝《おんぎくでん》は、「第一　『如是我聞《にょぜがもん》』（かくのごときを我聞《われき》きき）〈注5〉の事《こと》」から始《はじ》まります。法華経全編《ぜんぺん》の冒頭《ぼうとう》の一句《いっく》だからです。

「如是我聞《にょぜがもん》」とは、多《おお》くの経典《きょうてん》の冒頭《ぼうとう》に出《で》てくる句《く》で、「私は仏《ほとけ》からこう聞《き》いた」という意味《いみ》です。「聞く」こと一つをみても、仏法では、自分《じぶん》が主体者《しゅたいしゃ》となって「聞く」という意義《いぎ》があります。

「如是我聞《にょぜがもん》」の一句《いっく》からは、釈尊《しゃくそん》と弟子《でし》たちとの不二《ふに》の絆《きずな》が浮《う》かびます。全生命《ぜんせいめい》を賭《と》して、仏《ほとけ》である師《し》の言葉《ことば》を受《う》け止《と》め、実践《じっせん》し抜《ぬ》いてきたからこそ、「このように、私は聞いたのだ」と確信《かくしん》をもって語《かた》り得《え》たのです。

初《はじ》めに天台大師《てんだいだいし》〈注6〉の『法華文句《ほっけもんぐ》』にある「『如是《にょぜ》』とは、所聞《しょもん》の法体《ほったい》を挙《あ》ぐ。『我《が》聞《もん》』とは、能持《のうじ》の人《にん》なり」を引《ひ》かれ、「御義口伝《おんぎくでん》に云《い》わく、『所聞《しょもん》』の『聞《もん》』は、名字即《みょうじそく》なり。『法体《ほったい》』とは、南無妙法蓮華経なり」（新986ジペー・全709ジペー）と説《と》かれています。つまり、「我聞《がもん》」の本質《ほんしつ》とは、「自《みずか》らが南無妙法蓮華経の当体《とうたい》である」ことを聞《き》いた、ということです。

法華経の如是我聞《にょぜがもん》には、他《ほか》の誰《だれ》でもない、自身《じしん》の生命《せいめい》がいかに尊極《そんごく》であるのか、そのドラマが描《えが》かれているのです。

元品《がんぽん》の無明《むみょう》を打《う》ち破《やぶ》る

ここで拝《はい》する御文《ごもん》には、「不信《ふしん》の人《ひと》は『如是我聞《にょぜがもん》』の『聞《もん》』にはあらず」とあります。

注意《ちゅうい》すべきは、「不信《ふしん》」と、いわゆる疑問《ぎもん》や懐疑《かいぎ》とは同《おな》じではないということです。大《だい》聖人《しょうにん》は、開目抄《かいもくしょう》に「疑《うたが》いを強《つよ》くして答《こた》えをかま《構》うべし」（新74㌻・全203㌻）等と、弟子《でし》の疑念《ぎねん》を真正面《ましょうめん》から受《う》け止《と》め、一つ一つを明確《めいかく》に晴《は》らし、確信《かくしん》を深《ふか》めさせています。どんな疑《うたが》いにも、文証《もんしょう》（経文《きょうもん》）、理証《りしょう》（道理《どうり》）、そして現証《げんしょう》の上《うえ》から微動《びどう》だにしない。「智者《ちしゃ》に我《わ》が義《ぎ》やぶられずば用《もち》いじ」（新114㌻・全232㌻）と仰《おお》せの通《とお》りです。この一節《いっせつ》は、先師《せんし》・牧口常三郎《つねさぶろう》先生も座右《ざゆう》の御書に線《せん》を引《ひ》かれていました。

御義口伝《おんぎくでん》で戒《いまし》められている「不信《ふしん》」とは、「『如是我聞《にょぜがもん》』の『聞《もん》』にはあらず」——自《じ》分自身《ぶんじしん》が妙法の当体《とうたい》であると信《しん》じられないということです。それは、元品《がんぽん》の無明《むみょう》〈注7〉に覆《おお》われている生命《せいめい》の姿《すがた》です。

続《つづ》いて「法華経《ほけきょう》の行者《ぎょうじゃ》は、『如是《にょぜ》』の体《たい》を聞《き》く人《ひと》と云《い》うべきなり」とあります。「不信《ふしん》の人《ひと》」に対《たい》して、「法華経《ほけきょう》の行者《ぎょうじゃ》」は、真実《しんじつ》の「信《しん》の人《ひと》」であり、妙法を仏《ほとけ》の示《しめ》された通《とお》りに実践《じっせん》していることです。

仏《ほとけ》の広大《こうだい》な世界に入《はい》る門《もん》が「信《しん》」です。

「元品《がんぽん》の無明《むみょう》を対治《たいじ》する利剣《りけん》は、信《しん》の一字《いちじ》なり」（新1047ジペー・全751ジペー）と仰《おお》せの通《とお》り、純真無二《じゅんしんむに》に信《しん》じる心、大聖人《だいしょうにん》の魂《たましい》に触《ふ》れようとする真剣《しんけん》な求道心《きゅうどうしん》、信心を根本《こんぽん》とした実践《じっせん》がなければ、無明《むみょう》の深《ふか》い闇《やみ》は打《う》ち破《やぶ》れないのです。

学会と共《とも》に広布に生《い》き切《き》る

さらに御文《ごもん》では、「『如是《にょぜ》』とは信順《しんじゅん》の辞《ことば》なり。信《しん》ずれば則《すなわ》ち所聞《しょもん》の理会《りえ》し、順《じゅん》ずれば則《すなわ》ち師資《しし》の道成《みちじょう》ず」と説《と》く天台大師《てんだいだいし》の文《もん》の通《とお》りであると示《しめ》されています。

信順《しんじゅん》とは、信《しん》じて順《じゅん》じる――教《おし》えに基《もと》づき生《い》きる。つまり師弟《してい》の道《みち》です。師《し》の言《い》われたことの本質《ほんしつ》に肉薄《にくはく》し、それを過《あやま》たずに実践《じっせん》することです。その時《とき》、「所聞《しょもん》の理会《りえ》し」すなわち、仏法の教《おし》えを会得《えとく》し、「師資《しし》の道成《みちじょう》ず」すなわち、師弟《してい》の道《みち》を成就《じょうじゅ》することができるのです。

師弟《してい》こそ「如是我聞《にょぜがもん》」の本質《ほんしつ》です。ここに「不信《ふしん》」を打《う》ち破《やぶ》る要諦《ようてい》もある。

「日蓮等《にちれんら》の類《たぐ》いをもって『如是我聞《にょぜがもん》』の者《もの》と云《い》うべきなり」と仰《おお》せです。師弟不二《していふに》の道《みち》を歩《あゆ》む人は皆《みな》、法華経をわが身《み》で読《よ》んで、「如是我聞」したことになる。共々《ともども》に成仏《じょうぶつ》の道を歩んでいけるのです。

私たちの立場《たちば》で言《い》えば、大聖人直結《だいしょうにんちょっけつ》の学会と共《とも》に広宣流布に生《い》き切《き》る人が、「『如是我《にょぜが》聞《もん》』の者《もの》」になります。

「御義口伝《おんぎくでん》」序品《じょほん》の一節（新987ジペー・全710ジペー）

今《いま》、日蓮《にちれんら》等の類《たぐ》い、南無妙法蓮華経と唱《とな》え奉《たてまつ》るは、生死《しょうじ》の闇《やみ》を照《て》らし晴《は》らして、涅槃《ねはん》の智火明《ちかみょうりょう》了なり。生死即涅槃《しょうじそくねはん》と開覚《かいかく》するを、「照《て》らせば則《すなわ》ち闇生《やみしょう》ぜず」とは云《い》うなり。煩悩《ぼんのう》の薪《たきぎ》を焼《や》いて、菩提《ぼだい》の慧火現《えかげん》前《ぜん》するなり。煩悩即菩提《ぼんのうそくぼだい》と開覚《かいかく》するを、「焼《や》けば則《すなわ》ち物生《ものしょう》ぜず」とは云《い》うなり。ここをもってこれを案《あん》ずるに、「陳如《じんにょ》」は我《われ》ら法華経《ほけきょう》の行《ぎょう》者《じゃ》の煩悩即菩提《ぼんのうそくぼだい》・生死即涅槃《しょうじそくねはん》を顕《あらわ》したり云々《うんぬん》。

現代語訳

〈第二「阿若憍陳如《あにゃきょうじんにょ》」の事《こと》〉

（御義口伝《おんぎくでん》に仰《おお》せである）今《いま》、日蓮とその弟子《でし》たちが、南無妙法蓮華経と唱《とな》え奉《たてまつ》ることは、生死《しょうじ》の闇《やみ》を照《て》らし晴《は》らして、涅槃《ねはん》の智火《ちか》が明瞭《めいりょう》に現《あらわ》れることである。生死即涅槃《しょうじそくねはん》と開覚《かいかく》することを、「照《て》らせば則《すなわ》ち闇生《やみしょう》ぜず」（『法華文句《ほっけもんぐ》』）と言《い》うのである。煩悩《ぼんのう》の薪《たきぎ》を焼《や》いて、菩提《ぼだい》の慧火《えか》が現前《げんぜん》するのである。煩悩即菩提《ぼんのうそくぼだい》と開覚《かいかく》することを、「焼《や》けば則《すなわ》ち物生《ものしょう》ぜず」（同）と言《い》うのである。

このように思案《しあん》すると、「陳如《じんにょ》」とは、我《われ》ら法華経の行者《ぎょうじゃ》の、煩悩即菩提《ぼんのうそくぼだい》・生死即涅槃《しょうじそくねはん》を表《あらわ》しているのである。

「凡夫即極《ぼんぶそくごく》」の仏法の実践《じっせん》

続《つづ》いて、序品《じょほん》の「第二『阿若憍陳如《あにゃきょうじんにょ》』の事《こと》」を拝《はい》します。

御義口伝序品《おんぎくでんじょほん》では、「第一『如是我聞《にょぜがもん》』の事《こと》」に次《つ》いで、第二と第三の項目《こうもく》では、法華経に登場《とうじょう》する多《おお》くの人物《じんぶつ》のうち、「阿若憍陳如《あにゃきょうじんにょ》」〈注8〉と「阿闍世王《あじゃせおう》」〈注9〉――すなわち、釈尊《しゃくそん》の化導《けどう》の最初《さいしょ》の弟子《でし》と、最晩年《さいばんねん》に帰依《きえ》する弟子の二人を代表《だいひょう》として挙《あ》げられています。

法華経は十界互具《じっかいごぐ》を明《あ》かした経典《きょうてん》であり、ここでも、誰《だれ》もが、一人ももれなく十界互具《じっかいごぐ》であり、妙法の当体《とうたい》であると示唆《しさ》されていると拝《はい》されます。

一人の人間には、地獄《じごく》・餓鬼《がき》・畜生《ちくしょう》の三悪道《さんあくどう》の生命《せいめい》も、菩薩界《ぼさつかい》・仏界《ぶっかい》の生命《せいめい》も全《すべ》て具《そな》わっています。しかも、十界《じっかい》の各界《かっかい》がそれぞれ十界を具《そな》え、決《けっ》して一つの界に固定化《こていか》されず、流動変化《りゅうどうへんか》します。そこに、人間の持《も》つ多様性《たようせい》があり、可能性《かのうせい》がある。ゆえに、十界の生命《せいめい》をいかにより良《よ》き方向《ほうこう》に制御《せいぎょ》し、生《い》き生きと発動《はつどう》させ、豊《ゆた》かな価値創造《かちそうぞう》の人生《じんせい》を築《きず》いていくか――それを現実《げんじつ》に可能《かのう》にするのが日蓮仏法です。

御義口伝《おんぎくでん》で説《と》かれている阿若憍陳如《あにゃきょうじんにょ》と阿闍世王《あじゃせおう》のことも、過去《かこ》の法華経の物語《ものがたり》としてではなく、また特別《とくべつ》な存在《そんざい》ではなく、末法《まっぽう》の一切衆生《いっさいしゅじょう》の成仏《じょうぶつ》にとって、普遍的《ふへんてき》な深《ふか》い意味《いみ》があると拝《はい》したい。

「『陳如《じんにょ》』は我《われ》ら法華経《ほけきょう》の行者《ぎょうじゃ》の煩悩即菩提《ぼんのうそくぼだい》・生死即涅槃《しょうじそくねはん》を顕《あらわ》したり」、また、「今《いま》、日蓮《にちれん》等《ら》の類《たぐ》いは、『阿闍世王《あじゃせおう》』なり」（新988ジペー・全710ジペー）と仰《おお》せです。

そこには、妙法を持《たも》ち、弘通《ぐつう》する法華経の行者《ぎょうじゃ》として生《い》き切《き》る人間像《ぞう》、つまり一人の凡夫《ぼんぷ》が煩悩《ぼんのう》や貪愛《とんあい》、無明《むみょう》などの自身《じしん》の生命《せいめい》を転換《てんかん》し、最極《さいごく》の仏《ほとけ》の生命《せいめい》を開花《かいか》させていく「凡夫即極《ぼんぷそくごく》」の真髄《しんずい》がある。万人《ばんにん》が各々《おのおの》に尊厳性《そんげんせい》を発揮《はっき》できることを、仏法の生命観《せいめいかん》は示《しめ》しているのです。

自身《じしん》の生命《せいめい》を自《みずか》ら照《て》らす

この「阿若憍陳如《あにゃきょうじんにょ》」の御義口伝《おんぎくでん》では『法華文句《ほっけもんぐ》』で、その名前《なまえ》の由来《ゆらい》が「火《ひ》」に関係《かんけい》することから、「火」には、「照《て》らす」と「焼《や》く」の二義《にぎ》がある、とされていることを紹介《しょうかい》しています。

これを受《う》けて御義口伝《おんぎくでん》では、「火《ひ》」とは「法性《ほっしょう》の智火《ちか》」、つまり覚《さと》りの智慧《ちえ》の火であると仰《おお》せです。そして、この「焼《や》く」「照《て》らす」の両方《りょうほう》の側面《そくめん》から、妙法の功力《くりき》を説明《せつめい》されています。

では、〝妙法の智慧《ちえ》の火《ひ》〟は何《なに》を燃《も》やし、何を照《て》らすのか。

それは、煩悩《ぼんのう》の薪《たきぎ》を燃《も》やすこと、そして、苦悩《くのう》の生命《せいめい》の闇《やみ》を自《みずか》らの仏界《ぶっかい》の光《ひかり》で照《て》らし晴《は》らすことです。これが「煩悩即菩提《ぼんのうそくぼだい》」〈注10〉、「生死即涅槃《しょうじそくねはん》」〈注11〉です。

煩悩《ぼんのう》があるから充実感《じゅうじつかん》がある

戸田先生は、この「煩悩即菩提《ぼんのうそくぼだい》」の法理《ほうり》について、実生活《じっせいかつ》に即《そく》して、分《わ》かりやすく簡潔《かんけつ》に語《かた》られました。

「自分《じぶん》の煩悩《ぼんのう》に生《い》きながら、煩悩のままに、安心《あんしん》しきった幸福境涯《こうふくきょうがい》をつかむ生活《せいかつ》を『煩悩即菩提《そくぼだい》』『生死即涅槃《しょうじそくねはん》』というのです」

煩悩《ぼんのう》とは人間の欲望《よくぼう》です。生死《しょうじ》とは根源《こんげん》の苦《くる》しみです。いずれも、生命《せいめい》に本然的《ほんねんてき》に具《そな》わったものです。煩悩や苦悩《くのう》のない人間など、いません。むしろ、煩悩や欲望があるから、努力《どりょく》して人生《じんせい》の深《ふか》い充実感《じゅうじつかん》を味《あじ》わうことができます。

現実《げんじつ》に、今《いま》、世界中の学会員が「一生成仏《いっしょうじょうぶつ》」「広宣流布」という大目的《だいもくてき》に勇《いさ》んで進《すす》むことで、六道《ろくどう》の連鎖《れんさ》に苦《くる》しむ煩悩《ぼんのう》から、確《たし》かな幸福境涯《こうふくきょうがい》をつかむ――菩提《ぼだい》へと転《てん》じ、大《おお》いなる自利利他《じりりた》の人生《じんせい》を歩《あゆ》んでいます。まさしく、煩悩という薪《たきぎ》を燃《も》やし、苦悩《くのう》の闇《やみ》を照《て》らしてきたのです。

自分《じぶん》の生命《せいめい》を妙法の光《ひかり》で照《て》らし晴《は》らすことです。苦悩《くのう》の薪《たきぎ》を「焼《や》き」、慈悲《じひ》と智慧《ちえ》の光《ひかり》で「照《て》らす」ことができるのが、南無妙法蓮華経の偉大《いだい》な力用《りきゆう》なのです。

永遠《えいえん》の生命観《せいめいかん》に立《た》つ

「生死《しょうじ》の闇《やみ》を照《て》らし晴《は》らして」「生死即涅槃《そくねはん》と開覚《かいかく》する」とあります。これは、生死を「本有《ほんぬ》の生死」〈注12〉として正《ただ》しく捉《とら》え、生《せい》も死《し》も三世《さんぜ》の生命《せいめい》に具《そな》わる変化《へんか》の姿《すがた》であると覚《さと》ることです。

確《たし》かに生死《しょうじ》は、誰《だれ》もが逃《のが》れられない苦悩《くのう》かもしれない。では、死《し》は全《すべ》ての終《お》わりを意味《いみ》するのか。怯《おび》えて迎《むか》えねばならぬ闇《やみ》なのか。断《だん》じて、そうではない。仏法の永遠《えいえん》の生命観《せいめいかん》こそ、その闇を打《う》ち払《はら》い、限《かぎ》りない希望《きぼう》を贈《おく》る光源《こうげん》なのです。

三世《さんぜ》の生命観《せいめいかん》に立《た》てば、死《し》は、次《つぎ》なる生《せい》への出発《しゅっぱつ》であり、大《おお》いなる生命の営《いとな》みのリズムとなる。大聖人《だいしょうにん》は、「臨終正念《りんじゅうしょうねん》」〈注13〉の信心に励《はげ》んでいくことで、誰人《たれびと》もが生死《しょうじ》の苦《く》悩《のう》に縛《しば》られず、何《なに》ものにも壊《こわ》されない金剛不壊《こんごうふえ》の生命に鍛《きた》え上《あ》げていけると断言《だんげん》されています。

私たちは、今《いま》この時《とき》にも、わが一念《いちねん》を、大宇宙《だいうちゅう》の根源《こんげん》の法《ほう》である南無妙法蓮華経に帰《き》し、命《もと》づくことで、瞬間《しゅんかん》瞬間を完全燃焼《かんぜんねんしょう》し、生死《しょうじ》の苦悩《くのう》を涅槃《ねはん》へと昇華《しょうか》することができる。これが、創価家族《かぞく》の「常楽我浄《じょうらくがじょう》」〈注14〉の軌道《きどう》です。

苦悩《くのう》を転《てん》じて自在《じざい》の境涯《きょうがい》に

煩悩即菩提《ぼんのうそくぼだい》も生死即涅槃《しょうじそくねはん》も、全《まった》く正反対《せいはんたい》と思《おも》われるものを「即」の一字《いちじ》でつないでいます。この「即」は、単純《たんじゅん》なイコールの意味《いみ》では断《だん》じてありません。

「即《そく》」とは変革《へんかく》の法理《ほうり》です。生命《せいめい》の真実《しんじつ》の姿《すがた》を仏《ほとけ》の智慧《ちえ》の眼《まなこ》で見《み》れば、煩悩《ぼんのう》と生死《しょうじ》の苦《く》悩《のう》に支配《しはい》された境涯《きょうがい》にも、菩提《ぼだい》・涅槃《ねはん》という覚《さと》りの境涯《きょうがい》が内在《ないざい》しています。つまり、九界《きゅうかい》の衆生《しゅじょう》にも仏界《ぶっかい》が必《かなら》ず具《そな》わるからこそ、煩悩を菩提に、生死《しょうじ》を涅槃へと転換《てんかん》でき、即身成《そくしんじょう》仏《ぶつ》、凡夫《ぼんぷ》成仏が可能《かのう》になるのです。

「即《そく》の一字《いちじ》は南無妙法蓮華経なり」（新1021ジペー・全732ジペー）と仰《おお》せです。宇宙《うちゅう》と生命《せいめい》の根源《こんげん》の法《ほう》である南無妙法蓮華経の力用《りきゆう》を発動《はつどう》させることによって、生老病死《しょうろうびょうし》の苦《くる》しみの束縛《そくばく》を、常楽我浄《じょうらくがじょう》の自在《じざい》の境涯《きょうがい》へと転《てん》じゆけるのです。牧口先生は「常《つね》に楽《たの》しく我浄《われきよ》し」とも教《おし》えられました。この究極《きゅうきょく》の希望《きぼう》の哲学《てつがく》と歓喜《かんき》の行動《こうどう》こそ、大聖人《だいしょうにん》の仏法の本質《ほんしつ》なのです。

大願《だいがん》に生《い》きる境涯《きょうがい》は仏《ほとけ》と一体《いったい》

法華経には、仏《ほとけ》も「少病少悩《しょうびょうしょうのう》」〈注15〉と説《と》かれています。仏であっても一切衆生《いっさいしゅじょう》を救《すく》うために悩《なや》み抜《ぬ》いている。だからこそ仏の智慧《ちえ》も休《やす》みなく生《しょう》じている。「悩み」は即《そく》、「覚《さと》り」への薪《たきぎ》となるのです。

広宣流布、立正安国《りっしょうあんこく》のために悩《なや》むのは、仏《ほとけ》と同《おな》じ尊《とうと》き悩みです。真剣《しんけん》に祈《いの》り、題目を唱《とな》え抜《ぬ》きながら悩み、弛《たゆ》まず挑戦《ちょうせん》する時《とき》、「煩悩即菩提《ぼんのうそくぼだい》」の法理《ほうり》のままに、仏の「菩提《ぼだい》の慧《え》火《か》」によって価値創造《かちそうぞう》していける。「生死即涅槃《しょうじそくねはん》」のままに、「涅槃の智火《ちか》」によって、自《じ》他共《たとも》に崩《くず》れぬ幸福《こうふく》の境地《きょうち》を開《ひら》くことができます。

「広宣流布の大願《だいがん》」は最《もっと》も崇高《すうこう》なる煩悩《ぼんのう》であり、仏《ほとけ》の崇高なる願《ねが》いです。誓願《せいがん》の炎《ほのお》で煩悩の薪《たきぎ》を燃《も》やし、永遠《えいえん》の菩薩道《ぼさつどう》に励《はげ》む私たちの境涯《きょうがい》は、仏の生命《せいめい》と一体《いったい》です。即《そく》、仏界《ぶっかい》となる。ゆえに、無限《むげん》の力《ちから》と最高《さいこう》の智慧《ちえ》と勇気《ゆうき》を、わが色心《しきしん》に漲《みなぎ》らせていくことができるのです。

途中《とちゅう》に何《なに》があっても、最後《さいご》に勝《か》てるのが妙法です。一切《いっさい》を変毒為薬《へんどくいやく》して、全《すべ》てを生命《せいめい》の凱歌《がいか》に転《てん》ずることができる。そして、自《みずか》らの生命《せいめい》から発《はっ》する福徳《ふくとく》が、一家眷属《いっかけんぞく》も照《て》らし、成仏《じょうぶつ》へ導《みちび》いていくことは、御聖訓《ごせいくん》に照《て》らして間違《まちが》いありません。

とともに、今《いま》の私たちの日々《ひび》の活動《かつどう》は、末法万年尽未来際《まっぽうまんねんじんみらいさい》の広布の道《みち》、未来の子《こ》どもたちの幸福《こうふく》の道をも広々《ひろびろ》と開《ひら》きます。

晴《は》れ晴《ば》れと師弟《してい》の勝利《しょうり》の旅路《たびじ》を

さあ、御義口伝《おんぎくでん》の大哲理《だいてつり》を生命《せいめい》に刻《きざ》み、永遠《えいえん》の勝利《しょうり》を晴《は》れ晴《ば》れと飾《かざ》る師弟《してい》の旅路《たびじ》を歩《あゆ》んでいきましょう！

創価の師弟《してい》の前進《ぜんしん》こそ、人類《じんるい》の闇《やみ》を照《て》らす希望《きぼう》の大光《たいこう》です。地球民族《ちきゅうみんぞく》の境涯《きょうがい》を高《たか》め、結《むす》び合《あ》う慈悲《じひ》の太陽なのです。

《注　解》

〈注1〉【霊鷲山《りょうじゅせん》】法華経の説法《せっぽう》が行《おこな》われたとされる山《やま》。小高《こだか》い岩山《いわやま》で、その頂《いただき》が鷲《わし》に似《に》ていること、あるいは、鷲が多《おお》くいるため、霊鷲山《りょうじゅせん》と名《な》づけられたという。

〈注2〉【獄中《ごくちゅう》の悟達《ごだつ》】第2代会長・戸田城聖《じょうせい》先生は第2次世界大戦《たいせん》中、軍部政府《ぐんぶせいふ》の弾圧《だんあつ》による獄中《ごくちゅう》で、1944年（昭和19年）の初頭《しょとう》から唱題に励《はげ》むとともに、法華経を読《よ》み、思索《しさく》を重《かさ》ね、「仏《ほとけ》とは生《せい》命《めい》なり」との悟達《ごだつ》を得《え》た。さらに、自身《じしん》がまさに法華経に説《と》かれる「虚空会《こくうえ》の儀式《ぎしき》」で末法《まっぽう》広宣流布を託《たく》された場《ば》に居合《いあ》わせたことを自覚《じかく》し、「我《われ》、地涌《じゆ》の菩薩《ぼさつ》なり」との大確信《だいかくしん》を会得《えとく》した。この獄中の悟達から、今日《こんにち》の世界広宣流布の道《みち》が開《ひら》かれた。

〈注3〉【地涌《じゆ》の菩薩《ぼさつ》】法華経従地涌出品《じゅうじゆじゅっぽん》第15で、釈尊《しゃくそん》が滅後《めつご》における妙法弘通《ぐつう》を託《たく》すべき人々として呼《よ》び出《いだ》した菩薩たち。大地《だいち》から涌出《ゆじゅつ》したので地涌の菩薩という。

〈注4〉【十界互具《じっかいごぐ》】24ページ参照。

〈注5〉【如是我聞《にょぜがもん》】法華経序品《じょほん》第1（法華経70ページ）をはじめ、諸経典《しょきょうてん》の冒頭《ぼうとう》にある言葉《ことば》。「我《われ》（私）」とは、伝統的《でんとうてき》には第1回の仏典結集《ぶってんけつじゅう》で経《きょう》を暗誦《あんしょう》したという阿難《あなん》を指《さ》すとされる。

〈注6〉【天台大師《てんだいだいし》】538年〜597年。中国の陳《ちん》・隋《ずい》の時代《じだい》に活躍《かつやく》した僧《そう》。弟子《でし》の章安《しょうあん》が、天台が講《こう》述《じゅつ》した『摩訶止観《まかしかん》』『法華玄義《ほっけげんぎ》』『法華文句《ほっけもんぐ》』の天台三大部《てんだいさんだいぶ》を筆録《ひつろく》。『法華文句』は、法華経冒頭《ぼうとう》の「如是我聞《にょぜがもん》」から末尾《まつび》の「作礼而去《さらいにこ》」までの一字一句《いちじいっく》を解釈《かいしゃく》している。経典《きょうてん》などの注釈書《ちゅうしゃくしょ》を「疏《しょ》」というが、御義口伝では『法華文句』のことを「疏《しょ》」もしくは「本疏《ほんじょ》」という。

〈注7〉【元品《がんぼん》の無明《むみょう》】生命《せいめい》の根源的《こんげんてき》な無知《むち》。究極《きゅうきょく》の真実《しんじつ》を明《あ》かした妙法を信《しん》じられず理解《りかい》できない癡《おろ》かさ。また、その無知から起《お》こる暗《くら》い衝動《しょうどう》。

〈注8〉【阿若憍陳如《あにゃきょうじんにょ》】釈尊《しゃくそん》から最初《さいしょ》に化導《けどう》された5人の弟子《でし》の1人。釈尊の出家時《しゅっけじ》には苦行《くぎょう》を共《とも》にしたが、釈尊が苦行を捨《す》てたのを見《み》て決別《けつべつ》する。後《のち》に、覚《さと》りを開《ひら》いた釈尊と鹿野苑《ろくやおん》で再会《さいかい》し、帰依《きえ》した。

〈注9〉【阿闍世王《あじゃせおう》】釈尊在世《しゃくそんざいせ》から滅後《めつご》にかけての中インド・マガダ国の王《おう》。提婆達多《だいばだった》にそそのかされ、父《ちち》を幽閉《ゆうへい》したり、釈尊の殺害《さつがい》を企《くわだ》てたりした。後《のち》に全身《ぜんしん》に大悪瘡《だいあくそう》（悪《わる》いできもの）ができた際《さい》、大《だい》臣《じん》・耆婆《ぎば》の勧《すす》めで釈尊のもとに赴《おもむ》き、その説法《せっぽう》を聞《き》いて病《やまい》を癒《い》やし、改心《かいしん》した。釈尊入滅後《にゅうめつご》、第1回の仏典結集《ぶってんけつじゅう》を外護《げご》したと伝《つた》えられる。

〈注10〉【煩悩即菩提《ぼんのうそくぼだい》】煩悩に支配《しはい》されている衆生《しゅじょう》の生命《せいめい》に成仏《じょうぶつ》のための覚《さと》りの智慧《ちえ》（菩提）が現《あらわ》れること。

〈注11〉【生死即涅槃《しょうじそくねはん》】生死の苦《くる》しみを味《あじ》わっている衆生《しゅじょう》の身《み》に涅槃が開《ひら》かれること。「生死」は煩悩《ぼんのう》や迷《まよ》いによって苦悩《くのう》する境涯《きょうがい》であり、九界《きゅうかい》の衆生の境涯である。「涅槃」は仏《ほとけ》の覚《さと》りの平安《へいあん》な境地《きょうち》である。

〈注12〉【本有《ほんぬ》の生死《しょうじ》】「本有」とは、生命本来《せいめいほんらい》のありのままのこと。「本有の生死」とは、あらゆる生命に本来的に具《そな》わっている生死。あらゆる生命は、万物《ばんぶつ》の根源《こんげん》の妙法と一体《いったい》であり、生《せい》とは縁《えん》に応《おう》じて一個《いっこ》の生命《せいめい》として生起《せいき》し顕在化《けんざいか》している状態《じょうたい》、死《し》とは冥伏《みょうぶく》して潜在化《せんざいか》している状態。生命は永遠《えいえん》に、この生死を繰《く》り返《かえ》している。

〈注13〉【臨終正念《りんじゅうしょうねん》】臨終に当《あ》たり、正《ただ》しい念慮《ねんりょ》（思《おも》い・考《かんが》え）をもつこと。仏道《ぶつどう》を歩《あゆ》み続《つづ》け、成仏《じょうぶつ》を確《かく》信《しん》し、大満足《だいまんぞく》の心で臨終を迎《むか》えること。

〈注14〉【常楽我浄《じょうらくがじょう》】25ページ参照。

〈注15〉【少病少悩《しょうびょうしょうのう》】多《おお》くの人の悩《なや》みに同苦《どうく》し、救済《きゅうさい》する仏《ほとけ》の慈悲《じひ》。

方便品《ほうべんぼん》第２〈上〉

方便品《ほうべんぼん》の概要《がいよう》（１）

序品《じょほん》第１に続《つづ》いて、瞑想《めいそう》の境地《きょうち》に入《はい》っていた釈尊《しゃくそん》が厳《おごそ》かに立《た》ち上《あ》がり、舎利弗《しゃりほつ》に対《たい》して法を説《と》き始《はじ》めます。質問《しつもん》がないのに、自《みずか》ら語《かた》り出《だ》したことは、仏《ほとけ》の深《ふか》い随自意《ずいじい》の教《おし》えがいよいよ始《はじ》まることを示《しめ》しています。

その第一声《だいいっせい》は、諸仏《しょぶつ》の智慧《ちえ》がいかに深《ふか》いか、一切《いっさい》の声聞《しょうもん》らは知《し》ることができないという内容《ないよう》です。諸仏自身《しょぶつじしん》が、勇猛精進《ゆうみょうしょうじん》の果《は》てに覚《さと》ることのできた智慧《ちえ》であり、その智慧は深《ふか》く偉大《いだい》です。そして、仏《ほとけ》と仏だけが究《きわ》めた智慧とは諸法実相《しょほうじっそう》・十如是《じゅうにょぜ》であることが示《しめ》されます。

ここまでが、私たちが朝晩《あさばん》の勤行で読誦《どくじゅ》している方便品《ほうべんぼん》の範囲《はんい》です。

誰《だれ》もが皆《みな》「仏《ほとけ》」なり——この真実《しんじつ》に目覚《めざ》めよ

「太陽は皆《みな》のために昇《のぼ》る」

今《いま》から30年前《ねんまえ》の1993年（平成5年）、南米《なんべい》アルゼンチンの天地《てんち》で、同志《どうし》と分《わ》かち合《あ》った、ことわざです。

民衆《みんしゅう》の英知《えいち》光《ひか》るこの珠玉《しゅぎょく》の言葉《ことば》のごとく、日蓮大聖人《だいしょうにん》の「太陽の仏法」は、まさしく「皆《みな》のため」——全人類《ぜんじんるい》、全衆生《ぜんしゅじょう》のために説《と》き残《のこ》された大法《だいほう》です。

それは、いずこの地《ち》も、また、いかなる人の命《いのち》も、平等《びょうどう》に明《あか》るく温《あたた》かく照《て》らす「希望《きぼう》の大光《たいこう》」です。一人一人の胸中《きょうちゅう》に勇気《ゆうき》と慈愛《じあい》の太陽を昇《のぼ》らせ、無限《むげん》の可能性《かのうせい》を輝《かがや》かせる「人間のための宗教《しゅうきょう》」の光源《こうげん》です。

思《おも》えば、創価ルネサンスの凱歌《がいか》が轟《とどろ》くこの93年、私は、年頭《ねんとう》から約《やく》2カ月にわたって、幾多《いくた》の忘《わす》れ得《え》ぬ黄金《おうごん》の出会《であ》いを結《むす》びながら、北南米大陸《ほくなんべいたいりく》6カ国を巡《めぐ》りました。

この平和旅《へいわたび》では、アメリカ、ブラジルとともに、コロンビア、アルゼンチン、パラグアイ、チリの南米《なんべい》4カ国を初訪問《はつほうもん》しました。その中《なか》で、アンデス山脈《さんみゃく》を越《こ》えて向《む》かったチリは、第3代会長就任《しゅうにん》の年に「世界広布」即《そく》「世界平和《へいわ》」へ誓願《せいがん》の旅《たび》の第一歩《だいいっぽ》を踏《ふ》み出《だ》して以来《いらい》、50カ国目《め》となったのです。

全人類《ぜんじんるい》に「遊楽《ゆうらく》」を贈《おく》る秘術《ひじゅつ》

この時《とき》、チリの同志《どうし》と共《とも》に、「南無妙法蓮華経と唱《とな》うるより外《ほか》の遊楽《ゆうらく》なきなり」（新1554ジペー・全1143ジペー）との御聖訓《ごせいくん》を拝《はい》しました。この御文《ごもん》は数日後《すうじつご》、ブラジルで開催《かいさい》されたSGI（創価学会インタナショナル）総会《そうかい》でも拝《はい》し、〝妙法は全人類《ぜんじんるい》に「遊楽《ゆうらく》」を贈《おく》る秘術《ひじゅつ》である〟と確認《かくにん》し合《あ》いました。

法華経には「衆生所遊楽《しゅじょうしょゆうらく》（衆生の遊楽する所《ところ》なり）」〈注1〉と説《と》かれています。現実《げんじつ》の世界で「一生成仏《いっしょうじょうぶつ》」という絶対的《ぜったいてき》な幸福《こうふく》の境涯《きょうがい》を開《ひら》いて、人生《じんせい》を最高《さいこう》に有意義《ゆういぎ》に遊楽《ゆうらく》できる。その内発《ないはつ》の智慧《ちえ》と力《ちから》を一人残《のこ》らず持《も》っている――。この最高《さいこう》の〝人生《じんせい》の秘《ひ》術《じゅつ》〟を万人《ばんにん》に伝《つた》えようとしたのが法華経です。

戸田先生は、〝われわれはこの世《よ》に遊楽《ゆうらく》するため、幸福《こうふく》になるために生《う》まれてきたのだ〟と常《つね》に教《おし》えられていました。

仏法の上《うえ》から人生《じんせい》の根本目的《こんぽんもくてき》をいえば、成仏《じょうぶつ》することです。信心を貫《つらぬ》き通《とお》して、「我《われ》、仏《ほとけ》なり」と会得《えとく》し、何《なに》ものにも崩《くず》れぬ不動《ふどう》の境地《きょうち》を築《きず》いていく。この地球上《ちきゅうじょう》の娑婆《しゃば》世界で、思《おも》う存分《ぞんぶん》に人生を楽《たの》しみきっていくための信仰《しんこう》です。

方便《ほうべん》とは〝巧《たく》みなる接近《せっきん》〟

講義《こうぎ》は方便品《ほうべんぼん》第2に入《はい》ります。私たちが朝晩《あさばん》の勤行で読誦《どくじゅ》する経文《きょうもん》です。

「方便《ほうべん》」とは、サンスクリットの原語《げんご》によれば〝巧《たく》みなる接近《せっきん》（の手立《てだ》て）〟という意味《いみ》です。仏《ほとけ》が衆生《しゅじょう》を導《みちび》いていく教育的手段《きょういくてきしゅだん》ともいえましょう。ここでは「方便品八箇《ほうべんぼんはっか》の大事《だいじ》」から「第一　『方便品《ほうべんぼん》』の事《こと》」を学《まな》びます。

「御義口伝《おんぎくでん》」方便品《ほうべんぽん》の一節

（新993ジペー・全714ジペー）

今《いま》、日蓮《にちれん》等《ら》の類《たぐ》い、南無妙法蓮華経と唱《とな》え奉《たてまつ》るは、これ秘妙方便《ひみょうほうべん》にして体内《たいない》なり。故《ゆえ》に、「妙法蓮華経《みょうほうれんげきょう》」と題《だい》して、次《つぎ》に「方便品《ほうべんぽん》」と云《い》えり。

現代語訳

〈方便品八箇《ほうべんぽんはっか》の大事《だいじ》　第一　「方便品《ほうべんぽん》」の事《こと》〉

（御義口伝《おんぎくでん》に仰《おお》せである）今《いま》、日蓮とその弟子《でし》たちが「南無妙法蓮華経」と唱《とな》え奉《たてまつ》ること、これは「秘妙方便《ひみょうほうべん》」であり、妙法の「体内《たいない》」である。ゆえに、「妙法蓮華経」と題《だい》して、次《つぎ》に「方便品《ほうべんぽん》」というのである。

法用《ほうゆう》・能通方便《のうつうほうべん》と秘妙《ひみょう》方便

勤行は、「妙法蓮華経。方便品《ほうべんぽん》。第二。爾時世尊《にじせそん》。従三昧《じゅうさんまい》。安詳而起《あんじょうにき》。告舎利弗《ごうしゃりほつ》」〈注2〉から始《はじ》まり、方便品の読誦《どくじゅ》は、「十如是《じゅうにょぜ》」〈注3〉を3回《かい》繰《く》り返《かえ》して終《お》わります。ここで諸法実相《しょほうじっそう》〈注4〉が説《と》かれ、万人成仏《ばんにんじょうぶつ》の道《みち》が開かれます。法華経迹門《しゃくもん》で一番《いちばん》、重要《じゅうよう》な箇《か》所《しょ》であり、私たちは、妙法を讃歎《さんたん》する意義《いぎ》を込《こ》め、如来寿量品《にょらいじゅりょうほん》第16の「自我偈《じがげ》」と合《あ》わせて、唱題行の助行《じょぎょう》として読誦《どくじゅ》しています。

この方便品《ほうべんぽん》の読誦《どくじゅ》の中《なか》で、「無数方便《むしゅほうべん》。引導衆生《いんどうしゅじょう》（無数の方便もて衆生を引導して）」、「如来《にょらい》方便《ほうべん》。知見波羅蜜《ちけんはらみつ》。皆已具足《かいいぐそく》（如来は方便と知見波羅蜜、皆已《みなすで》に具足すればなり）」と、「方便」が2回《かい》出《で》てきます。経典《きょうてん》の方便品は、この後《あと》も続《つづ》きますが、そこでも、何度《なんど》も繰《く》り返《かえ》し「方便」という言葉《ことば》が出《で》てきます。

通常《つうじょう》、方便《ほうべん》というと、「正直捨方便《しょうじきしゃほうべん》」「方便権教《ごんきょう》」とあるように、当面《とうめん》の理解《りかい》のための仮《かり》のものという印象《いんしょう》があります。

なぜ、仏《ほとけ》の教《おし》えにとって要《かなめ》となる品《ほん》に「方便《ほうべん》」という表現《ひょうげん》が用《もち》いられ、品の題名《だいめい》ともなり、「如来《にょらい》は方便と智慧《ちえ》を具足《ぐそく》している」とまで述《の》べられているのか。

天台大師《てんだいだいし》〈注5〉の『法華文句《ほっけもんぐ》』では、方便品《ほうべんぽん》の解釈《かいしゃく》にあたって、まず、「方便」の意義《いぎ》の洞察《どうさつ》から始《はじ》めています。そこでは、同《おな》じ方便でも、他経《たきょう》すなわち爾前経《にぜんきょう》の方便と、法華経の方便とは違《ちが》うことを示《しめ》すために、「方便」には三種《しゅ》あることを述《の》べています。

第1が「法用方便《ほうゆうほうべん》」、第2が「能通方便《のうつうほうべん》」、そして第3に「秘妙方便《ひみょうほうべん》」です。法用方便と能通方便は、爾前経《にぜんきょう》において、仏《ほとけ》が衆生《しゅじょう》を導《みちび》くために、種々《しゅじゅ》に用《もち》いた手立《てだ》てです〈注6〉。ともに、相手《あいて》の理解《りかい》に応《おう》じて説《と》く随他意《ずいたい》〈注7〉の教《おし》えです。

仏《ほとけ》の随自意《ずいじい》が法華経の方便《ほうべん》

これに対《たい》して、秘妙方便《ひみょうほうべん》とは、仏《ほとけ》の真意《しんい》を示《しめ》す巧《たく》みな表現《ひょうげん》・手立《てだ》てのことです。声聞《しょうもん》や縁覚《えんがく》など二乗《にじょう》にとっては、仏の智慧《ちえ》は甚深無量《じんじんむりょう》で難解難入《なんげなんにゅう》であり、知《し》ることさえできない。この仏の随自意《ずいじい》〈注8〉の立場《たちば》から、深《ふか》き真実《しんじつ》が開示《かいじ》されたのが、秘妙方便、すなわち法華経の方便です。

では、方便品《ほうべんぽん》に説《と》かれる仏《ほとけ》の真意《しんい》とは何《なに》か――。それは、二乗《にじょう》であれ、菩薩《ぼさつ》であれ、また、いかなる衆生《しゅじょう》であれ、一人も残《のこ》らず、本来《ほんらい》、平等《びょうどう》に〝仏知見《ぶっちけん》〈注9〉を具《そな》えた存在《そんざい》〟であり、〝真《しん》に仏道《ぶつどう》を求《もと》める菩薩〟であると目覚《めざ》めさせることです。その万人成仏《ばんにんじょうぶつ》を可能《かのう》にする法《ほう》である「一仏乗《いちぶつじょう》」〈注10〉を説くことこそ仏《ほとけ》の本懐《ほんかい》であり、根本《こんぽん》の願《ねが》いなのです。

言《い》い換《か》えれば、九界《きゅうかい》の衆生《しゅじょう》は皆《みな》、仏界《ぶっかい》の生命《せいめい》を具《そな》えているのです。秘妙方便《ひみょうほうべん》の「秘」とは、〝衆生《しゅじょう》は本来《ほんらい》、仏《ほとけ》である〟という真実《しんじつ》を、ただ仏だけが知《し》っているということです。反対《はんたい》に、その真実《しんじつ》が凡夫《ぼんぷ》には見《み》えずに隠《かく》れている。ところが、ひとたび法華経を信《しん》じ持《たも》てば、その凡夫が仏の生命《せいめい》を開《ひら》くことができる。まさに、「妙《みょう》」なのです。

御義口伝《おんぎくでん》に「今《いま》、日蓮等《にちれんら》の類《たぐ》い、南無妙法蓮華経と唱《とな》え奉《たてまつ》るは、これ秘妙方便《ひみょうほうべん》にして体内《たいない》なり」と仰《おお》せです。

「体内《たいない》」とは、仏《ほとけ》の覚《さと》りの内《うち》に納《おさ》まっているということです。

この御文《ごもん》では、大聖人《だいしょうにん》とその弟子《でし》たちが、南無妙法蓮華経の題目を唱《とな》え抜《ぬ》いていくことこそが秘妙方便《ひみょうほうべん》であり、一切《いっさい》が妙法と一体《いったい》であると明《あ》かされています。

日蓮仏法の偉大《いだい》さは、法華経に説《と》かれている成仏《じょうぶつ》の原理《げんり》に立脚《りっきゃく》し、誰人《たれびと》もが、〝今《いま》、ここで、わが身《み》〟に仏《ほとけ》の生命《せいめい》を現実《げんじつ》にあらわすことができる方途《ほうと》を示《しめ》したことにあります。具体的《ぐたいてき》には、私たち凡夫《ぼんぷ》が御本尊を受持《じゅじ》して、自行《じぎょう》・化他《けた》の題目を唱《とな》える——そこから必《かなら》ず、仏界《ぶっかい》の智慧《ちえ》と力《ちから》が涌現《ゆげん》する。まさに、これこそが大聖人《だいしょうにん》の仏法における秘妙方便《ひみょうほうべん》なのです。

「故《ゆえ》に、『妙法蓮華経《みょうほうれんげきょう》』と題《だい》して、次《つぎ》に『方便品《ほうべんぼん》』と云《い》えり」です。「妙法蓮華経方便品」という品《ほん》の題名自体《だいめいじたい》が、この秘妙《ひみょう》方便の義《ぎ》を示《しめ》しています。私たちが読誦《どくじゅ》する方便品《ほうべんぼん》には、一切衆生《いっさいしゅじょう》の成仏《じょうぶつ》を示《しめ》す甚深《じんじん》の義《ぎ》があるのです。

しかし一方《いっぽう》で、わが身《み》を省《かえり》みれば、悩《なや》みや苦《くる》しみの多《おお》い自分《じぶん》がどうして仏《ほとけ》なのかと、迷《まよ》いや疑《うたが》いの心が生《しょう》じるのも現実《げんじつ》でしょう。

戸田先生は、懇切《こんせつ》に分《わ》かりやすく、こう教《おし》えてくださいました。

――私も皆《みな》さんも凡夫《ぼんぷ》です。しかし、理《り》の上《うえ》では仏《ほとけ》なのです。成仏《じょうぶつ》とは、自分《じぶん》が仏であることを知《し》ることで、これは秘密《ひみつ》にされ、妙《みょう》が隠《かく》されている。これを秘妙《ひみょう》というのです。あえて凡夫の姿《すがた》で苦労《くろう》しながら、皆《みな》を仏に目覚《めざ》めさせていく。これが、「秘妙方便《ひみょうほうべん》」の原理《げんり》です。皆《みな》さん方《がた》は、本来《ほんらい》、地涌《じゆ》の菩薩《ぼさつ》そのものなのです。この原理《げんり》が心の奥底《おうてい》でわかれば、方便品《ほうべんぼん》が読《よ》めるのです、と。

信心の真髄《しんずい》のご指導《しどう》です。私たちが、日々《ひび》、凡夫《ぼんぷ》として自《みずか》らの苦難《くなん》と格闘《かくとう》しながら、妙法を唱《とな》え、同志《どうし》と共《とも》に広宣流布の活動《かつどう》に邁進《まいしん》すること自体《じたい》が、自他共《じたとも》の仏性《ぶっしょう》を呼《よ》び覚《さ》ます崇高《すうこう》な地涌誓願《じゆせいがん》の行動《こうどう》に他《ほか》ならないのです。

「御義口伝《おんぎくでん》」方便品《ほうべんぽん》の一節 (新993㌻・全714㌻)

妙楽《みょうらく》、記《き》の三《さん》に釈《しゃく》して、本疏《ほんじょ》の「即《すなわ》ちこれ真《しん》の秘《ひ》なり」の「即《そく》」を、「円《えん》をもって即《そく》となす」と消釈《しょうしゃく》せり。即《そく》は円《えん》なれば、法華経《ほけきょう》の別《べつ》名《みょう》なり。即《そく》とは、凡夫即極《ぼんぷそくごく》、諸法実相《しょほうじっそう》の仏《ほとけ》なり。円《えん》とは、一念三千《いちねんさんぜん》なり。即《そく》と円《えん》と、言《ことば》は替《か》われども、妙《みょう》の別名《べつみょう》なり。一切衆生《いっさいしゅじょう》、実相《じっそう》の仏《ほとけ》なれば、妙《みょう》なり、不思議《ふしぎ》なり。謗法《ほうぼう》の人《ひと》、今《いま》これを知《し》らざるが故《ゆえ》に、これを「秘《ひ》」と云《い》う。

現代語訳

〔「第一 『方便品《ほうべんぽん》』の事《こと》」の最初《さいしょ》に引用《いんよう》された天台《てんだい》の『法華文句《ほっけもんぐ》』には、法華経の「方便《ほうべん》」が秘妙《ひみょう》であり、「即《すなわ》ちこれ真《しん》の秘《ひ》なり」と説《と》いている」妙楽《みょうらく》は『法《ほっ》華文句記《けもんぐき》』第三で、『文句』の「即ちこれ真の秘なり」の「即《そく》」とは、「円《えん》をもって即とする」と解釈《かいしゃく》した。「即」とは、「円」（円教《えんぎょう》＝万人成仏《ばんにんじょうぶつ》を明《あ》かした円満《えんまん》な教《おし》え）であるから、法華経の別名《べつめい》である。「即」とは、「凡夫即極《ぼんぷそくごく》」（九界即仏界《きゅうかいそくぶっかい》）を意味《いみ》し、その境涯《きょうがい》は「諸法実相《しょほうじっそう》の仏《ほとけ》」なのである。

また、「円《えん》」とは、一念三千《いちねんさんぜん》である。「即《そく》」と「円」とは、言葉《ことば》は異《こと》なるが、ともに同《おな》じく「妙《みょう》」の別名《べつめい》である。一切衆生《いっさいしゅじょう》は、もともと「実相《じっそう》の仏《ほとけ》」であるから、「妙」であり、不思議《ふしぎ》である。謗法不信《ほうぼうふしん》の人は、この真実《しんじつ》を知《し》ることができないから、これを「秘《ひ》」というのである。

「凡夫即極《ぼんぷそくごく》」の法理《ほうり》を明《あ》かす

次《つぎ》の段《だん》では、妙楽大師《みょうらくだいし》〈注11〉の「円《えん》をもって即《そく》となす」との釈《しゃく》を受《う》けて、はじめに「即は円なれば、法華経《ほけきょう》の別名《べつみょう》なり」と仰《おお》せです。

九界《きゅうかい》の衆生《しゅじょう》が即《そく》、仏《ほとけ》であるということが「円」、すなわち完全《かんぜん》な真実《しんじつ》であり、それを説《と》いているのは法華経しかないのです。

この即身成仏《そくしんじょうぶつ》の教《おし》えは、凡夫《ぼんぷ》が仏《ほとけ》に成《な》ることであり、「凡夫即極《そくごく》」とも表現《ひょうげん》されます。

十界互具《じっかいごぐ》を説《と》く円教《えんぎょう》の法華経によって、誰人《たれびと》にも尊極《そんごく》の仏の境涯《きょうがい》が顕《あらわ》れることを断言《だんげん》しているのです。また、それが「諸法実相《しょほうじっそう》の仏《ほとけ》」です。従来《じゅうらい》の仏教《ぶっきょう》で説《と》かれる「色相荘厳《しきそうしょうごん》の仏《ほとけ》」〈注12〉という、飾《かざ》り立《た》てられ神格化《しんかくか》した仏では断《だん》じてない。「尊形《そんぎょう》を出《い》でたる仏」〈注13〉であり、全《まった》く生身《なまみ》の凡夫《ぼんぷ》の姿《すがた》が即《そく》、尊極無上《そんごくむじょう》の仏となるのです。

「円《えん》とは、一念三千《いちねんさんぜん》なり」です。万人成仏《ばんにんじょうぶつ》の円教《えんぎょう》の教《おし》えとは、「一念三千」〈注14〉の法理《ほうり》なのです。そして、迷《まよ》いの一切衆生《いっさいしゅじょう》こそが「実相《じっそう》の仏《ほとけ》」となるということは、「妙《みょう》」であり、法華経以外《いがい》では説《と》かれなかった思議《しぎ》し難《がた》い教《おし》えなのです。

日蓮仏法は、「凡夫即極《ぼんぷそくごく》」であり、妙法を実践《じっせん》する凡夫こそが末法《まっぽう》広宣流布の主人公《しゅじんこう》なのです。凡夫が地涌《じゆ》の菩薩《ぼさつ》として生《い》きる。これは、まさに秘妙方便《ひみょうほうべん》であります。反対《はんたい》に、法華経を誹謗《ひぼう》する者《もの》はこの真実《しんじつ》を知《し》り得《え》ない。この目覚《めざ》めた凡夫と「謗法《ほうぼう》の人《ひと》」との対比《たいひ》は、不軽菩薩《ふきょうぼさつ》〈注15〉と、上慢《じょうまん》の四衆《ししゅ》との関係《かんけい》と同《おな》じです。

この「民衆《みんしゅう》こそ主役《しゅやく》」の思想《しそう》は、仏教史《ぶっきょうし》はもとより、宗教《しゅうきょう》・思想史においても、驚天動《きょうてんどう》地《ち》の革命的《かくめいてき》な宣言《せんげん》でありましょう。

「私は、立派《りっぱ》な凡夫《ぼんぷ》だ!」

戸田先生は、本来《ほんらい》、仏界《ぶっかい》を具《そな》えた、ありのままの人間、すなわち〝凡夫《ぼんぷ》こそが尊極《そんごく》である〟との信念《しんねん》を貫《つらぬ》かれました。

ある記者《きしゃ》が「あなたは神《かみ》さまか、生《い》き仏《ぼとけ》さまか」などと興味本位《きょうみほんい》の質問《しつもん》をしてきた時《とき》も、「私は、立派《りっぱ》な凡夫《ぼんぷ》だ!」と痛快《つうかい》に返《かえ》しておられたものです。

戸田先生は、「妙悟空《みょうごくう》」のペンネームでつづられた小説《しょうせつ》『人間革命』に、主人公《しゅじんこう》の巌《がん》さんをはじめ、長屋暮《ながやぐ》らしの貧《まず》しい庶民《しょみん》が仏法に巡《めぐ》り合《あ》い、やがて見事《みごと》なる家庭革命《かていかくめい》をし、経済的成功《けいざいてきせいこう》を成《な》し遂《と》げ、蘇生《そせい》し、深《ふか》き使命《しめい》を自覚《じかく》して明《あか》るく賑《にぎ》やかに広布に生《い》きる姿《すがた》を描《えが》かれました。

妙法受持《じゅじ》の生命《せいめい》を時々刻々《じじこっこく》と輝《かがや》かせながら弛《たゆ》まず人間革命に挑《いど》み、生《い》きて生きて生き抜《ぬ》いていく。そして試練《しれん》に打《う》ち勝《か》ち、宿命《しゅくめい》を使命《しめい》に転《てん》じ、桜梅桃李《おうばいとうり》の価値《かち》創造《そうぞう》の実証《じっしょう》を示《しめ》しゆく――凡夫《ぼんぷ》の姿《すがた》のままで、仏《ほとけ》と同《おな》じ慈悲《じひ》の生《い》き方《かた》を貫《つらぬ》く不屈《ふくつ》の「一生成仏《いっしょうじょうぶつ》の道《みち》」こそが、秘妙方便《ひみょうほうべん》の実証《じっしょう》であり、まさしく、「諸法実相《しょほうじっそう》の仏《ほとけ》」そのものなのです。

「御義口伝《おんぎくでん》」方便品《ほうべんぼん》の一節

（新993ページ・全714ページ）

　また云《い》わく、法界三千《ほうかいさんぜん》を、「秘妙《ひみょう》」とは云《い》うなり。秘《ひ》とは、きびしきなり、三千羅列《さんぜんられつ》なり。これより外《ほか》に不思議《ふしぎ》これ無《な》し。大謗法《だいほうぼう》の人《ひと》たりというとも、妙法蓮華経《みょうほうれんげきょう》を受持《じゅじ》し奉《たてまつ》るところを、妙法蓮華経方便品《みょうほうれんげきょうほうべんぼん》とは云《い》うなり。今《いま》、末法《まっぽう》に入《い》って、正《まさ》しく日蓮《にちれん》等《ら》の類《たぐ》いのことなり。妙法蓮華経《みょうほうれんげきょう》の体内《たいない》に爾前《にぜん》の人法《にんぽう》を入《い》るるを、妙法蓮華経方便品《みょうほうれんげきょうほうべんぼん》とは云《い》うなり。これを即身成仏《そくしんじょうぶつ》とも如是本末究竟等《にょぜほんまつくきょうとう》とも説《と》く。

現代語訳

　また、次《つぎ》のように御義口伝《おんぎくでん》に仰《おお》せである。

「法界三千《ほうかいさんぜん》」すなわち、あらゆる衆生《しゅじょう》の境涯《きょうがい》、また、宇宙《うちゅう》の森羅万象《しんらばんしょう》に三千《さんぜん》の諸法《しょほう》が具《そな》わっていることを「秘妙《ひみょう》」という。秘とは厳《きび》しきことをいうのであり、一切《いっさい》にわたって三千が厳然《げんぜん》と連《つら》なり並《なら》んでいるのである。これよりほかに不思議《ふしぎ》（妙《みょう》）はない。

たとえ大謗法《だいほうぼう》の人であっても（皆《みな》、本来《ほんらい》は、一念三千《いちねんさんぜん》の当体《とうたい》であるゆえに）妙法蓮華経を受持《じゅじ》し奉《たてまつ》ることができるのであり、これを「妙法蓮華経方便品《みょうほうれんげきょうほうべんぽん》」というのである。

今《いま》、末法《まっぽう》に入《はい》っては、まさしく日蓮とその弟子《でし》たちのことである。爾前《にぜん》の法《ほう》と、その法で救《すく》おうとした人も、妙法蓮華経という一仏乗《いちぶつじょう》の体内《たいない》に包含《ほうがん》することを、「妙法蓮華経方便品《みょうほうれんげきょうほうべんぽん》」というのである。これを「即身成仏《そくしんじょうぶつ》」とも、「如是《にょぜ》本末究竟等《ほんまつくきょうとう》」とも説《と》くのである。

「秘《ひ》とは、きびしきなり、三千羅列《さんぜんられつ》なり」

続《つづ》いて、峻厳《しゅんげん》なる因果《いんが》の道理《どうり》を示《しめ》されています。

法界三千《ほうかいさんぜん》が全《すべ》て「秘妙《ひみょう》」であり、あらゆる衆生《しゅじょう》の境涯《きょうがい》も、宇宙《うちゅう》の森羅万象《しんらばんしょう》も、ことごとく妙法を秘《ひ》めている。一方《いっぽう》、因果《いんが》の法理《ほうり》に則《のっと》って、三千の姿《すがた》を表《あらわ》している。そこには、何《なに》一《ひと》つ、ごまかしも、つくりごともありません。十界《じっかい》三千という、ありのままの真実《しんじつ》の「すがた」が、明鏡《めいきょう》に映《うつ》し出《だ》されるように峻厳《しゅんげん》なまでに現《あらわ》れます。

ことに、「秘《ひ》とは、きびしきなり、三千羅列《さんぜんられつ》なり」との仰《おお》せは、誰人《たれびと》も仏法の厳《きび》しき因《いん》果律《がりつ》から逃《のが》れることができないことを教《おし》えられた一節《いっせつ》として、多《おお》くの同志《どうし》が胸《むね》に刻《きざ》んできました。

因果《いんが》の理法《りほう》は厳然《げんぜん》です。ゆえに仏法は勝負《しょうぶ》です。善《ぜん》は善として、悪《あく》は悪として、必《かなら》ずその真実《しんじつ》が明《あき》らかになる。いな、断固《だんこ》として明《あき》らかにしていくのです。

如実《にょじつ》に十界三千《じっかいさんぜん》の姿《すがた》が現《あらわ》れていく。「これより外《ほか》に不思議《ふしぎ》これ無《な》し」です。全《すべ》て、厳粛《げんしゅく》な生命《せいめい》の記録《きろく》となるのです。

ありがたくも、妙法蓮華経を受持《じゅじ》することができた私たちです。わが生命《せいめい》が十界互具《じっかいごぐ》なればこそです。これまで「大謗法《だいほうぼう》の人《ひと》」であったとしても、「妙法蓮華経《みょうほうれんげきょう》を受持《じゅじ》し奉《たてまつ》るところを、妙法蓮華経方便品《みょうほうれんげきょうほうべんぼん》とは云《い》うなり」と、最後《さいご》は必《かなら》ず妙法を持《たも》てると断言《だんげん》されています。それが、末法今時《まっぽうこんじ》においては、大聖人《だいしょうにん》とその弟子《でし》たちに他《ほか》ならないと仰《おお》せなのです。

また、「妙法蓮華経《みょうほうれんげきょう》の体内《たいない》に爾前《にぜん》の人法《にんぽう》を入《い》るる」とは、一つには、「活《かつ》の法門《ほうもん》」〈注16〉の立場《たちば》から、爾前《にぜん》の経々《きょうぎょう》も、さらにあらゆる思想《しそう》、哲学《てつがく》も包《つつ》み生《い》かしていくことと拝《はい》されます。

二つには、〝一切法《いっさいほう》はこれ仏法なり〟と、自分自身《じぶんじしん》が「信心即生活《そくせいかつ》」「仏法即社会《そくしゃかい》」の実証《じっしょう》を示《しめ》し、現実《げんじつ》の中《なか》で妙法の偉大《いだい》さを宣揚《せんよう》していくことでもありましょう。

「戦《たたか》い抜《ぬ》く者《もの》が　最後《さいご》の勝利者《しょうりしゃ》」

70年前《ねんまえ》（1953年）の年頭《ねんとう》、私は詠《よ》みました。

「元日《がんじつ》や　戦《たたか》う途《みち》に　華《はな》ぞ咲《さ》け」
「初日《はつひ》の出《で》　己《おの》が心も　初日の出」

25歳《さい》となった私は、恩師《おんし》から任命《にんめい》を受《う》けて、男子部第一部隊《だいいちぶたい》の責任者《せきにんしゃ》として、あらゆる戦《たたか》いの先頭《せんとう》に立《た》ち、不二《ふに》の同志《どうし》と共《とも》に「青年・凱歌《がいか》」の暁鐘《ぎょうしょう》を打《う》ち鳴《な》らしていきました。

当時《とうじ》、学会は無理解《むりかい》や悪意《あくい》の非難《ひなん》を浴《あ》びせられ、味方《みかた》はあまりに少《すく》なかった。激戦《げきせん》の続《つづ》く中、私は日記《にっき》に記《しる》しました。

「何事《なにごと》モ、戦《たたか》イ抜《ぬ》ク者《もの》ガ
　最後《さいご》ノ勝利者《しょうりしゃ》ナリ」と。

青年が立《た》ち上《あ》がり、若《わか》き力《ちから》と情熱《じょうねつ》を結集《けっしゅう》していけば、必《かなら》ず勝利《しょうり》への道《みち》が開《ひら》かれ、生命《せいめい》の凱歌《がいか》が轟《とどろ》き渡《わた》る。それが私の体験《たいけん》であり、後継《こうけい》の皆《みな》に伝《つた》えたい眼目《がんもく》です。

闇《やみ》が深《ふか》くとも太陽は必《かなら》ず昇《のぼ》る

今《いま》、いよいよ澎湃《ほうはい》と日本中、世界中《じゅう》で、わが愛《あい》する地涌《じゆ》の青年たちが目覚《めざ》ましい前進《ぜんしん》と成長《せいちょう》を遂《と》げています。

我《われ》らには「太陽の仏法」があります。

いかに危機《きき》の闇《やみ》が深《ふか》くとも、必《かなら》ず太陽は昇《のぼ》る。惜《お》しみなく光《ひかり》と熱《ねつ》を注《そそ》ぎます。そして、妙法を唱《とな》える我《われ》らの胸中《きょうちゅう》から、幸福《こうふく》と勝利《しょうり》の旭日《きょくじつ》を輝《かがや》かせるのです。

「天晴《てんは》れぬれば地明《ちあき》らかなり。法華《ほっけ》を識《し》る者《もの》は世法《せほう》を得《う》べきか」（新146ジペー・全254ジペー）

と、この一年もまた、地球《ちきゅう》を照《て》らす正義《せいぎ》と勇気《ゆうき》と希望《きぼう》の大行進《だいこうしん》を、賢《かしこ》く朗《ほが》らかに広《ひろ》げようではありませんか！

《注　解》

〈注1〉【衆生所遊楽《しゅじょうしょゆうらく》】「衆生の遊楽する所《ところ》なり」。「遊楽《ゆうらく》」は「ゆらく」とも読む。法華経如来寿量品《にょらいじゅりょうほん》第16の自我偈《じがげ》に説《と》かれる（法華経491ページ）。私たちが住《す》む現実《げんじつ》の世界こそ、常寂光土《じょうじゃっこうど》（永遠《えいえん》に安穏《あんのん》な仏《ほとけ》の国土《こくど》）であり、衆生にとっての最高《さいこう》の遊楽《ゆうらく》の場所《ばしょ》であることが示《しめ》されている。

〈注2〉読《よ》み下《くだ》しは、「爾《そ》の時《とき》、世尊《せそん》は三昧《さんまい》より安詳《あんじょう》として起《た》って、舎利弗《しゃりほつ》に告《つ》げたまわく」（法華経106ページ）となる。

〈注3〉【十如是《じゅうにょぜ》】方便品《ほうべんぽん》第2では、仏《ほとけ》が覚《さと》った諸法実相《しょほうじっそう》を把握《はあく》するために10項目《こうもく》が挙《あ》げられている。同《どう》品《ほん》には、「所謂諸法《いわゆるしょほう》の、如是相《にょぜそう》・如是性《にょぜしょう》・如是体《にょぜたい》・如是力《にょぜりき》・如是作《にょぜさ》・如是因《にょぜいん》・如是縁《にょぜえん》・如是果《にょぜか》・如是報《にょぜほう》・如是本末究竟等《にょぜほんまつくきょうとう》なり」（法華経108ページ）と説《と》かれている。十如是を3回読《かいよ》むのは、わが身《み》に「空《くう》・仮《け》・中《ちゅう》の三諦《さんたい》」が顕《あらわ》れることを意味《いみ》する。

〈注4〉【諸法実相《しょほうじっそう》】全《すべ》ての存在《そんざい》・現象《げんしょう》の真実《しんじつ》、ありのままの姿《すがた》のこと。仏《ほとけ》がその広《ひろ》く深《ふか》い智慧《ちえ》で覚知《かくち》した万物《ばんぶつ》の真実の姿。「諸法」とは、この現実《げんじつ》世界において、さまざまな様相《ようそう》をとって現《あらわ》れている、全《すべ》ての現象・物事《ものごと》のこと。「実相」とは、真実の姿、究極《きゅうきょく》の真理《しんり》のこと。諸法《しょほう》はそのまま実相《じっそう》の現《あらわ》れであり、実相もまた決《けっ》して諸法から離《はな》れてあるものではない。

〈注5〉【天台大師《てんだいだいし》】45ページ参照。

〈注6〉「法用《ほうゆう》」は、その法《ほう》の働《はたら》き（用《ゆう》）によって人々に利益《りやく》を与《あた》えること。「能通《のうつう》」は、真実《しんじつ》に入《はい》る門《もん》となる教《おし》え。その教えを通《とお》っていくので能通という。

〈注7〉【随他意《ずいたい》】真実《しんじつ》の覚《さと》りに導《みちび》くために、衆生《しゅじょう》の機根《きこん》（仏教《ぶっきょう》を理解《りかい》し実践《じっせん》する能力《のうりょく》）に従《したが》って法《ほう》を説《と》くこと。

〈注8〉【随自意《ずいじい》】衆生《しゅじょう》の機根《きこん》にかかわらず、仏自身《ほとけじしん》の内面《ないめん》の覚《さと》りをそのまま説《と》き示《しめ》すこと。

〈注9〉【仏知見《ぶっちけん》】仏《ほとけ》の智慧《ちえ》のこと。

〈注10〉【一仏乗《いちぶつじょう》】衆生《しゅじょう》を成仏《じょうぶつ》の境涯《きょうがい》へと到達《とうたつ》させることのできる唯一《ゆいいつ》の教《おし》えである法華経のこと。

〈注11〉【妙楽大師《みょうらくだいし》】711年~782年。中国・唐代《とうだい》の人で中国天台宗《てんだいしゅう》の中興《ちゅうこう》の祖《そ》。著書《ちょしょ》に、天台三大《さんだい》部《ぶ》を釈《しゃく》した『法華玄義釈籤《ほっけげんぎしゃくせん》』『法華文句記《ほっけもんぐき》』『止観輔行伝弘決《しかんぶぎょうでんぐけつ》』などがある。

〈注12〉【色相荘厳《しきそうしょうごん》の仏《ほとけ》】「しきそうそうごんのほとけ」とも読《よ》む。仏が衆生《しゅじょう》を化導《けどう》する一つの手段《しゅだん》。衆生に仏への恋慕《れんぼ》、尊崇《そんすう》の念《ねん》を起《お》こさせるために三十二相《さんじゅうにそう》・八十種好《はちじっしゅこう》などの超人的《ちょうじんてき》な特徴《とくちょう》を具《そな》えた荘厳《そうごん》な姿《すがた》の仏。「色相」は外形《がいけい》に現《あら》れた身体《しんたい》の相貌《そうみょう》。「荘厳」は飾《かざ》ること。

〈注13〉【尊形《そんぎょう》を出《い》でたる仏《ほとけ》】「尊形」とは三十二相《さんじゅうにそう》・八十種好《はちじっしゅこう》で色相荘厳《しきそうしょうごん》された姿《すがた》。「尊形を出でたる」とは、特別《とくべつ》の姿ではなく、凡夫《ぼんぷ》そのままの仏の姿をいう。

〈注14〉【一念三千《いちねんさんぜん》】衆生《しゅじょう》が瞬間瞬間《しゅんかんしゅんかん》に起《お》こす一念《いちねん》の心に、現象《げんしょう》世界の全《すべ》て（三千）が納《おさ》まること。

〈注15〉【不軽菩薩《ふきょうぼさつ》】法華経常不軽菩薩品《じょうふきょうぼさつほん》第20に説《と》かれる菩薩。釈尊《しゃくそん》の過去世《かこせ》の姿《すがた》で、威音王仏《いおんのうぶつ》の像法時《ぞうほうじ》代《だい》の末《まつ》に、「私はあなたたちを敬《うやま》う。なぜなら、あなたたちは菩薩の修行《しゅぎょう》をすれば、必《かなら》ず、仏《ほとけ》になるからです」と説《と》き、万人《ばんにん》を礼拝《らいはい》した。上慢《じょうまん》の四衆《ししゅ》（慢心《まんしん》の出家在家《しゅっけざいけ》の男女）から悪口罵詈《あっくめり》や杖木《じょうもく》瓦石《がしゃく》の迫害《はくがい》を受《う》けたが、礼拝行《ぎょう》を貫《つらぬ》き通《とお》した。

〈注16〉【活《かつ》の法門《ほうもん》】「活」とは死《し》に対《たい》する言葉《ことば》で、生《い》きるという意味《いみ》。一切《いっさい》を生かしていく立場《たちば》。

方便品《ほうべんぼん》第2〈下〉

方便品《ほうべんぼん》の概要《がいよう》（2）

冒頭《ぼうとう》、釈尊《しゃくそん》は、甚深無量《じんじんむりょう》の仏《ほとけ》の智慧《ちえ》を讃《たた》え「諸法《しょほう》の実相《じっそう》」を述《の》べます。

続《つづ》いて、舎利弗《しゃりほつ》たちが真剣《しんけん》に法《ほう》を求《もと》めたのと対照的《たいしょうてき》に、5000人の増上慢《ぞうじょうまん》が教《おし》えを聞《き》かずに退出《たいしゅつ》しました。

そのあと、釈尊《しゃくそん》は「ただ一つの特別《とくべつ》に大事《だいじ》な目的《もくてき》があって、諸仏《しょぶつ》は世《よ》に出現《しゅつげん》する」と述《の》べます。すなわち、あらゆる衆生《しゅじょう》の生命《せいめい》には仏知見《ぶっちけん》（仏《ほとけ》の智慧《ちえ》、仏界《ぶっかい》）が具《そな》わり、開示悟入《かいじごにゅう》によって万人《ばんにん》を成仏《じょうぶつ》させることです。まさに、全《すべ》ての人を仏《ほとけ》にすることが法華経の特徴《とくちょう》です。

そして、自身《じしん》と等《ひと》しい境地《きょうち》に衆生《しゅじょう》を導《みちび》くこと（如我等無異《にょがとうむい》）が、釈尊《しゃくそん》の誓願《せいがん》であり、今《いま》、その願《ねが》いが成就《じょうじゅ》したと語《かた》ります。

私自身《じしん》が妙法の当体《とうたい》！——確信《かくしん》ある自分《じぶん》に

戸田城聖《じょうせい》先生ご生誕《せいたん》の月、2月。私の胸《むね》には、恩師《おんし》の厳《きび》しくも温《あたた》かな言々句々《げんげんくく》が響《ひび》いてきます。ある時《とき》、先生は、私たち青年に師子吼《ししく》されました。

「若《わか》い時代《じだい》にとくに大切《たいせつ》なものは、自分《じぶん》の心を信《しん》ずるということである」

「その心が強《つよ》ければ強いほど、いかなることがあっても、青年は敗《やぶ》れることはない。（中略）御本尊によってこの信《しん》を立《た》てるのです」

自《みずか》らの仏性《ぶっしょう》を信《しん》ずる。妙法と一体《いったい》のわが生命《せいめい》を信《しん》ずる——。この御本尊を根本《こんぽん》とする信心さえあれば、今《いま》が、どんな困難《こんなん》にあっても、必《かなら》ず打《う》ち勝《か》っていける。どこまでも御本尊を確信《かくしん》の芯《しん》として異体同心《いたいどうしん》で新時代《しんじだい》を創造《そうぞう》していくのだ、と先生は訴《うった》えられたのです。

「青年・凱歌《がいか》」の勢《いきお》いで、さっそうと出発《しゅっぱつ》し、勝《か》ち鬨轟《どきとどろ》く勝利《しょうり》の春《はる》へ！　厳寒《げんかん》に春を告《つ》げる、馥郁《ふくいく》たる梅花《ばいか》のごとく、芳《かぐわ》しい友情《ゆうじょう》の語《かた》らいを咲《さ》かせゆく、異体同心《いたいどうしん》の同志《どうし》の前進《ぜんしん》を、私は妻《つま》と祈《いの》り見守《みまも》っております。一人一人に「広布と人生《じんせい》の凱歌《がいか》あれ！」「宿命転換《しゅくめいてんかん》の逆転劇《ぎゃくてんげき》あれ！」と、朝《あさ》な夕《ゆう》なに、題目を送《おく》っております。

安《やす》らぎと潤《うるお》い与《あた》える大河《たいが》のごとく

「どこかに涼《すず》やかな河《かわ》が流《なが》れていれば、旅人《たびびと》たちが必《かなら》ず寄《よ》ってくる。彼《かれ》らは河のほとりで水《みず》を浴《あ》びたり、飲《の》んだり、安心《あんしん》してくつろぎ、楽《たの》しむ。誠実《せいじつ》な良《よ》き人はこの川《かわ》のようである。良《よ》き人を疑《うたが》ったり警戒《けいかい》する者《もの》はいない。皆《みな》、仲《なか》よく友《とも》だちになりたいと願《ねが》う。良き人は楽しみを与《あた》え、苦《くる》しみは与《あた》えないからだ」〈注1〉

1992年（平成4年）2月、首都《しゅと》バンコクを訪問《ほうもん》した折《おり》、ほほ笑《え》み輝《かがや》く同志《どうし》と確認《かくにん》し合《あ》った、タイの美《うつく》しい言葉《ことば》です。

誠実《せいじつ》な人は、良《よ》き友情《ゆうじょう》に恵《めぐ》まれます。

真心《まごころ》の人は、深《ふか》き信頼《しんらい》が広《ひろ》がります。

友《とも》の幸福《こうふく》を願《ねが》い、誠実一路《せいじついちろ》に行動《こうどう》する時《とき》、大河《たいが》チャオプラヤーの悠久《ゆうきゅう》の流《なが》れのごとく、皆《みな》に安《やす》らぎと潤《うるお》いを与《あた》える存在《そんざい》と光《ひか》るのです。

大河《たいが》も、一滴《いってき》から始《はじ》まります。わがタイの同志《どうし》たちは、まさしく一人立《た》ち、良《よ》き市民《しみん》、良き国民《こくみん》として人々のため、社会《しゃかい》のために行動《こうどう》しながら、誠実《せいじつ》と真心《まごころ》の対話《たいわ》を重《かさ》ね、年々《ねんねん》歳々《さいさい》、広布の水《みず》かさを増《ま》してきました。

昨年《さくねん》（2022年）は、青年部が10万《まん》の対話拡大《たいわかくだい》を成《な》し遂《と》げたことも頼《たの》もしい限《かぎ》りです。

日本でも私は、あの地《ち》この地《ち》で、滔々《とうとう》たる川《かわ》の流《なが》れを宝友《ほうゆう》と見《み》つめながら、地域《ちいき》広布の展望《てんぼう》を語《かた》ってきました。石狩川《いしかりがわ》、奥入瀬川《おいらせがわ》、最上川《もがみがわ》、信濃川《しなのがわ》、利根川《とねがわ》、多摩川《たまがわ》、富士川《ふじかわ》、木曽川《きそがわ》、鴨川《かもがわ》、淀川《よどがわ》、旭川《あさひがわ》、太田川《おおたがわ》、吉野川《よしのがわ》、筑後川《ちくごがわ》等々《とうとう》……。

今《いま》や、「広宣流布」即《そく》「世界平和《へいわ》」の運動《うんどう》は壮大《そうだい》なる流《なが》れとなり、各国、各地《かくち》で人々と社会《しゃかい》を潤《うるお》し始《はじ》めています。この生命《せいめい》の世紀《せいき》を開《ひら》きゆく誉《ほま》れの同志《どうし》と共《とも》に、日蓮仏法の極理《ごくり》を学《まな》んでいきたい。まずは、タイの同志《どうし》と共《とも》に拝《はい》した（1994年）、方便品《ほうべんぼん》の「唯以一大《ゆいいいちだい》事因縁《じいんねん》」に対《たい》する御義口伝《おんぎくでん》です。

「御義口伝《おんぎくでん》」方便品《ほうべんぼん》の一節

（新997ページ・全716ページ）

我《われ》らが頭《こうべ》は妙《みょう》なり。喉《のど》は法《ほう》なり。胸《むね》は蓮《れん》なり。胎《はら》は華《け》なり。足《あし》は経《きょう》なり。この五尺《ごしゃく》の身《み》、妙法蓮華経《みょうほうれんげきょう》の五字《ごじ》なり。この大事《だいじ》を、釈迦如《しゃかにょ》来《らい》、四十余年《しじゅうよねん》の間《あいだ》、隠密《おんみつ》したもうなり。今経《こんきょう》の時《とき》、説《と》き出《い》だしたもう。この大事《だいじ》を説《と》かんがために、仏《ほとけ》は世《よ》に出《い》でたもう。我《われ》らが一身《いっしん》は妙法五字《みょうほうごじ》なりと「開仏知見《かいぶっちけん》（仏知見《ぶっちけん》を開《ひら》く）」する時《とき》、即身成仏《そくしんじょうぶつ》するなり。「開《かい》」とは、信心《しんじん》の異名《いみょう》なり。信心《しんじん》をもって妙法《みょうほう》を唱《とな》え奉《たてまつ》らば、やがて開仏知見《かいぶっちけん》するなり。

現代語訳

〈第三「唯以一大事因縁《ゆいいいちだいじいんねん》（ただ一大事《いちだいじ》の因縁《いんねん》をもって）」の事《こと》〉

（御義口伝《おんぎくでん》に仰《おお》せである）我《われ》らの頭《あたま》は妙《みょう》である。喉《のど》は法《ほう》である。胸《むね》は蓮《れん》である。

胎《はら》は華《け》である。足《あし》は経《きょう》である。この我《われ》らの五尺《しゃく》の身《み》そのものが、妙法蓮華経という五字《じ》の当体《とうたい》なのである。

この大事《だいじ》を、釈迦如来《しゃかにょらい》は四十余年《よねん》の間《あいだ》、隠密《おんみつ》にされたのである。いま法華経の時《とき》に、説《と》きだされた。この大事《だいじ》を説《と》くために、仏《ほとけ》は世《よ》に出現《しゅつげん》された。

我《われ》らの一身《いっしん》は妙法蓮華経の五字《じ》であると「開仏知見《かいぶっちけん》」する時、即身成仏《そくしんじょうぶつ》するのである。（開仏知見《かいぶっちけん》の）「開」とは、信心の異名《いみょう》である。信心をもって妙法を唱《とな》え奉《たてまつ》れば、そのまま開仏知見するのである。

妙法蓮華経が仏《ほとけ》の「一大事因縁《いちだいじいんねん》」

方便品《ほうべんぼん》で釈尊《しゃくそん》は、自身《じしん》がこの世界に出現《しゅつげん》した根本《こんぽん》の理由《りゆう》――「一大事因縁《いちだいじいんねん》」を明《あき》らかにします。それは、衆生《しゅじょう》に本来具《ほんらいそな》わる仏知見《ぶっちけん》（仏《ほとけ》の智慧《ちえ》）を、衆生《しゅじょう》に「開《ひら》」かせ、「示《しめ》」し、「悟《さと》」らせ、その境地《きょうち》に「入《はい》」らせる「開示悟入《かいじごにゅう》」の四仏知見《しぶっちけん》〈注2〉にほかなりません。

この一大事因縁《いちだいじいんねん》について大聖人《だいしょうにん》は、「『一《いち》』とは、妙《みょう》なり。『大《だい》』とは、法《ほう》なり。『事《じ》』とは、蓮《れん》なり。『因《いん》』とは、華《け》なり。『縁《えん》』とは、経《きょう》なり」（新９９７㌻・全７１６㌻）と、妙法蓮華経の五字《じ》であると述《の》べられます。そして、妙法蓮華経の五字は、「我《われ》らが頭《こうべ》・喉《のど》・胸《むね》・胎《はら》・足《あし》」そのものであるとされ、わが身《み》それ自体《じたい》が妙法の当体《とうたい》であると宣言《せんげん》されています。

さらに、この大事《だいじ》を、釈尊《しゃくそん》は成道後《じょうどうご》四十余年《よねん》を経《へ》て、法華経で初《はじ》めて示《しめ》したと述《の》べられています。次《つ》いで、大聖人《だいしょうにん》は「我《われ》らが一身《いっしん》は妙法五字《みょうほうごじ》なりと『開仏知見《かいぶっちけん》（仏知見《ぶっちけん》を開《ひら》く）』する時《とき》、即身成仏《そくしんじょうぶつ》するなり」と、釈尊の一大事因縁《いちだいじいんねん》は法華経を説《と》くことであるが、その真《しん》意《い》は、衆生《しゅじょう》一人一人が妙法の当体《とうたい》であり、「開仏知見」によって即身成仏〈注3〉することを示《しめ》すためにあったとされています。

このように、法華経に説《と》かれる一大事因縁《いちだいじいんねん》とは、妙法蓮華経の五字《じ》に他《ほか》ならないと示《しめ》されています。私たちから遠《とお》くかけ離《はな》れた次元《じげん》でなく、どこまでも「我《われ》らが一身《いっしん》」のことであり、それは「妙法《みょうほう》五字」であると明《あ》かされたのです。

私自身《じしん》が、あなた自身《じしん》が、そして、衆生《しゅじょう》一人一人が、等《ひと》しく妙法の当体《とうたい》である、との大《だい》宣言《せんげん》です。ここに、末法《まっぽう》の一切衆生《いっさいしゅじょう》の成仏《じょうぶつ》への方途《ほうと》を具体的《ぐたいてき》に明《あ》かされた日蓮仏法の真髄《しんずい》があります。

タイのメンバーとも、この一節《いっせつ》を通《とお》して、南無妙法蓮華経とは大宇宙《だいうちゅう》の法《ほう》であり、同時《どうじ》に小宇宙である、わが身《み》の法であることを拝《はい》しました。大宇宙の根源《こんげん》の法に帰《き》した時《とき》に、その無限《むげん》の力《ちから》に命《もと》づいて、常楽我浄《じょうらくがじょう》〈注４〉の大境涯《だいきょうがい》に生《い》き抜《ぬ》けることを共《とも》に胸《むね》に刻《きざ》んだのです。

「衆生《しゅじょう》こそが尊極《そんごく》」と宣言《せんげん》

さらに大聖人《だいしょうにん》は、私たちの実践《じっせん》に即《そく》して、「開仏知見《かいぶっちけん》」の「『開《かい》』とは、信心《しんじん》の異名《いみょう》なり」と、我《われ》ら自身《じしん》が妙法五字《じ》であることを確信《かくしん》できるか否《いな》か、この一点《いってん》に即身成仏《そくしんじょうぶつ》の肝要《かんよう》があるとされています。

「開仏知見《かいぶっちけん》」は、法華経が万人成仏《ばんにんじょうぶつ》の経典《きょうてん》であることを象徴《しょうちょう》しています。衆生自《しゅじょうみずか》らが内《うち》に秘《ひ》めた無限《むげん》の可能性《かのうせい》を開《ひら》き現《あらわ》せる尊極《そんごく》の存在《そんざい》であるという、生命尊厳《せいめいそんげん》の大哲理《だいてつり》の表明《ひょうめい》です。なぜなら、「開《ひら》く」ということは、すでに衆生の中に仏知見《ぶっちけん》が存在《そんざい》していることを意《い》味《み》しているからです。この直後《ちょくご》にも、「『開仏知見』の『仏』とは、九界所具《きゅうかいしょぐ》の仏界《ぶっかい》なり」（新９９７ページ・全７１６ページ）と示《しめ》されています。

衆生自身《しゅじょうじしん》の中《なか》に眠《ねむ》っている仏知見《ぶっちけん》を開《ひら》くこと。それはまさしく、ブッダ――「目覚《めざ》めた者《もの》」という仏《ほとけ》の本義《ほんぎ》に通《つう》じます。

　では、どのようにすれば、現実《げんじつ》に仏知見《ぶっちけん》を開《ひら》くことができるのか。大聖人《だいしょうにん》は、「信心《しんじん》をもって妙法《みょうほう》を唱《とな》え」ること、すなわち、自分自身《じぶんじしん》が尊貴《そんき》な妙法の当体《とうたい》であると確信《かくしん》して、南無妙法蓮華経の題目を唱《とな》えること、それによって即身成仏《そくしんじょうぶつ》できると、明《あき》らかにされています。

　信心によってこそ、最高《さいこう》の仏《ほとけ》の境涯《きょうがい》が開《ひら》かれ、無窮《むきゅう》の智慧《ちえ》が湧《わ》くのです。冒頭《ぼうとう》で紹介《しょうかい》した戸田先生の言葉《ことば》の通《とお》り、信心が強《つよ》ければ強いほど、不可能《ふかのう》を可能にする常勝不敗《じょうしょうふはい》の力《ちから》を湧《わ》き出《い》だせるのです。

題目の五字《じ》が出世《しゅっせ》の本懐《ほんかい》

　凡夫《ぼんぷ》という悩《なや》みと苦《くる》しみの存在《そんざい》である人々を、どのようにして幸福《こうふく》へと導《みちび》いていくのか――。釈尊《しゃくそん》の熱願《ねつがん》は、その教《おし》えの真髄《しんずい》といえる法華経に帰着《きちゃく》します。そして、大聖人《だいしょうにん》が、法華経の肝心《かんじん》たる南無妙法蓮華経を末法《まっぽう》に打《う》ち立《た》てられたことにより、万人救済《ばんにんきゅうさい》の道《みち》が現《げん》実《じつ》のものとなったのです。

　そこには、生《う》まれや性別《せいべつ》、人種《じんしゅ》など、いかなる差異《さい》にも左右《さゆう》されない、真《しん》の平等《びょうどう》があります。まさに「凡夫即極《ぼんぷそくごく》」〈注5〉と現《あらわ》れるのです。ゆえに大聖人《だいしょうにん》は、「この五字《ごじ》は、日蓮《にちれん》出世《しゅっせ》の本懐《ほんかい》なり」（新998ページ・全717ページ）と仰《おお》せです。

一閻浮提《いちえんぶだい》の一切衆生《いっさいしゅじょう》のために、法華経に説《と》かれた通《とお》りの命《いのち》にも及《およ》ぶ大難《だいなん》を勝《か》ち越《こ》えられる姿《すがた》を通《とお》して、南無妙法蓮華経の唱題行を打《う》ち立《た》て、御本尊を顕《あらわ》され、誰《だれ》もが仏知見《ぶっちけん》を開《ひら》ける方途《ほうと》を明《あ》かしてくださったのが、末法《まっぽう》の御本仏《ごほんぶつ》・日蓮大聖人《だいしょうにん》です。釈尊《しゃくそん》の一大事因縁《いちだいじいんねん》が法華経ならば、大聖人《だいしょうにん》の出世《しゅっせ》の本懐《ほんかい》〈注6〉は、この妙法の五字《じ》七字《じ》によって、万人《ばんにん》の成仏《じょうぶつ》の道《みち》を開《ひら》きゆく「民衆《みんしゅう》仏法」の確立《かくりつ》にあったのです。

大成《たいせい》は〝小成《しょうせい》〟の延長《えんちょう》なり

この「唯以一大事因縁《ゆいいいちだいじいんねん》」の御義口伝《おんぎくでん》は、恩師《おんし》が事業《じぎょう》の大変《たいへん》な時《とき》に講義《こうぎ》してくださった、思《おも》い出《で》の御文《ごもん》です。

１９５０年（昭和25年）の春《はる》、23歳《さい》の私は戸田先生のもとで働《はたら》いていました。入社当初《にゅうしゃとうしょ》の出版事業《しゅっぱんじぎょう》は、すでに時代《じだい》の荒波《あらなみ》に襲《おそ》われ蹉跌《さてつ》し、続《つづ》く金融事業《きんゆうじぎょう》もこの年の春《はる》から苦境《くきょう》に立《た》たされていました。

そんな最中《さなか》でも、戸田先生は、王者《おうじゃ》のごとき赫々《かっかく》たる大境涯《だいきょうがい》で、御義口伝《おんぎくでん》の「『唯以一《ゆいいいち》大事因縁《だいじいんねん》』の事《こと》」を講義《こうぎ》してくださったのです。拝聴《はいちょう》した私は、決意《けつい》を日記《にっき》にしたためました。

「大成《たいせい》は、小成《しょうせい》の延長《えんちょう》なり。小成の連続《れんぞく》が、大成の一歩《いっぽ》と自覚《じかく》せねばならぬ。勝利《しょうり》は、現在《げんざい》の一歩《いっぽ》一歩を、忍耐《にんたい》と建設《けんせつ》によってのみ、達成出来《たっせいでき》るものだ。毎日《まいにち》、地味《じみ》な、誰人《たれびと》にも知《し》られぬ仕事《しごと》。これが大事《だいじ》だ。自分《じぶん》の振《ふ》る舞《ま》いを、満天下《まんてんか》に示《しめ》すのは、時代《じだい》が決定《けってい》するものだ」

先生の講義《こうぎ》は、心からの納得《なっとく》と、それをバネにして苦悩《くのう》をはね返《かえ》させ、広々《ひろびろ》とした境涯《きょうがい》を、人生《じんせい》の大《おお》いなる道《みち》を開《ひら》かせてあげたい、という慈愛《じあい》と智慧《ちえ》の名講義でした。

私は、広宣流布の師匠《ししょう》である先生をお護《まも》りするために一日一日、時間《じかん》さえあれば題目を唱《とな》え抜《ぬ》き、人知《ひとし》れず阿修羅《あしゅら》のごとく戦《たたか》いました。必死《ひっし》で苦難《くなん》をはね返《かえ》していきました。そして一切《いっさい》を勝《か》ち越《こ》えて「題目に勝《まさ》る力《ちから》なし」の絶対《ぜったい》の確信《かくしん》をつかんだのです。

「五千《ごせん》の上慢《じょうまん》は、元品《がんぽん》の無明《むみょう》」

方便品《ほうべんぼん》には、「五千《ごせん》の上慢《じょうまん》の退座《たいざ》」というエピソードが描《えが》かれています。五千人の上慢の四衆《ししゅ》〈注7〉は、釈尊《しゃくそん》が一大事因縁《いちだいじいんねん》を説《と》く直前《ちょくぜん》、説法《せっぽう》の場《ば》から退座《たいざ》したのです。彼《かれ》らは慢心《まんしん》を起《お》こし、不信《ふしん》を抱《かか》え、自《みずか》らの過失《かしつ》に気《き》づくことはありません。釈尊《しゃくそん》はそれら五千の上慢の者《もの》を引《ひ》き留《と》めることもなく、説法《せっぽう》を続《つづ》けます。

御義口伝《おんぎくでん》では、「この五千《ごせん》の上慢《じょうまん》とは、我《われ》らの具《そな》うるところの五住《ごじゅう》の煩悩《ぼんのう》なり」（新1001ページ・全719ページ）、「五千《ごせん》の上慢《じょうまん》の外《ほか》、全《まった》く法華経《ほけきょう》これ無《な》し（中略）五千《ごせん》の上慢《じょうまん》は、元品《がんぽん》の無明《むみょう》なり」（新1003ページ・全719ページ～720ページ）と仰《おお》せです。焦点《しょうてん》となるのは、この上慢の者《もの》を、私たち自身《じしん》に具《そな》わる「煩悩」〈注8〉であり、「無明」〈注9〉であると捉《とら》え返《かえ》す視《し》点《てん》です。

では、釈尊《しゃくそん》の説法《せっぽう》の場《ば》に居続《いつづ》けた衆生《しゅじょう》と、退座《たいざ》してしまった上慢《じょうまん》の者《もの》との差《さ》は、何《なん》でしょうか。

それが「信《しん》」と「不信《ふしん》」なのです。

偉大《いだい》な妙法、そして自身《じしん》の中《なか》に眠《ねむ》る尊貴《そんき》な仏界《ぶっかい》を信《しん》じ抜《ぬ》けるか、どうか――。

この意味《いみ》において、信心とは自他共《じたとも》の仏界《ぶっかい》を信《しん》じ切《き》れない無明《むみょう》との戦《たたか》いです。月々日々《つきづきひび》に、自身《じしん》の生命を磨《みが》き続《つづ》ける心によって、わが胸中《きょうちゅう》の仏知見《ぶっちけん》、仏界が輝《かがや》いていくのです。

「御義口伝《おんぎくでん》」方便品《ほうべんぽん》の一節　（新1003㌻・全720㌻）

「我《が》」とは釈尊《しゃくそん》、「我実成仏久遠《がじつじょうぶつくおん》（我《われ》実《じつ》に成仏《じょうぶつ》してより久遠《くおん》なり）」の仏《ほとけ》なり。この本門《ほんもん》の釈尊《しゃくそん》は、我《われ》ら衆生《しゅじょう》のことなり。「如我《にょが》」の「我《が》」は、十如是《じゅうにょぜ》の末《すえ》の七如是《しちにょぜ》なり。九界《きゅうかい》の衆生《しゅじょう》は、始《はじ》めの三如是《さんにょぜ》なり。我《われ》ら衆生《しゅじょう》は親《おや》なり、仏《ほとけ》は子《こ》なり。父子一体《ふしいったい》にして、本末究竟等《ほんまつくきょうとう》なり。

この我《われ》らを寿量品《じゅりょうほん》に無作《むさ》の三身《さんじん》と説《と》きたるなり。今《いま》、日蓮《にちれん》等の類《たぐ》い、南無妙法蓮華経と唱《とな》うる者《もの》これなり。

現代語訳

〈第六　「如我等無異《にょがとうむい》　如我昔所願《にょがしゃくしょがん》（我《わ》がごとく等《ひと》しくして異《こと》なることなからしめん。我《わ》が昔《むかし》の所願《しょがん》のごとき）」の事《こと》〉
（御義口伝《おんぎくでん》に仰《おお》せである）「如我等無異《にょがとうむい》」の「我《が》」とは釈尊《しゃくそん》であり、（法華経如来寿《にょらいじゅ》量品《りょうほん》に説《と》かれる）「我実成仏久遠《がじつじょうぶつくおん》」の仏《ほとけ》である。この本門《ほんもん》の釈尊は、我《われ》ら衆生《しゅじょう》のことである。「如我等無異《にょがとうむい》」の「我《が》」とは、十如是《じゅうにょぜ》の末《すえ》の七如是《しちにょぜ》（如是力《にょぜりき》・如是作《にょぜさ》・如是因《にょぜいん》・如是縁《にょぜえん》・如是果《にょぜか》・如是報《にょぜほう》・如是本末究竟等《にょぜほんまつくきょうとう》）である。九界《きゅうかい》の衆生《しゅじょう》は、はじめの三如是《さんにょぜ》（如是相《にょぜそう》・如是性《にょぜしょう》・如是体《にょぜたい》）である。我《われ》ら衆生は親《おや》であり、仏《ほとけ》は子《こ》である。父子一体《ふしいったい》にして、本末《ほんまつ》が究竟《くきょう》して等《ひと》しいのである。

この我《われ》らを寿量品《じゅりょうほん》において無作《むさ》の三身《さんじん》と説《と》いているのである。今《いま》、日蓮《にちれん》とその弟子《でし》たち、南無妙法蓮華経と唱《とな》える者《もの》がこれである。

衆生《しゅじょう》は親《おや》、仏《ほとけ》は子《こ》にして父子一体《ふしいったい》

次《つぎ》に、大聖人《だいしょうにん》がことのほか重《おも》んじ、開目抄《かいもくしょう》や観心本尊抄《かんじんのほんぞんしょう》でも引用《いんよう》された経文《きょうもん》「如我等無《にょがとうむ》異《い》」に対《たい》する御義口伝《おんぎくでん》を拝《はい》したい。

経文《きょうもん》では、釈尊《しゃくそん》がかつて立《た》てた誓願《せいがん》を述《の》べています。

それが「欲令一切衆《よくりょういっさいしゅ》　如我等無異《にょがとうむい》（一切《いっさい》の衆《しゅ》をして　我《わ》が如《ごと》く等《ひと》しくして異《こと》なること無《な》からしめんと欲《ほっ》しき）」（法華経130㌻）です。一切衆生《いっさいしゅじょう》を、自分《じぶん》と等《ひと》しい悟《さと》りに導《みちび》きたい――。衆生を思《おも》う仏《ほとけ》の慈悲《じひ》が迸《ほとばし》る言葉《ことば》です。

さらに「如我昔所願《にょがしゃくしょがん》　今者已満足《こんじゃいまんぞく》（我《わ》が昔《むかし》の願《ねが》いし所《ところ》の如《ごと》きは　今者已《いますで》に満足《まんぞく》しぬ）」（同131ページ）と述《の》べ、衆生《しゅじょう》を教化《きょうけ》して仏道《ぶつどう》に入《はい》らせることができ、誓願《せいがん》が満足《まんぞく》したと明《あき》らかにしています。

この経文《きょうもん》について、大聖人《だいしょうにん》はまず、方便品《ほうべんぼん》で説《と》かれている「我《が》」とは、本門《ほんもん》の「久遠実成《くおんじつじょう》〈注10〉の釈尊《しゃくそん》」であることを示《しめ》されています。仏の願《ねが》いの本質《ほんしつ》は、万人成仏《ばんにんじょうぶつ》への永遠《えいえん》の闘争《とうそう》なのです。

それとともに、この本門《ほんもん》の釈尊とは、我《われ》ら衆生《しゅじょう》のことであるとまで仰《おお》せです。まことに重要《じゅうよう》な御文《ごもん》です。妙法を根本《こんぽん》に考《かんが》えれば、久遠《くおん》の釈尊も「我《われ》ら衆生《しゅじょう》」にとって、成仏《じょうぶつ》の模範《もはん》の存在《そんざい》となるからです。

続《つづ》けて十如是《じゅうにょぜ》の前《まえ》の三つ（如是相《にょぜそう》・如是性《にょぜしょう》・如是体《にょぜたい》）と後《うし》ろの七つ（如是力《にょぜりき》から如是本末究竟等《にょぜほんまつくきょうとう》まで）を、それぞれ九界《きゅうかい》の衆生《しゅじょう》と仏《ほとけ》に分《わ》け、本《ほん》と末《まつ》が究竟《くきょう》して等《ひと》しい、すなわち衆生と仏が等しいとされています。衆生が親《おや》、仏が子《こ》に当《あ》たり、父子一体《ふしいったい》になるとの甚深《じんじん》の法門《ほうもん》を示《しめ》されているのです。

そもそも、仏《ほとけ》は教《おし》えを説《と》いて衆生《しゅじょう》を導《みちび》く側《がわ》であり、衆生は仏の教えを聞《き》く側です。

しかし御義口伝《おんぎくでん》では、衆生が本体《ほんたい》（三如是《さんにょぜ》）、仏が働《はたら》き（七如是《しちにょぜ》）である。衆生あってこその仏であると明示《めいじ》されています。衆生こそ親《おや》であり、仏が子《こ》である——従来《じゅうらい》の衆生と仏の関係《かんけい》を一大転換《いちだいてんかん》されたのです。まさしく、日蓮仏法が民衆《みんしゅう》仏法たる叡智《えいち》に満《み》ち満《み》ちています。

仏《ほとけ》の偉大《いだい》な誓願《せいがん》と教《おし》えによって、衆生《しゅじょう》は等《ひと》しく成仏《じょうぶつ》していくことができます。そして、その自身《じしん》の仏界《ぶっかい》に目覚《めざ》め確信《かくしん》した衆生は、仏と同《おな》じく「如我等無異《にょがとうむい》」の慈悲《じひ》の誓願に生《い》きるのです。そこには、教《おし》え導《みちび》く側《がわ》も、教《おそ》わり導かれる側も、「皆《みな》が等《ひと》しく仏」という法華経の智慧《ちえ》の根本《こんぽん》が示《しめ》されています。

師弟《してい》の感応《かんのう》による人間革命の劇《げき》

先《さき》に触《ふ》れた開示悟入《かいじごにゅう》の四仏知見《しぶっちけん》について御義口伝《おんぎくでん》で、大聖人《だいしょうにん》は「如我等無異《にょがとうむい》」に触《ふ》れて、こう述《の》べられています。

「師弟感応《していかんのう》して受《う》け取《と》る時《とき》、『如我等無異《にょがとうむい》（我《わ》がごとく等《ひと》しくして異《こと》なることなし）』と悟《さと》るを、『悟仏知見《ごぶっちけん》』と云《い》うなり」（新998㌻・全717㌻）

感応《かんのう》の「感」とは、衆生《しゅじょう》が仏《ほとけ》の応現《おうげん》を感《かん》じることであり、「応」とは仏が衆生《しゅじょう》の機感《きかん》に応じることを指《さ》します。師弟《してい》の〝感応〟によって法華経の教《おし》えを衆生が受得《じゅとく》する。そして仏と衆生が等《ひと》しくして異《こと》ならないと悟《さと》るのが「悟仏知見《ごぶっちけん》」なのです。

師弟《してい》の触発《しょくはつ》によって、偉大《いだい》な教《おし》えが継承《けいしょう》されるのみならず、師も弟子《でし》も共《とも》に等《ひと》しい境涯《きょうがい》に立《た》ちゆくという、法華経の荘厳《そうごん》なるドラマです。「救《すく》われる側《がわ》から救う側へ」「導《みちび》かれる側から導く側へ」のダイナミックな人間革命が、法華経の真髄《しんずい》と言《い》っても過言《かごん》ではないでしょう。

仏法の真髄《しんずい》「万人成仏《ばんにんじょうぶつ》」の実現《じつげん》へ

あの1950年（昭和25年）、戸田先生が最《もっと》も苦境《くきょう》にあった厳冬《げんとう》の雪降《ゆきふ》る日のことです。燃料《ねんりょう》となる薪《まき》もあまりないストーブを囲《かこ》んで、恩師《おんし》は和歌《わか》を詠《よ》んで、私に贈《おく》ってくださいました。

「雪《ゆき》ぞ降《ふ》る　雄猛《おたけ》ぶなかを　丈夫《ますらお》の
　嬉《うれ》しきことは　友《とも》どちの愛《あい》」

いかなる環境《かんきょう》にあろうとも、先生と私は苦楽《くらく》を分《わ》かち合《あ》う師弟《してい》であると確信《かくしん》を深《ふか》めた劇《げき》の一《ひと》こまです。

悠久《ゆうきゅう》たる大河《たいが》のごとく、私たち師弟《してい》の広布旅《たび》は永遠《えいえん》に続《つづ》きます。法華経、そして御義口伝《おんぎくでん》の真髄《しんずい》である「万人成仏《ばんにんじょうぶつ》」の行動《こうどう》を貫《つらぬ》く以上《いじょう》の誇《ほこ》りも喜《よろこ》びもありません。

広宣流布の対話旅《たいわたび》を悠然《ゆうぜん》と

これからも、また未来も、唱題で湧《わ》き出《い》だした慈悲《じひ》と勇気《ゆうき》をもって、仏《ほとけ》の聖業《せいぎょう》である広宣流布の対話旅《たいわたび》へ、悠然《ゆうぜん》と共々《ともども》に進《すす》みゆこうではありませんか！

師弟不二《していふに》にして異体同心《いたいどうしん》なる深《ふか》き信心のスクラムは、どんな苦難《くなん》の吹雪《ふぶき》にも胸張《むねは》り、明《あか》るくにぎやかに民衆凱歌《みんしゅうがいか》の春《はる》を勝《か》ち開《ひら》くのです。

《注　解》

〈注1〉詩人タパニー・ナーコンタップの言葉、『スクサーパーシット・レ・ロイクロン』トンオー出版社。

〈注2〉【四仏知見《しぶっちけん》】開示悟入《かいじごにゅう》の四つの仏知見《ぶっちけん》。あらゆる衆生《しゅじょう》の生命《せいめい》に具《そな》わっている仏《ほとけ》の智慧《ちえ》（仏知見）を開《ひら》かせ、示《しめ》し、悟《さと》らせ、その境地《きょうち》に入《はい》らせること。諸仏《しょぶつ》が世《よ》に出現《しゅつげん》する根本目的《こんぽんもくてき》（出世《しゅっせ》の本懐《ほんかい》）として、法華経方便品《ほうべんぼん》第2の文《もん》で明《あ》かされる。同品《どうほん》には「諸仏世尊《しょぶつせそん》は衆生《しゅじょう》をして仏知見《ぶっちけん》を開《ひら》かしめ、清浄《しょうじょう》なることを得《え》しめんと欲《ほっ》するが故《ゆえ》に、世《よ》に出現《しゅつげん》したまう。衆生《しゅじょう》に仏知見《ぶっちけん》を示《しめ》さんと欲《ほっ》するが故《ゆえ》に、世《よ》に出現《しゅつげん》したまう。衆生《しゅじょう》をして仏知見《ぶっちけん》を悟《さと》らしめんと欲《ほっ》するが故《ゆえ》に、世《よ》に出現《しゅつげん》したまう。衆生《しゅじょう》をして仏知見《ぶっちけん》の道《どう》に入《い》らしめんと欲《ほっ》するが故《ゆえ》に、世《よ》に出現《しゅつげん》したまう」（法華経121ページ）とある。

〈注3〉【即身成仏《そくしんじょうぶつ》】衆生《しゅじょう》がこの一生《いっしょう》のうちにその身《み》のままで仏《ほとけ》の境涯《きょうがい》を得《え》ること。爾前経《にぜんきょう》の歴劫修行《りゃっこうしゅぎょう》（何度《なんど》も生死《しょうじ》を繰《く》り返《かえ》して仏道《ぶつどう》修行を行《おこな》うこと）と異《こと》なり、法華経では、凡夫《ぼんぷ》の身に本来具《ほんらいそな》わる仏の境地《きょうち》（仏界《ぶっかい》）を直《ただ》ちに開《ひら》き現《あらわ》して成仏《じょうぶつ》できると明《あ》かされた。

〈注4〉【常楽我浄《じょうらくがじょう》】25ページ参照。

〈注5〉【凡夫即極《ぼんぷそくごく》】迷《まよ》いと苦《くる》しみの多《おお》い普通《ふつう》の人間（凡夫）に、尊極《そんごく》の仏《ほとけ》の境涯《きょうがい》が現《あらわ》れるということ。法華経では十界互具《じっかいごぐ》が明《あ》かされ、凡夫の身《み》に本来《ほんらい》、仏の境涯が具《そな》わっていて、これを開《ひら》き現《あらわ》すことができると示《しめ》されている。

〈注6〉【出世《しゅっせ》の本懐《ほんかい》】仏《ほとけ》が世《よ》に出現《しゅつげん》した本意《ほんい》・目的《もくてき》のこと。

〈注7〉【四衆《ししゅ》】比丘《びく》（出家《しゅっけ》の男性）、比丘尼《びくに》（出家の女性）、優婆塞《うばそく》（在家《ざいけ》の男性）、優婆夷《うばい》（在家の女性）のこと。

〈注8〉【煩悩《ぼんのう》】心身《しんしん》を煩《わずら》わし悩《なや》ませる働《はたら》き。正《ただ》しい判断《はんだん》を狂《くる》わせ、仏道修行《ぶつどうしゅぎょう》を妨《さまた》げるもの。「五住《ごじゅう》の煩悩」とは、三界《さんがい》での煩悩を五種《ごしゅ》に分《わ》けたもの。三界の見惑《けんわく》、欲界《よっかい》の思惑《しわく》、色界《しきかい》の思惑、無色界《むしきかい》の思惑、三界《さんがい》の無明惑《むみょうわく》。

〈注9〉【無明《むみょう》】元品の無明。45ページ参照。

〈注10〉【久遠実成《くおんじつじょう》】この世《よ》ではじめて成仏《じょうぶつ》した始成正覚《しじょうしょうがく》に対《たい》し、釈尊《しゃくそん》は実《じつ》は五百塵点劫《ごひゃくじんてんごう》という非常《ひじょう》に遠《とお》い久遠の過去《かこ》に成道《じょうどう》して以来《いらい》の永遠《えいえん》の仏《ほとけ》であるということ。法華経本門寿量品《ほんもんじゅりょうほん》で明《あ》かされた。

譬喩品《ひゆほん》第3
信解品《しんげほん》第4

譬喩品《ひゆほん》・信解品《しんげほん》の概要《がいよう》

譬喩品《ひゆほん》第3は、まず、方便品《ほうべんぽん》第2で仏《ほとけ》の一大事因縁《いちだいじいんねん》の教《おし》えを受《う》けた舎利弗《しゃりほつ》が歓喜《かんき》し、自分《じぶん》が仏子《ぶっし》であることの誇《ほこ》りを述《の》べる場面《ばめん》から始《はじ》まります。

そして舎利弗《しゃりほつ》への授記《じゅき》が行《おこな》われた後《のち》、釈尊《しゃくそん》は、開三顕一《かいさんけんいち》の教《おし》えを譬《たと》えた「三車火宅《さんしゃかたく》の譬《たとえ》」を説《と》きます。

この譬喩品《ひゆほん》の後半《こうはん》から、信解品《しんげほん》第4、薬草喩品《やくそうゆほん》第5、授記《じゅき》品《ほん》第6までで、今度《こんど》は、目連《もくれん》や迦葉《かしょう》らの4人の声聞《しょうもん》に対《たい》する説法《せっぽう》と授記《じゅき》が繰《く》り広《ひろ》げられます。

信解品《しんげほん》では、歓喜踊躍《かんきゆやく》した4人が、教《おし》えを領解《りょうげ》した証《あか》しとして「長者窮子《ちょうじゃぐうじ》の譬《たとえ》」を説《と》き、無上《むじょう》の宝《たから》を得《え》た感動《かんどう》を語《かた》ります。

妙法は万人《ばんにん》に等《ひと》しく具《そな》わる無上《むじょう》の宝《たから》なり

「太陽をよろこぶところ
どのような憂《うれ》いもない
われらが世界に散《ち》らばるように
そのためにこそ世界はこんなにも広《ひろ》いのだ」

若《わか》き日、〝青春《せいしゅん》の魂《たましい》の友《とも》〟としていた大詩人《だいしじん》ゲーテ〈注1〉の生命《せいめい》の讃歌《さんか》です。恩師《おんし》・戸田城聖《じょうせい》先生の前《まえ》で、ゲーテの詩《し》を朗詠《ろうえい》したことも懐《なつ》かしく思《おも》い出《だ》されます。

1981年（昭和56年）5月には、ドイツ・フランクフルトにあるゲーテの生家《せいか》を、青年たちと訪《おとず》れ、その偉大《いだい》な生涯《しょうがい》を偲《しの》びました。

地域《ちいき》の宝《たから》と愛《あい》されている、わがドイツSGI（現ドイツ創価学会）のヴィラ・ザクセン総《そう》合文化《ごうぶんか》センターは、ゲーテが「ここから見《み》るライン川が一番美《いちばんうつく》しい」と讃《たた》えた、景勝《けいしょう》の地《ち》ビンゲン市に立《た》っています。創価大学で、ゲーテの気高《けだか》き人生《じんせい》を通《とお》して、若《わか》き英才《えいさい》たちに、「太陽のごとく赤々《あかあか》と輝《かがや》き続《つづ》けていっていただきたい」と、エールを送《おく》った講座《こうざ》から、早《はや》いもので20年になります（２００３年〈平成15年〉3月10日、「人間ゲーテを語《かた》る」）。

〝世界にはあまたの悦《よろこ》びが！〟

思《おも》えば、ゲーテの母《はは》は、わが子《こ》に「この世界には」「あまたの悦《よろこ》びがあるのです！　その探《さが》し方《かた》に通《つう》じていさえすればいい」と、言《い》い聞《き》かせていたといいます。

人生《じんせい》の幸福《こうふく》を開《ひら》くのは、生《い》きゆく喜《よろこ》びです。その生命《せいめい》の底《そこ》からの歓喜《かんき》と感激《かんげき》を自在《じざい》に探《さが》し出《だ》し、湧《わ》き出《い》だす智慧《ちえ》に勝《まさ》る宝《たから》はありません。法華経には、「歓喜踊躍《かんぎゆやく》」「心大歓喜《しんだいかんぎ》」等々《とうとう》、その文字《もじ》を見《み》るだけで心躍《こころおど》る表現《ひょうげん》が幾度《いくど》も繰《く》り返《かえ》されます。

とりわけ、声聞界《しょうもんかい》の弟子《でし》たちは、〝救《すく》われない人〟から〝救われる人〟へ、そして〝救う人〟へと、仏《ほとけ》の智慧《ちえ》によって自《みずか》らの本来《ほんらい》の境地《きょうち》を知《し》り得《え》た喜《よろこ》びの言葉《ことば》を発《はっ》しています。

私たちもまた、妙法を信《しん》じ持《たも》ち、唱題の音声《おんじょう》とともに、真実《しんじつ》の自己《じこ》の使命《しめい》に目覚《めざ》めた元《がん》初《じょ》の生命《せいめい》で、大歓喜《だいかんき》に彩《いろど》られた凱歌《がいか》の歴史《れきし》をつづりゆくのです。

「御義口伝《おんぎくでん》」譬喩品《ひゆほん》の一節

（新1005ジペー・全721ジペー）

御義口伝《おんぎくでん》に云《い》わく、「大悲《だいひ》」とは、母《はは》の子《こ》を思《おも》う慈悲《じひ》のごとし。今《いま》、日蓮《にちれん》等《ら》の慈悲《じひ》なり。

現代語訳

〈譬喩品九箇《ひゆほんきゅうか》の大事《だいじ》　第一　「譬喩品《ひゆほん》」の事《こと》〉

（天台大師《てんだいだいし》の『法華文句《ほっけもんぐ》』巻《まき》5にある「『譬《ひ》』とは、比況《ひきょう》なり。『喩《ゆ》』とは、暁訓《ぎょうくん》なり○大《だい》悲息《ひや》まず」等との一節《いっせつ》について）御義口伝《おんぎくでん》に次《つぎ》のように仰《おお》せである。

「大悲《だいひ》」とは、母親《ははおや》が子《こ》どもを思《おも》う慈悲《じひ》のようなものである。今《いま》、日蓮とその弟子《でし》たちの慈悲《じひ》なのである。

譬喩《ひゆ》は仏《ほとけ》の大悲《だいひ》と智慧《ちえ》の働《はたら》き

法華経では、釈尊《しゃくそん》が一切《いっさい》の声聞《しょうもん》たちに覚《さと》りを開《ひら》かせるため、それぞれの理解度《りかいど》に合《あ》わせて、法理《ほうり》を説《と》く「法説周《ほっせつしゅう》」、譬喩《ひゆ》を用《もち》いて説く「譬説周《ひせつしゅう》（譬喩《ひゆ》説周）」、因縁《いんねん》（理由《りゆう》、訳《わけ》）を明《あ》かして説く「因縁《いんねん》説周」の三つの説法《せっぽう》で導《みちび》きます。ここでは、この「譬説周」の説法の中から、譬喩品《ひゆほん》第3と信解品《しんげほん》第4を取《と》り上《あ》げます。

この三周《しゅう》の説法《せっぽう》では、物語《ものがたり》としての「譬喩《ひゆ》」が多《おお》く用《もち》いられていることが特徴《とくちょう》です。「法華経七譬《しちひ》」〈注2〉のうち、実《じつ》に五つの譬喩が、「譬説周《ひせつしゅう》」「因縁《いんねん》説周」の説法で述《の》べられています。

御義口伝《おんぎくでん》では、「譬喩品《ひゆほん》」の譬喩とは、〝仏《ほとけ》の止《や》むことのない慈悲《じひ》（大悲《だいひ》）と、無辺《むへん》にして巧《たく》みなる智慧《ちえ》の働《はたら》きである〟との『法華文句《ほっけもんぐ》』の文《もん》を受《う》けて御指南《ごしなん》されます。

譬喩《ひゆ》は、単《たん》なる譬《たと》え話《ばなし》といった次元《じげん》ではなく、仏《ほとけ》の智慧《ちえ》と慈悲《じひ》の発露《はつろ》であり、結晶《けっしょう》なのです。法華経譬喩品に「悉《ことごと》く是《こ》れ吾《わ》が子《こ》なり」（191ジペー）と説《と》かれるように、一切衆生《いっさいしゅじょう》を「吾《わ》が子《こ》」のように思《おも》い、〝守《まも》り、救《すく》わずにはいられない〟という、仏の願《ねが》いが根底《こんてい》にあるのです。

日蓮大聖人《だいしょうにん》は、この一切衆生《いっさいしゅじょう》の成仏《じょうぶつ》を願《ねが》う仏《ほとけ》の慈悲《じひ》である「大悲《だいひ》」について、「母《はは》の子《こ》を思《おも》う慈悲《じひ》のごとし」と述《の》べられています。「大悲《だいひ》」とは、仏の生命境涯《せいめいきょうがい》から本然的《ほんねんてき》にあふれてくる絶対的《ぜったいてき》なものです。そして、それは「今《いま》、日蓮等《にちれんら》の慈悲《じひ》なり」と仰《おお》せです。

大聖人《だいしょうにん》は、一切衆生《いっさいしゅじょう》の救済《きゅうさい》のため、大慈大悲《だいじだいひ》の力《ちから》で、命《いのち》にも及《およ》ぶあらゆる迫害《はくがい》を勝《か》ち越《こ》え、広宣流布に戦《たたか》われました。この大聖人《だいしょうにん》の不惜身命《ふしゃくしんみょう》の闘争《とうそう》に連《つら》なり、たゆまず「勇気《ゆうき》」即《そく》「慈悲《じひ》」の信心を貫《つらぬ》き、日本のみならず世界中に妙法を弘《ひろ》めたのが創価の師弟《してい》です。まさに「日蓮等《にちれんら》の慈悲《じひ》」を体現《たいげん》した民衆《みんしゅう》の尊《とうと》き連帯《れんたい》が、学会家族《かぞく》なのです。

わが同志《どうし》は、たとえ自分《じぶん》が苦境《くきょう》にあったとしても、〝あの人は困《こま》っていないだろうか〟〝手を差《さ》し伸《の》べてあげたい〟等々《とうとう》と真剣《しんけん》に祈《いの》り、行動《こうどう》しています。じっくりと耳《みみ》を傾《かたむ》け、悩《なや》みを受《う》け止《と》めている。寄《よ》り添《そ》うことで、相手自身《あいてじしん》の本来《ほんらい》の力《ちから》を発動《はつどう》させています。それ自体《じたい》が慈悲《じひ》の発露《はつろ》であり、菩薩《ぼさつ》の生《い》き方《かた》です。誰《だれ》に言《い》われずとも、日々《ひび》、民衆《みんしゅう》の大地《だいち》に飛《と》び込《こ》み、慈悲の実践《じっせん》を続《つづ》けているのです。

あらゆる衆生《しゅじょう》の尊極性《そんごくせい》が示《しめ》されゆくドラマ

法華経の譬喩《ひゆ》は、民衆蘇生《みんしゅうそせい》の物語《ものがたり》です。創意《そうい》に満《み》ちた仏《ほとけ》の慈悲《じひ》と智慧《ちえ》によって、それまで秘《ひ》められていた、万人《ばんにん》の仏性《ぶっしょう》（仏界《ぶっかい》）を開《ひら》き、あらゆる衆生《しゅじょう》の尊極性《そんごくせい》が示《しめ》されゆくドラマです。

私たち学会員一人一人の多彩《たさい》な体験《たいけん》は、妙法の功力《くりき》を証明《しょうめい》し、千差万別《せんさばんべつ》の境遇《きょうぐう》の人を導《みちび》く〝人間革命の物語《ものがたり》〟ともいえます。あえて悩《なや》みを背負《せお》って生《う》まれ、宿命転換《しゅくめいてんかん》を示《しめ》し切《き》っていく願兼於業《がんけんおごう》〈注3〉の体験談《たいけんだん》は、人々に生命《せいめい》の尊厳《そんげん》を訴《うった》え、希望《きぼう》と歓喜《かんき》を広《ひろ》げゆく「抜《ばっ》苦与楽《くよらく》」の勝利劇《しょうりげき》にほかなりません。

牧口常三郎《つねさぶろう》先生が、広宣流布の推進《すいしん》へ座談会《ざだんかい》を中心《ちゅうしん》としたのも、一次元《じげん》から言《い》えば譬喩《ひゆ》の力《ちから》を体現《たいげん》したものでしょう。難解《なんかい》な理論《りろん》ではなく、常《つね》に体験《たいけん》を語《かた》り合《あ》うことを大切《たいせつ》にされたのです。

現実《げんじつ》の試練《しれん》に苦《くる》しんでいる人々に、具体的《ぐたいてき》な信心の実証《じっしょう》を伝《つた》えれば、納得《なっとく》と決意《けつい》が生《う》まれ、勇気《ゆうき》を湧《わ》き立《た》たせ、宿命《しゅくめい》に立《た》ち向《む》かう力《ちから》を漲《みなぎ》らせていけるからです。そうした体験《たいけん》が賑《にぎ》やかに語《かた》られる創価学会の座談会《ざだんかい》は、信仰《しんこう》の確信《かくしん》と歓喜《かんき》、活力《かつりょく》があふれる〝現代《げんだい》の法華経の会座《えざ》〟ともいえるのではないでしょうか。

「御《お》義《ん》口《く》伝《でん》」信《しん》解《げ》品《ほん》の一節　（新1012ジペー・全725ジペー）

「信《しん》」は価《あたい》のごとく、「解《げ》」は宝《たから》のごとし。三世《さんぜ》の諸仏《しょぶつ》の智慧《ちえ》をかう《替》は「信《しん》」の一字《いちじ》なり。智慧《ちえ》とは南無妙法蓮華経なり。「信《しん》」は智慧《ちえ》の因《いん》にして名字即《みょうじそく》なり。（中略）今《いま》、日蓮《にちれん》等の類《たぐ》い、南無妙法蓮華経と信受《しんじゅ》・領納《りょうのう》する故《ゆえ》に、「無上宝聚《むじょうほうじゅ》　不求自得《ふぐじとく》（無上《むじょう》の宝聚《ほうじゅ》は、求《もと》めざるに自《おの》ずから得《え》たり）」の大宝珠《だいほうしゅ》を得《う》るなり。

現代語訳

〈信解品六箇《しんげほんろっか》の大事《だいじ》　第一　「信解品《しんげほん》」の事《こと》〉

（品《ほん》の題名《だいめい》である「信解《しんげ》」について）「信《しん》」は宝《たから》を替《か》う価《あたい》であり、「解《げ》」は宝《たから》である。三世《さんぜ》の諸仏《しょぶつ》の智慧《ちえ》は、「信《しん》」の一字《いちじ》によって替《か》えるのである。智慧《ちえ》とは南

> 無妙法蓮華経のことである。「信《しん》」は仏《ほとけ》の智慧《ちえ》の因《いん》であり、名字即《みょうじそく》の位《くらい》である。
> （中略）
> 今《いま》、日蓮とその弟子《でし》たちが、南無妙法蓮華経と信受《しんじゅ》し、理解《りかい》、納得《なっとく》することは、「無上宝聚《むじょうほうじゅ》　不求自得《ふぐじとく》」の大宝珠《だいほうしゅ》を得《え》たことになるのである。

信《しん》と智慧《ちえ》によって偉大《いだい》な境涯《きょうがい》が

続《つづ》いて学《まな》ぶのは、「信解品《しんげほん》」の御義口伝《おんぎくでん》です。

この前段《ぜんだん》で大聖人《だいしょうにん》は、「一念三千《いちねんさんぜん》も『信《しん》』の一字《いちじ》より起《お》こり、三世《さんぜ》の諸仏《しょぶつ》の成道《じょうどう》も『信《しん》』の一字《いちじ》より起《お》こるなり。この『信《しん》』の字《じ》、元品《がんぽん》の無明《むみょう》を切《き》る利剣《りけん》なり」（新1011ページ・全725ページ）と、「『信《しん》』の一字《いちじ》」が元品《がんぽん》の無明《むみょう》〈注4〉を打《う》ち破《やぶ》り、一念三千をわが生命《せいめい》に具現《ぐげん》していけると仰《おお》せです。「信《しん》」によってこそ「即身成仏《そくしんじょうぶつ》」〈注5〉が可能《かのう》になる。智慧《ちえ》第一の舎利弗《しゃりほつ》でさえ「以信得入《いしんとくにゅう》」〈注6〉であったことを心に刻《きざ》みたいと思《おも》います。

「解《げ》」とは、法門《ほうもん》を完全《かんぜん》に理解《りかい》した「領解《りょうげ》」の意《い》です。大聖人《だいしょうにん》は、「『解《げ》』とは、智慧《ちえ》の異名《いみょう》なり」（新1012ページ・全725ページ）と示《しめ》されています。

「『信《しん》』は価《あたい》のごとく、『解《げ》』は宝《たから》のごとし。三世《さんぜ》の諸仏《しょぶつ》の智慧《ちえ》をかう《替》は『信《しん》』の一字《いちじ》なり」とある通《とお》りです。「信《しん》」という「価《あたい》」によって、偉大《いだい》な三世《さんぜ》諸仏《しょぶつ》の「宝《たから》」の智慧を会《え》得《とく》できるのです。まさしく「信《しん》」は智慧の因《いん》であり、成仏《じょうぶつ》の要《かなめ》です。南無妙法蓮華経を信《しん》受《じゅ》することで、凡夫《ぼんぷ》のまま、偉大《いだい》な境涯《きょうがい》を得《え》るのです。

信《しん》と解《げ》は互《たが》いに深《ふか》め合《あ》う

ただし、法華経が示《しめ》す「信《しん》」とは、いわゆる〝盲信《もうしん》〟では断《だん》じてありません。思考《しこう》や理《り》性《せい》を停止《ていし》させる「信《しん》」は、人間を弱《よわ》く、脆《もろ》くしてしまいます。

戸田先生はよく、「信《しん》は理《り》を求《もと》め、求《もと》めたる理《り》は信《しん》を深《ふか》からしむ」と語《かた》られていました。

日蓮仏法が説《と》く「信《しん》」とは、どこまでも理性《りせい》を重《おも》んじ、知性《ちせい》によって深《ふか》められるものです。「『信《しん》』のところに『解《げ》』あり、『解《げ》』のところに『信《しん》』あり。しかりといえども、『信《しん》』をもって成仏《じょうぶつ》を決定《けつじょう》するなり」（新１０６０ページ・全７６１ページ）と、信と解の関係《かんけい》を端的《たんてき》に教《おし》えられている御義口伝《おんぎくでん》もあります。

また、信《しん》は「実相《じっそう》の一理《いちり》と信《しん》ずるなり」（新１０１２ページ・全７２５ページ）、解《げ》は「随縁真如《ずいえんしんにょ》なり。自受用智《じじゅゆうち》を云《い》うなり」（同ページ）とも仰《おお》せです。私たちは、妙法への信によって、仏《ほとけ》の自《じ》在《ざい》なる智慧《ちえ》を発揮《はっき》し、さまざまな苦難《くなん》を乗《の》り越《こ》えていくことができる。その体験《たいけん》が納得《なっとく》と確信《かくしん》となり、さらに信を深《ふか》めるのです。深まった信は、さらに広布への大情熱《だいじょうねつ》をもたらします。

私たちは、日々《ひび》、「信《しん》」「行《ぎょう》」「学《がく》」を繰《く》り返《かえ》し、深化《しんか》させていくことで、自身《じしん》の人生《じんせい》を最高《さいこう》の智慧《ちえ》と創造性《そうぞうせい》で輝《かがや》かせていけるのです。

「御義口伝《おんぎくでん》」信解品《しんげほん》の一節

(新1014ページ・全727ページ)

今《いま》、日蓮《にちれん》等の類《たぐ》いの心は、無上《むじょう》とは南無妙法蓮華経、無上《むじょう》の中《なか》の極《ごく》無上《むじょう》なり。

この妙法《みょうほう》を指《さ》して「無上宝聚《むじょうほうじゅ》」と説《と》きたもうなり。「宝聚《ほうじゅ》」とは、三世《さんぜ》の諸仏《しょぶつ》の万行万善《まんぎょうまんぜん》・諸波羅蜜《しょはらみつ》の宝《たから》を聚《あつ》めたる南無妙法蓮華経なり。この無上宝聚《むじょうほうじゅ》を、辛労《しんろう》も無《な》く行功《ぎょうく》も無《な》く、一言《いちごん》に受《う》け取《と》る信心《しんじん》なり。「不求自得《ふぐじとく》」とは、これなり。

現代語訳

〈第五　「無上宝聚《むじょうほうじゅ》　不求自得《ふぐじとく》（無上《むじょう》の宝聚《ほうじゅ》は、求《もと》めざるに自《おの》ずから得《え》たり）」の事《こと》〉

（御義口伝《おんぎくでん》に次《つぎ》のように仰《おお》せである）今《いま》、日蓮とその弟子《でし》たちの心は、無上《むじょう》の法《ほう》とは南無妙法蓮華経のことであり、無上《むじょう》の中《なか》の究極《きゅうきょく》の無上《むじょう》である。

この妙法を指《さ》して「無上宝聚《むじょうほうじゅ》」と説《と》かれるのである。「宝聚《ほうじゅ》（宝《たから》の聚《あつ》まり）」とは、三世《さんぜ》の諸仏《しょぶつ》のあらゆる修行《しゅぎょう》、あらゆる善根《ぜんこん》のさまざまな波羅蜜《はらみつ》（菩薩《ぼさつ》が修行《しゅぎょう》すべき徳目《とくもく》）の宝《たから》を集《あつ》めた南無妙法蓮華経なのである。

この「無上《むじょう》の宝聚《ほうじゅ》」を何《なん》の苦労《くろう》もなく、特別《とくべつ》な修行《しゅぎょう》や、その功徳《くどく》もなく、ただ題目の「一言《いちごん》」でわが身《み》に受《う》け取《と》る信心である。「不求自得《ふぐじとく》」とは、このことである。

弟子《でし》が語《かた》った「長者窮子《ちょうじゃぐうじ》の譬《たとえ》」

続《つづ》いて拝《はい》するのは、「無上宝聚《むじょうほうじゅ》　不求自得《ふぐじとく》」〈注7〉の御義口伝《おんぎくでん》です。この一節《いっせつ》は、声聞《しょうもん》たち（四大《しだい》声聞〈注8〉）が、釈尊《しゃくそん》の説法《せっぽう》（三車火宅《さんしゃかたく》の譬《たとえ》〈注9〉）を理解《りかい》した証《あか》しとして語《かた》った歓喜《かんき》の言葉《ことば》です。そして、続《つづ》けて彼らによって「長者窮子《ちょうじゃぐうじ》の譬」が述べられていきます。

この譬喩《ひゆ》は次《つぎ》のような物語《ものがたり》です。

——幼《おさな》くして家出《いえで》した息子《むすこ》は、50年という長《なが》い間《あいだ》、放浪《ほうろう》し、困窮《こんきゅう》していました。大富豪《だいふごう》になっていた父《ちち》は、ある日、偶然《ぐうぜん》、探《さが》していた息子を見《み》つけます。ところが息子は父のことを忘《わす》れ、恐《おそ》れ、志《こころざし》まで卑屈《ひくつ》になっていました。

そこで父《ちち》は、息子《むすこ》に父であることは明《あ》かさず、徐々《じょじょ》に簡単《かんたん》な仕事《しごと》から重要《じゅうよう》な仕事を任《まか》せるようにしていきます。最後《さいご》は、大事《だいじ》な資産《しさん》の管理《かんり》まで担《にな》えるほどに成長《せいちょう》し、皆《みな》に信頼《しんらい》される存在《そんざい》になります。

父親《ちちおや》は臨終《りんじゅう》の時《とき》、親族《しんぞく》や国王《こくおう》・大臣《だいじん》らを集《あつ》めて、「皆《みな》さん、この人物《じんぶつ》は実《じつ》はわが子《こ》である。私の実の息子《むすこ》である。今《いま》、私は、自分《じぶん》の全《すべ》ての財産《ざいさん》をわが子に譲《ゆず》る」と告《つ》げます。息子はこの真実《しんじつ》を知《し》って、この上《うえ》ない歓喜《かんき》に包《つつ》まれ、「私は、もともと求《もと》めていたわけではなかった。今、この財宝《ざいほう》は自然に至ったのである」と思ったのです。まさしく、これこそが「無上宝聚《むじょうほうじゅ》　不求自得《ふぐじとく》」（このすばらしい財《たから》を、求《もと》めずして、自《おの》ずから手《て》に入《い》れることができた）なのです――

ここでは、大富豪《だいふごう》（長者《ちょうじゃ》）は釈尊《しゃくそん》のことを、また、息子《むすこ》は成仏《じょうぶつ》できないと思《おも》っていた声聞《しょうもん》のことを、譬《たと》えています。仏《ほとけ》の生命《せいめい》という無上《むじょう》の宝《たから》は、本来《ほんらい》、万人《ばんにん》に具《そな》わっていることを教《おし》えているのです。

無上《むじょう》とは、これ以上《いじょう》ないということです。「無上《むじょう》の中《なか》の極無上《ごくむじょう》」とは、仏界《ぶっかい》の生命《せいめい》です。その仏界を具《そな》えた生命は、誰《だれ》もが平等《びょうどう》に持《も》っている尊極《そんごく》の宝《たから》なのです。

無上《むじょう》の宝聚《ほうじゅ》をただ「一言《いちごん》」で受《う》け取《と》る

宝聚《ほうじゅ》とは宝《たから》の集《あつ》まりのことです。三世《さんぜ》の諸仏《しょぶつ》が成仏《じょうぶつ》するための一切《いっさい》の善行《ぜんぎょう》や修行《しゅぎょう》の功徳《くどく》が納《おさ》まっているのです。この偉大《いだい》な功力《くりき》を具《そな》えているのが南無妙法蓮華経であると教《おし》えられているのです。

「辛労《しんろう》も無《な》く行功《ぎょうく》も無《な》く、一言《いちごん》に受《う》け取《と》る信心《しんじん》なり」とは、「一言《いちごん》」すなわち南無妙法蓮華経と唱《とな》える唱題行の偉大《いだい》さ、有《あ》り難《がた》さを教《おし》えられています。古来《こらい》、仏法者たちが辛労《しんろう》を重《かさ》ねて行功《ぎょうく》を積《つ》む修行《しゅぎょう》の果《は》てに求《もと》め抜《ぬ》いた成仏《じょうぶつ》の果徳《かとく》、無上宝聚《むじょうほうじゅ》を、ただ一言《いちごん》で受《う》け取《と》れることが、どれほど信《しん》じ難《がた》いことか。偉大《いだい》なことか。

それゆえに、信《しん》ずることそれ自体《じたい》が、間断《かんだん》なき無明《むみょう》との戦《たたか》いです。どんなに苦《くる》しい時《とき》、つらい時があっても、題目を唱《とな》えに唱え抜《ぬ》いていくのです。その人は、全宇宙《ぜんうちゅう》の財宝《ざいほう》を、わが生命《せいめい》に集《あつ》めるような大福徳《だいふくとく》に包《つつ》まれていきます。

強《つよ》い生命力《せいめいりょく》と福徳《ふくとく》にあふれる

不求《ふぐ》とは、「求《もと》めざる」という意味《いみ》ですが、そもそも二乗《にじょう》は、自分《じぶん》たちは成仏《じょうぶつ》などできないと諦《あきら》めていました。求《もと》めようという心さえ起《お》こせなかったのです。

自得《じとく》とは、「自《おの》ずから得《え》たり」という意味《いみ》です。無上《むじょう》の宝《たから》といっても、どこか遠《とお》くにあるのではありません。自身《じしん》の中《なか》にあります。それを見《み》いだし、輝《かがや》かせていくのです。仏界《ぶっかい》の生命《せいめい》という最高《さいこう》の宝を持《も》っていることに目覚《めざ》め、顕現《けんげん》させていくことです。真《しん》の自分《じぶん》の確立《かくりつ》です。

現実《げんじつ》に万人《ばんにん》が無上《むじょう》の宝《たから》を自《みずか》ら得《え》ることを可能《かのう》にしてくださったのが、無上の宝聚《ほうじゅ》である御本尊なのです。

いよいよ求道心《きゅうどうしん》を奮《ふる》い起《お》こし、信心に励《はげ》んでいくならば、自分《じぶん》が想像《そうぞう》もできなかったような偉大《いだい》な境涯《きょうがい》を開《ひら》くことができます。

戸田先生は「歓喜《かんき》に燃《も》えて、御本尊を拝《はい》し、歓喜に燃《も》えて折伏《しゃくぶく》する者《もの》こそ、本当《ほんとう》の信心の者といえるのである。かかる人こそ、願《ねが》わずとも、御本尊は無上《むじょう》の宝《たから》、すなわち強《つよ》い生《せい》命力《めいりょく》と、福徳《ふくとく》とをくださるのである」と語《かた》られました。

信心の眼《まなこ》で深《ふか》く見《み》れば、創価の同志《どうし》こそ、計《はか》り知《し》れない大福運《だいふくうん》の持《も》ち主《ぬし》なのです。まさしく踊躍歓喜《ゆやくかんき》そのものです。

「心大歓喜《しんだいかんぎ》」の常勝《じょうしょう》の波動《はどう》

「歓喜《かんき》の中《なか》の大歓喜《だいかんき》」という有名《ゆうめい》な御文《ごもん》があります。

これは、五百弟子受記品《ごひゃくでしじゅきほん》第8で、因縁説周《いんねんせつしゅう》の声聞《しょうもん》たちが成仏《じょうぶつ》の記別《きべつ》を受《う》け、自身《じしん》の内《うち》なる可能性《かのうせい》に目覚《めざ》め、「心大《こころおお》いに歓喜《かんぎ》」した感動《かんどう》を述《の》べた経文《きょうもん》に対《たい》する御義口伝《おんぎくでん》の一節《いっせつ》です。

「この文《もん》は、始《はじ》めて我《わ》が心本来《こころほんらい》の仏《ほとけ》なりと知《し》るを、即《すなわ》ち『大歓喜《だいかんぎ》』と名《な》づく。いわゆる、南無妙法蓮華経は歓喜《かんき》の中《なか》の大歓喜《だいかんき》なり」（新1097ジペー・全788ジペー）

自分自身《じぶんじしん》が本来《ほんらい》、尊極《そんごく》の仏《ほとけ》の生命《せいめい》であると目覚《めざ》める以上《いじょう》の歓喜《かんき》はありません。これこそ、「無上宝聚《むじょうほうじゅ》　不求自得《ふぐじとく》」の大境涯《だいきょうがい》を得《え》た大歓喜《だいかんき》であると言《い》えましょう。

あの「大阪の戦《たたか》い」では、各人《かくじん》が自他共《じたとも》の尊厳《そんげん》と限《かぎ》りない可能性《かのうせい》を確信《かくしん》し、その大歓喜《だいかんき》のままに、人間革命と立正安国《りっしょうあんこく》の挑戦《ちょうせん》を貫《つらぬ》きました。

一人一人の激励《げきれい》・指導《しどう》によって、蘇生《そせい》の体験《たいけん》を皆《みな》がつかんでいこう！　妙法を信受《しんじゅ》できた喜《よろこ》びと決意《けつい》を漲《みなぎ》らせていこう！　地涌《じゆ》の菩薩《ぼさつ》の尊《とうと》き使命《しめい》の陣列《じんれつ》に連《つら》なる誇《ほこ》りを伝《つた》えていこう！――師匠《ししょう》に断《だん》じて民衆凱歌《みんしゅうがいか》の報告《ほうこく》をと、私は祈《いの》り、走《はし》り、訴《うった》えました。「億劫《おくごう》の辛《しん》労《ろう》」〈注10〉を尽《つ》くして「福運錦州城《ふくうんきんしゅうじょう》」を築《きず》き上《あ》げるために、青年らしく、戸田先生の弟子《でし》らしく戦《たたか》い抜《ぬ》きました。

この師弟不二《していふに》の「一念《いちねん》」が関西の全同志《ぜんどうし》に「脈動《みゃくどう》」し、そして一人一人が「跳躍《ちょうやく》」し、立《た》ちはだかる「険路《けんろ》」も勝《か》ち越《こ》えて、世界広布の「展望《てんぼう》」を開《ひら》いたのです。まさしく、「歓喜《かんき》の中《なか》の大歓喜の躍動《やくどう》」こそが、私たち創価の前進《ぜんしん》、そして常勝《じょうしょう》の原動力《げんどうりょく》です。

希望《きぼう》と勇気《ゆうき》を贈《おく》る対話《たいわ》を

弥生《やよい》3月。いよいよ、これからとの心意気《こころいき》で、私たちは、太陽の仏法を、日々《ひび》、学《まな》び、行《ぎょう》ずることのできる喜《よろこ》びの生命《せいめい》の波動《はどう》を広《ひろ》げていきたい。

人々の憂《うれ》いや不安《ふあん》を一つ、また一つと取《と》り除《のぞ》く、希望《きぼう》と勇気《ゆうき》を贈《おく》る抜苦与楽《ばっくよらく》の対話《たいわ》を繰《く》り広《ひろ》げ、安穏《あんのん》と平和《へいわ》の仏国土《ぶっこくど》を築《きず》いていこうではありませんか！

無上宝聚《むじょうほうじゅ》の哲学《てつがく》を持《たも》てる誇《ほこ》りも高《たか》く！

不求自得《ふぐじとく》の歓喜《かんき》に胸《むね》張《は》り共《とも》に勇舞《ゆうまい》を！

《注　解》

〈注1〉【ゲーテ】ヨハン・ヴォルフガング・フォン・ゲーテ。1749年～1832年。ドイツの詩《し》人《じん》、作家《さっか》。代表作《だいひょうさく》に『ファウスト』『若《わか》きウェルテルの悩《なや》み』など。若い頃《ころ》には革新的文学運動《かくしんてきぶんがくうんどう》を主導《しゅどう》し、後《のち》には、親交《しんこう》を結《むす》んだシラーと共《とも》にドイツ古典主義《こてんしゅぎ》を築《きず》く。自然科学《しぜんかがく》の分野《ぶんや》でも研究《けんきゅう》の成《せい》果《か》をあげた。引用《いんよう》は、88ページが『ヴィルヘルム・マイスターの遍歴時代《へんれきじだい》』第3巻（登張正實訳、『ゲーテ全集8』所収、潮出版社）。89ページがハイネマン著『ゲーテ伝』（大野俊一訳、岩波書店）。

〈注2〉【法華経七譬《しちひ》】①譬喩品《ひゆほん》第3に説《と》かれる「三車火宅《さんしゃかたく》の譬《たとえ》」②信解品《しんげほん》第4に説かれる「長者窮子《ちょうじゃぐうじ》の譬」③薬草喩品《やくそうゆほん》第5に説かれる「三草二木《さんそうにもく》の譬」④化城喩品《けじょうゆほん》第7に説かれる「化城宝処《けじょうほうしょ》の譬」⑤五《ご》百弟子《ひゃくでし》受記品《じゅきほん》第8に説かれる「衣裏珠《えりしゅ》の譬（貧人繋珠《びんにんけいしゅ》の譬）」⑥安楽行品《あんらくぎょうほん》第14に説かれる「髻中明《けちゅうみょう》珠《しゅ》の譬（頂珠《ちょうしゅ》の譬）」⑦如来寿量品《にょらいじゅりょうほん》第16に説かれる「良医病子《ろういびょうし》の譬」の七つ。

〈注3〉【願兼於業《がんけんおごう》】「願《がん》、業《ごう》を兼《か》ぬ」と読《よ》み下《くだ》す。本来《ほんらい》、修行《しゅぎょう》の功徳《くどく》によって安楽《あんらく》な境涯《きょうがい》に生《う》まれるべきところを、苦悩《くのう》に沈《しず》む民衆《みんしゅう》を救済《きゅうさい》するために、自《みずか》ら願《ねが》って、悪世《あくせ》に生《う》まれること。法華経法師品《ほっしほん》第10には、「是《こ》の人《ひと》は自《みずか》ら清浄《しょうじょう》の業報《ごっぽう》を捨《す》てて、我滅度《われめつど》して後《のち》に於《お》いて、衆生《しゅじょう》を愍《あわ》れむが故《ゆえ》に、悪世《あくせ》に生《う》まれて、広《ひろ》く此《こ》の経《きょう》を演《の》ぶ」（法華経357ページ）と説《と》かれている。

〈注4〉【元品《がんぽん》の無明《むみょう》】45ページ参照。

〈注5〉【即身成仏《そくしんじょうぶつ》】85ページ参照。

〈注6〉【以信得入《いしんとくにゅう》】法華経譬喩品《ひゆほん》第3の文《もん》で、「信《しん》を以《もっ》て入《い》ることを得《え》たり」と読《よ》む（法華経198ページ）。智慧《ちえ》第一とたたえられた舎利弗《しゃりほつ》ですら、信《しん》によって初《はじ》めて法華経に示《しめ》される仏《ほとけ》の智慧《ちえ》の境涯《きょうがい》に入《はい》ることができたこと。

〈注7〉【無上宝聚《むじょうほうじゅ》　不求自得《ふぐじとく》】法華経信解品《しんげほん》第4の文《もん》。「無上《むじょう》の宝聚《ほうじゅ》は　求《もと》めざるに自《おの》ずから得《え》たり」（法華経224ページ）とある。摩訶迦葉《まかかしょう》ら四大声聞《しだいしょうもん》が釈尊《しゃくそん》の開三顕一《かいさんけんいち》の説法《せっぽう》を聞《き》いて、それまで成仏《じょうぶつ》できないとされていた自分《じぶん》たち二乗《にじょう》が成仏《じょうぶつ》できることを知《し》り、「無上の宝聚（この上《うえ》ない宝《たから》の聚《あつ》まり）」を自分が求《もと》めることもなく自《おの》ずから得《え》たと歓喜《かんき》して述《の》べた語《ご》。

〈注8〉【四大声聞《しだいしょうもん》】法華経信解品《しんげほん》第4で妙法を信受《しんじゅ》できた喜《よろこ》びを表明《ひょうめい》した4人の優《すぐ》れた声聞《しょうもん》。摩訶迦葉《まかかしょう》・摩訶迦栴延《まかかせんねん》・摩訶目犍連《まかもっけんれん》・須菩提《しゅぼだい》のこと。譬説周《ひせつしゅう》の説法《せっぽう》の対告衆《たいごうしゅ》となる。

〈注9〉【三車火宅《さんしゃかたく》の譬《たとえ》】法華経譬喩品《ひゆほん》第3に説《と》かれる譬《たと》え（法華経164ページ以下《いか》）。家《いえ》が火事《かじ》であること（火宅《かたく》）を知《し》らずに、その中《なか》で遊《あそ》んでいる子《こ》どもたちを救《すく》い出《だ》すために、父《ちち》である長者《ちょうじゃ》は、方便《ほうべん》として羊車《ようしゃ》・鹿車《ろくしゃ》・牛車《ごしゃ》の三車《さんしゃ》を示《しめ》して外《そと》に誘《さそ》い出《だ》し、出《で》てきた時《とき》にはそれらに勝《まさ》る大白牛車《だいびゃくごしゃ》を与《あた》えた。羊車・鹿車・牛車の三車は声聞《しょうもん》・縁覚《えんがく》・菩薩《ぼさつ》の三乗《さんじょう》を、大白牛車は三乗を統合《とうごう》する一仏乗《いちぶつじょう》の教《おし》え、すなわち法華経を、長者は仏《ほとけ》を、子《こ》どもたちは一切衆生《いっさいしゅじょう》を、火宅とは悪見《あっけん》のために迷《まよ》いの煩悩《ぼんのう》に災《わざわ》いされて六道輪廻《ろくどうりんね》を繰《く》り返《かえ》している苦悩《くのう》の娑婆《しゃば》世界を譬《たと》えている。

〈注10〉【億劫《おくごう》の辛労《しんろう》】御義口伝《おんぎくでん》で涌出品《ゆじゅっぽん》の「昼夜《ちゅうや》に常《つね》に精進《しょうじん》す　仏道《ぶつどう》を求《もと》めんが為《ため》の故《ゆえ》なり」について「一念《いちねん》に億劫《おくごう》の辛労《しんろう》を尽《つ》くせば、本来《ほんらい》無作《むさ》の三身《さんじん》念々《ねんねん》に起《お》こるなり。いわゆる南無妙法蓮華経は精進行《しょうじんぎょう》なり」（新1099ページ・全790ページ）と述《の》べられた言葉《ことば》。

化《け》城《じょう》喩《ゆ》品《ほん》第7

化城喩品《けじょうゆほん》の概要《がいよう》

授記品《じゅきほん》第6の最後《さいご》で、釈尊《しゃくそん》は、今《いま》まさに「宿世《しゅくせ》の因縁《いんねん》」（遠《とお》い過去《かこ》からの師弟《してい》の絆《きずな》）を説《と》くと宣言《せんげん》します。

これを受《う》けて、化城喩品《けじょうゆほん》第7では、三千塵点劫《さんぜんじんてんごう》という、はるか昔《むかし》の大通智勝仏《だいつうちしょうぶつ》の物語《ものがたり》が語《かた》られます。この仏《ほとけ》の16番目《ばんめ》の王子《おうじ》が釈尊《しゃくそん》であり、この王子の法華経の説法《せっぽう》を聞《き》いて発心《ほっしん》し、結縁《けちえん》した衆生《しゅじょう》が今《いま》の声聞《しょうもん》たちであると述《の》べられます。

続《つづ》く、五百弟子受記品《ごひゃくでしじゅきほん》第8で富楼那《ふるな》と1200人の声聞《しょうもん》、授学無学人記品《じゅがくむがくにんきほん》第9で阿難《あなん》と羅睺羅《らごら》ら2000人の声聞たちが授記され、三周《さんしゅう》の説法《せっぽう》が全《すべ》て終《お》わり、法師品《ほっしほん》第10から次《つぎ》のドラマが展開《てんかい》されていきます。

法華経は三世《さんぜ》にわたる師弟《してい》の共戦譜《きょうせんふ》

桜花爛漫《おうからんまん》の4月を迎《むか》えました。

私は今《いま》も、恩師《おんし》・戸田城聖《じょうせい》先生のあの慈顔《じがん》と大確信《だいかくしん》の師子吼《ししく》を鮮明《せんめい》に思《おも》い出《だ》します。

先生は烈々《れつれつ》と叫《さけ》ばれました。

「日蓮大聖人《だいしょうにん》の弟子《でし》ならば、大聖人《だいしょうにん》の仰《おお》せ通《どお》りに戦《たたか》うのだ。大聖人《だいしょうにん》の御心《おこころ》を心として、広宣流布を本当《ほんとう》に誓《ちか》い、行動《こうどう》するならば、もったいなくも、大聖人《だいしょうにん》と同《おな》じ戦《たたか》いができるのである」と。

この御本仏《ごほんぶつ》と「同心《どうしん》」の大闘争《だいとうそう》を貫《つらぬ》かれた偉大《いだい》な「人間革命」の凱歌《がいか》の劇《げき》こそ、戸田先生のご一生《いっしょう》でした。

私が恩師《おんし》の真実《しんじつ》を永遠《えいえん》に伝《つた》えゆかんと書《か》き残《のこ》した、小説《しょうせつ》『人間革命』全《ぜん》12巻《かん》の完結《かんけつ》から、今年《ことし》(2023年)で30年を数《かぞ》えます〈注1〉。「聖教新聞」の連載《れんさい》の最終回《さいしゅうかい》が掲載《けいさい》されたのは、1993年(平成5年)の2月11日。恩師《おんし》の誕生日《たんじょうび》でした。

私はこの日を、恩師《おんし》が若《わか》き日から深《ふか》く心を寄《よ》せられていた、ブラジルのリオデジャネイロで迎《むか》えました。後《のち》に発刊《はっかん》された書籍《しょせき》『人間革命』第12巻《かん》の「あとがき」をつづったのも、この日です。

偉大《いだい》なる「人間革命」の軌跡《きせき》

そのなかで私は、「一人の人間革命」が「万人《ばんにん》の人間革命」へと広《ひろ》がりゆくことを強調《きょうちょう》して記《しる》しました。

「先生のご生涯《しょうがい》は、そのまま一個《いっこ》の人間の偉大《いだい》なる人間革命の軌跡《きせき》であり、それを書き《か》残《のこ》すことによって、万人《ばんにん》に人間革命の道《みち》を開《ひら》くことが可能《かのう》になる」と。

仏法における師匠《ししょう》の存在《そんざい》は、最極《さいごく》の生《い》き方《かた》の「模範《もはん》」であり、「手本《てほん》」です。師匠が道《みち》を開《ひら》き、弟子《でし》も同《おな》じく広宣流布を誓願《せいがん》し、共《とも》に戦《たたか》い、人間革命していくのです。その意味《いみ》では、共《とも》に人間の可能性《かのうせい》、生命《せいめい》の尊厳性《そんげんせい》を証明《しょうめい》していく縁深《えにしふか》き「同志《どうし》」ともいえます。

さらに、弟子《でし》には師匠《ししょう》の後《あと》を継《つ》ぎ、師《し》の構想《こうそう》を実現《じつげん》しゆく使命《しめい》があります。

現実《げんじつ》に、今《いま》や、192カ国・地域《ちいき》にも及《およ》ぶ地涌《じゆ》の大連帯《だいれんたい》が築《きず》かれました。

連載終了《れんさいしゅうりょう》から半年後《はんとしご》、「広島原爆《げんばく》の日《ひ》」の8月6日に、私は続編《ぞくへん》となる小説《しょうせつ》『新・人間革命』の執筆《しっぴつ》を、師弟《してい》の思《おも》い出《で》の天地《てんち》・長野で開始《かいし》しました〈注2〉。今日《こんにち》の「世界広宣流布」即《そく》「地球民族《ちきゅうみんぞく》の平和《へいわ》の連帯《れんたい》」の広《ひろ》がりこそが、恩師《おんし》の真《しん》の偉大《いだい》さの宣揚《せんよう》になると考《かんが》えたからです。

広宣流布とは流《なが》れそれ自体《じたい》

まさしく師弟共戦《していきょうせん》とは、「月々日々《つきづきひび》につよ《強》り給《たま》え」（新１６２０ページ・全１１９０ページ）と仰《おお》せのごとく、弛《たゆ》みない、そして限《かぎ》りない前進《ぜんしん》に他《ほか》なりません。一つの目標《もくひょう》への到達《とうたつ》は、新《あら》たな挑戦《ちょうせん》の始《はじ》まりです。

広宣流布とは、妙法を弘《ひろ》めた果《は》ての到達点《とうたつてん》ではなく、どこまでも「二陣《じん》三陣」と妙法を弘《ひろ》めゆく流《なが》れそれ自体《じたい》であり、生《い》きた仏法の現実社会《げんじつしゃかい》への脈動《みゃくどう》といえます。師弟《してい》が織《お》り成《な》す広宣流布の大河《たいが》は、より良《よ》き社会《しゃかい》を築《きず》きゆく人材輩出《じんざいはいしゅつ》の大河であり、生命尊厳《せいめいそんげん》を第一義《だいいちぎ》とする世界平和建設《へいわけんせつ》への大河でもあります。

滔々《とうとう》たる広布の大河《たいが》を師弟一体《していいったい》で開《ひら》き続《つづ》ける――この壮大《そうだい》なる師弟《してい》のドラマが描《えが》かれているのが法華経です。ここでは御義口伝《おんぎくでん》の化城喩品《けじょうゆほん》を学《まな》びますが、法華経における師弟とは、計《はか》り知《し》れない過去《かこ》から、共戦《きょうせん》の旅《たび》を続《つづ》けてきた、宿縁深《しゅくえんふか》き存在《そんざい》なのです。

「御義口伝《おんぎくでん》」化城喩品《けじょうゆほん》の一節

（新1021ジペー・全732ジペー）

詮《せん》ずるところ、今《いま》、日蓮《にちれん》等の類《たぐ》い、南無妙法蓮華経と唱《とな》え奉《たてまつ》る者《もの》、色心《しきしん》を妙法《みょうほう》なりと開《ひら》くを、化城即宝処《けじょうそくほうしょ》と云《い》うなり。十界《じっかい》は皆《みな》化城《けじょう》にして、十界《じっかい》は各々宝処《おのおのほうしょ》なり。（中略）

化城即宝処《けじょうそくほうしょ》とは、即《そく》の一字《いちじ》は南無妙法蓮華経なり。念々《ねんねん》の化城《けじょう》、念々《ねんねん》の宝処《ほうしょ》なり。

現代語訳

〈化城喩品七箇《けじょうゆほんななか》の大事《だいじ》　第一　「化城《けじょう》」の事《こと》〉

（御義口伝《おんぎくでん》に仰《おお》せである）所詮《しょせん》、今《いま》、日蓮とその弟子《でし》たちが、南無妙法蓮華経と唱《とな》え、わが色心《しきしん》が、即《そく》妙法蓮華経の当体《とうたい》と開《ひら》くことを化城即宝処《けじょうそくほうしょ》というのである。十界《じっかい》は皆《みな》、化城《けじょう》であり、十界《じっかい》は各々《おのおの》宝処《ほうしょ》である。（中略）化城即宝処《けじょうそくほうしょ》の即《そく》の一字《いちじ》は、南無妙法蓮華経である。念々《ねんねん》の化城《けじょう》、念々《ねんねん》の宝処《ほうしょ》である。

一仏乗《いちぶつじょう》を示《しめ》した「化城宝処《けじょうほうしょ》の譬《たとえ》」

法華経では、「譬説周《ひせつしゅう》」への説法《せっぽう》に続《つづ》き、この化城喩品《けじょうゆほん》第7から「因縁説周《いんねんせっしゅう》」の声聞《しょうもん》への説法が始《はじ》まります〈注3〉。ここでは、富楼那《ふるな》等《とう》の弟子《でし》に対《たい》して、釈尊《しゃくそん》は遠《とお》い昔《むかし》からの化《け》導《どう》の因縁《いんねん》、過去世《かこせ》の結縁《けちえん》を明《あ》かします。

すなわち、三千塵点劫《さんぜんじんてんごう》〈注4〉という、はるか昔《むかし》に大通智勝仏《だいつうちしょうぶつ》という仏《ほとけ》がいました。この仏は成道後《じょうどうご》、16人の王子《おうじ》に種々《しゅじゅ》の説法《せっぽう》をした後《のち》に法華経を説《と》きました。やがて、この仏が禅定《ぜんじょう》に入《はい》ると、今度《こんど》は、王子たちがそれぞれ法華経を多《おお》くの人々に伝《つた》えていったのです（大通覆講《だいつうふっこう》）。

このうち「16番目《ばんめ》の王子《おうじ》」こそが後《のち》の釈尊《しゃくそん》です。今《いま》、霊鷲山《りょうじゅせん》の会座《えざ》に集《つど》う声聞《しょうもん》たちは、過去《かこ》に法華経の説法《せっぽう》を聞《き》いた因縁《いんねん》によって再《ふたた》び師《し》と巡《めぐ》り合《あ》ったことが明《あ》かされます。

釈尊《しゃくそん》との師弟《してい》の関係《かんけい》は、今世《こんぜ》だけのものでは決《けっ》してないというのです。

そして釈尊《しゃくそん》は、これまで三乗《さんじょう》（声聞乗《しょうもんじょう》・縁覚乗《えんがくじょう》・菩薩乗《ぼさつじょう》）の境地《きょうち》を修行《しゅぎょう》の目標《もくひょう》として示《しめ》したのは〝化城《けじょう》〟のようなものであり、真実《しんじつ》の〝宝処《ほうしょ》〟は一仏乗《いちぶつじょう》の法華経による真《しん》の涅槃《ねはん》（成仏《じょうぶつ》）であるとして、開三顕一《かいさんけんいち》〈注5〉の法理《ほうり》を「化城宝処《けじょうほうしょ》の譬《たとえ》」として説《と》きました。

この「化城宝処《けじょうほうしょ》の譬《たとえ》」とは、次《つぎ》のような物語《ものがたり》です。

――すばらしい宝《たから》のある場所《ばしょ》（宝処《ほうしょ》）を目指《めざ》し、五百由旬《ゆじゅん》〈注6〉もの遠《とお》く険《けわ》しき路《みち》を旅《たび》する商人《しょうにん》の一行《いっこう》がいました。

途中《とちゅう》で人々は疲《つか》れ果《は》て、口々《くちぐち》に「もうこれ以上《いじょう》は進《すす》めない、帰《かえ》りたい」と言《い》い始《はじ》めました。一行《いっこう》の聡明《そうめい》な指導者《しどうしゃ》は、ここで引《ひ》き返《かえ》しては宝《たから》を捨《す》てることになると人々を哀《あわ》れみ、先《さき》に一つの城《しろ》（都市《とし》）を仮作《けさ》（神通力《じんずうりき》で仮《かり》に作《つく》り出《だ》すこと）し、「あの城で休《やす》もう」と皆《みな》を励《はげ》まします。

人々は喜《よろこ》び、進《すす》んで城《しろ》に入《はい》り、休息《きゅうそく》しました。指導者《しどうしゃ》は、人々の疲《つか》れがなくなったことを知《し》ると、その城をたちまちに消滅《しょうめつ》させ、真実《しんじつ》を明《あ》かします。「先《さき》ほどの城は化城《けじょう》である。さあ、真《しん》の宝処《ほうしょ》は近《ちか》い。再《ふたた》び共《とも》に進《すす》もう」と――

現実《げんじつ》の「化城《けじょう》」がそのまま「即宝処《そくほうしょ》」へ

日蓮大聖人《だいしょうにん》は、この〝化城《けじょう》〟と〝宝処《ほうしょ》〟は、実《じつ》は、別々《べつべつ》ではなく「化城即宝処《けじょうそくほうしょ》」であると仰《おお》せです。

御義口伝《おんぎくでん》では、「化城《けじょう》」を、「無常《むじょう》」と「煩悩《ぼんのう》」の観点《かんてん》から教《おし》えられています。

まず、拝読御文《はいどくごもん》の直前《ちょくぜん》では、化城《けじょう》を色心二法《しきしんにほう》から説明《せつめい》しています。一面《いちめん》から見《み》れば、私たちの色心《しきしん》は常《つね》に変化《へんか》し、消滅《しょうめつ》するので「化城」と同様《どうよう》、「無常《むじょう》」の存在《そんざい》です。しかし、無常と捉《とら》えることは「権教《ごんきょう》の心」であると喝破《かっぱ》されています。「法華経《ほけきょう》の意《こころ》は、無常《むじょう》を常住《じょうじゅう》と説《と》くなり。化城即宝処《けじょうそくほうしょ》なり」（新1021ページ・全732ページ）です。

大聖人《だいしょうにん》は、私たちが妙法を唱《とな》えることによって、無常《むじょう》を免《まぬか》れないと思《おも》われる「色心《しきしん》の二法《にほう》」であるわが身《み》を「妙法《みょうほう》なりと開《ひら》くを、化城即宝処《けじょうそくほうしょ》と云《い》うなり」と仰《おお》せです。

また、「五百由旬《ごひゃくゆじゅん》とは、見思《けんじ》・塵沙《じんじゃ》・無明《むみょう》なり」（同ページ）と、目的地《もくてきち》までの険路《けんろ》な道《みち》は三惑《さんわく》〈注7〉の煩悩《ぼんのう》そのものであると示《しめ》されたうえで、「この煩悩《ぼんのう》の五百由旬《ごひゃくゆじゅん》を妙法《みょうほう》の五字《ごじ》と開《ひら》くを、化城即宝処《けじょうそくほうしょ》と云《い》うなり」（同ページ）とも仰《おお》せです。

ここに大《おお》きな転換《てんかん》への道《みち》が示《しめ》されています。無常《むじょう》の自身《じしん》を離《はな》れ、煩悩《ぼんのう》を断滅《だんめつ》するのではなく、「妙法《みょうほう》なりと開《ひら》く」こと、「妙法の五字《ごじ》と開《ひら》く」ことで、自身に内在《ないざい》している仏界《ぶっかい》の境涯《きょうがい》を開《ひら》き現《あらわ》して、「化城《けじょう》」への道《みち》がそのまま「宝処《ほうしょ》」となることを教《おし》えられているのです。

「十界《じっかい》は皆《みな》化城《けじょう》にして、十界《じっかい》は各々《おのおの》宝処《ほうしょ》」です。妙法に照《て》らされれば、十界のいずれの界も、妙法の働《はたら》きを表《あらわ》す場所《ばしょ》として、輝《かがや》きを放《はな》っていきます。

私たちの実践《じっせん》でいえば、具体的《ぐたいてき》な目標《もくひょう》を化城《けじょう》として掲《かか》げて挑戦《ちょうせん》しゆく広布と人生《じんせい》の労苦《ろうく》は、妙法の力用《りきゆう》によって一つ一つがそのまま即宝処《そくほうしょ》として、かけがえのない価値創造《かちそうぞう》を発《はっ》現《げん》する実証《じっしょう》の姿《すがた》となる。さまざまな試練《しれん》も、煩悩《ぼんのう》を即菩提《そくぼだい》へと転《てん》じ〈注8〉、歓喜《かんき》に満《み》ちあふれた功徳《くどく》の宝聚《ほうじゅ》として、「一生成仏《いっしょうじょうぶつ》」「人間革命」への糧《かて》にしていけるのです。

「即《そく》の一字《いちじ》は南無妙法蓮華経なり」

化城《けじょう》を宝処《ほうしょ》たらしめるものは何《なに》か。

「即《そく》の一字《いちじ》は南無妙法蓮華経なり」と仰《おお》せです。「即」とは、妙法による変革《へんかく》を示《しめ》しています。日蓮仏法は「即身成仏《そくしんじょうぶつ》」〈注9〉の教《おし》えです。この現実《げんじつ》の人生《じんせい》で、崩《くず》れざる幸福境涯《こうふくきょうがい》を築《きず》いていくのです。

そして、「念々《ねんねん》の化城《けじょう》」が「念々の宝処《ほうしょ》」となるのです。

化城《けじょう》を宝処《ほうしょ》に転《てん》ずる「即《そく》」の力用《りきゆう》は、私たちの瞬間《しゅんかん》瞬間の一念《いちねん》によって決《き》まっていく。譬喩《ひゆ》に示《しめ》されているような師弟旅《していたび》の深《ふか》き「念々《ねんねん》」、すなわち師弟が共《とも》に妙法を唱《とな》え、広宣流布の実現《じつげん》に向《む》けて「一念《いちねん》に億劫《おくごう》の辛労《しんろう》」を尽《つ》くして戦《たたか》い、一つ一つ勝《か》ち越《こ》える「異体同心《いたいどうしん》」〈注10〉にして「不二《ふに》の心」にこそ、この化城即宝処《そくほうしょ》の妙用《みょうゆう》は発揮《はっき》されていくのです。

恩師《おんし》「学会員は地涌《じゆ》の勇者《ゆうしゃ》」

戸田先生は、「学会員は、地涌《じゆ》の勇者《ゆうしゃ》として、自《みずか》ら願《ねが》って、この悪世《あくせ》に生《う》まれてきたのである。衆生《しゅじょう》を救《すく》うために、人生《じんせい》の苦労《くろう》を乗《の》り越《こ》えながら、御本尊の大功徳《だいくどく》を示《しめ》し切《き》って、広宣流布をするために生まれてきたのである」と、繰《く》り返《かえ》し教《おし》えてくださいました。

私たち一人一人にとって、この娑婆《しゃば》世界こそが、わが使命《しめい》の大舞台《おおぶたい》です。ゆえに、自分《じぶん》自身《じしん》がいる場所《ばしょ》で断《だん》じて勝《か》つことです。そのことを明確《めいかく》に示《しめ》されたのが、御義口伝《おんぎくでん》の次《つぎ》の御文《ごもん》です。

「御義口伝《おんぎくでん》」化城喩品《けじょうゆほん》の一節（新1024㌻・全734㌻）

今《いま》、日蓮等《にちれんら》の類《たぐ》い、南無妙法蓮華経と唱《とな》え奉《たてまつ》る者《もの》は、化城即宝処《けじょうそくほうしょ》なり。我《われ》らが居住《こじゅう》の山谷曠野《せんごくこうや》、皆《みな》、皆常寂光《かいじょうじゃっこう》の宝処《ほうしょ》なり云々《うんぬん》。

現代語訳

〈第六「即滅化城《そくめつけじょう》（即《すなわ》ち化城《けじょう》を滅《めっ》す）」の事《こと》〉

（御義口伝《おんぎくでん》に次《つぎ》のように仰《おお》せである）今《いま》、日蓮とその弟子《でし》たちが南無妙法蓮華経と唱《とな》え奉《たてまつ》っているのは、化城即宝処《けじょうそくほうしょ》である。我々《われわれ》が居住《きょじゅう》するところの山《やま》や谷《たに》、広《こう》野《や》など、全《すべ》てのところが常寂光《じょうじゃっこう》の宝処《ほうしょ》なのである。

今《いま》いるところが宿命転換《しゅくめいてんかん》の舞台《ぶたい》

45年前《ねんまえ》（1978年）の6月、広大《こうだい》な天地《てんち》で広布に走《はし》る、健気《けなげ》な北海道の闘士《とうし》たちと一緒《いっしょ》に、この御文《ごもん》を拝《はい》しました。

厳寒《げんかん》の冬《ふゆ》にも負《ま》けず、友《とも》の幸福《こうふく》を祈《いの》り、遠《とお》い道《みち》のりもいとわず対話《たいわ》を重《かさ》ね、励《はげ》まし合《あ》って慈折広布《じしゃく》へ邁進《まいしん》する尊《とうと》き誉《ほま》れの同志《どうし》たちです。

まさしく、妙法の希望《きぼう》の灯《ひ》をともし、濁世《じょくせ》を照《て》らす地涌出現《じゆしゅつげん》〈注11〉の縁《えにし》を強《つよ》く深《ふか》く実感《じっかん》しました。

私は、同志《どうし》の皆《みな》さんが今《いま》、広宣流布のために活躍《かつやく》するところが、そのまま「常寂光《じょうじゃっこう》の宝処《ほうしょ》」〈注12〉であり、仏国土《ぶっこくど》であることを訴《うった》えました。いずこにあっても、自分《じぶん》がいる場所《ばしょ》こそ、本源的《ほんげんてき》な使命《しめい》の大地《だいち》であると自覚《じかく》し、戦《たたか》っていけば、必《かなら》ず大功徳《だいくどく》の境涯《きょうがい》が無量無辺《むりょうむへん》に開《ひら》かれるのが、仏法の真髄《しんずい》だからです。

「いつか」「どこか」ではない。「今《いま》、この瞬間《しゅんかん》」「ここから」仏《ほとけ》の大生命《だいせいめい》を輝《かがや》かせていけるのが、大聖人《だいしょうにん》の仏法です。

御文《ごもん》に「我《われ》らが居住《こじゅう》の山谷曠野《せんごくこうや》、皆《みな》、皆常寂光《かいじょうじゃっこう》の宝処《ほうしょ》なり」とある通《とお》り、いかなる場所《ばしょ》であろうと、妙法を持《たも》ち、行《ぎょう》ずる私たちにとって、そこが宿命転換《しゅくめいてんかん》の本舞台《ほんぶたい》となり、地涌《じゆ》の使命《しめい》を果《は》たしゆく誓願《せいがん》の宝処《ほうしょ》となるのです。

「深心《じんしん》」と「本願《ほんがん》」――真《しん》の菩薩行《ぼさつぎょう》の目覚《めざ》め

化城喩品《けじょうゆほん》には「願《ねが》わくは此《こ》の功徳《くどく》を以《もっ》て　普《あまね》く一切《いっさい》に及《およ》ぼし　我等《われら》と衆生《しゅじょう》とは　皆共《みなとも》に仏道《ぶつどう》を成《じょう》ぜん」（法華経298ページ）とあります。大聖人《だいしょうにん》が南条時光《なんじょうときみつ》ら門下《もんか》へのお手紙《てがみ》でも引《ひ》かれた経文《きょうもん》です（新1895ページ・全1561ページ等）。

この誓《ちか》いは、一切衆生《いっさいしゅじょう》の成仏《じょうぶつ》、すなわち、あらゆる人々の幸福《こうふく》を開《ひら》く仏《ほとけ》の願《ねが》いと同一《どういつ》です。そのために、「皆共《みなとも》に」前進《ぜんしん》しようと呼《よ》びかけているのです。自分《じぶん》が目覚《めざ》めた法《ほう》を万人《ばんにん》と共《とも》に分《わ》かち合《あ》い、全《すべ》ての人を目覚《めざ》めさせようとする――これが、仏法の人間主義《しゅぎ》です。釈尊《しゃくそん》一人だけを偉大《いだい》な存在《そんざい》とするのではなく、全ての人々を、釈尊と等《ひと》しい偉大《いだい》な境涯《きょうがい》にまで高《たか》めていこうとするのが、仏教《ぶっきょう》の根本目的《こんぽんもくてき》です。

そして、この偉大《いだい》な法《ほう》を、万人《ばんにん》に対《たい》して、師弟共《していとも》に永遠《えいえん》に伝《つた》えていくことを教《おし》えているのが、法華経なのです。

化城喩品《けじょうゆほん》を受《う》けて、五百弟子受記品《ごひゃくでしじゅきほん》第8の冒頭《ぼうとう》で富楼那《ふるな》は、仏《ほとけ》だけが「我等《われら》が深心《じんしん》・本願《ほんがん》」（法華経325ページ）を知《し》っていたと歓喜踊躍《かんきゆやく》して語《かた》ります。また、そうした弟子《でし》の姿《すがた》を、釈尊《しゃくそん》は「内《うち》に菩薩《ぼさつ》の行《ぎょう》を秘《ひ》し　外《そと》に是《こ》れ声聞《しょうもん》なりと現《げん》ず」（法華経330ページ）とも述《の》べています。

声聞《しょうもん》たちは釈尊《しゃくそん》の説法《せっぽう》を聞《き》いて気《き》づいたのです。

〝私たちは、今世《こんぜ》で初《はじ》めて釈尊《しゃくそん》の弟子《でし》となったのではない。はるか昔《むかし》、釈尊のもとで菩《ぼ》薩行《さつぎょう》を説《と》く法華経を聞《き》いて誓《ちか》ったのだ。今《いま》ここに声聞《しょうもん》として生《う》まれてきているのは、あくまでも外見上《がいけんじょう》の姿《すがた》であり、自分《じぶん》たちの本来《ほんらい》の境地《きょうち》は、師匠《ししょう》と共《とも》に永遠《えいえん》に誓願《せいがん》に生《い》きる菩薩に他《ほか》ならない〟と。

真《しん》の声聞《しょうもん》の弟子《でし》たちは、釈尊《しゃくそん》との長遠《ちょうおん》なる師弟《してい》の因縁《いんねん》を知《し》り、「深心《じんしん》」と「本願《ほんがん》」に目《め》覚《ざ》めた。皆《みな》、菩薩《ぼさつ》として、民衆救済《みんしゅうきゅうさい》の誓願《せいがん》という本源的《ほんげんてき》な使命《しめい》にたどり着《つ》いたのです。

「常《つね》に師《し》と倶《とも》に生《う》まれる」

譬喩品《ひゆほん》第3の講義《こうぎ》で学《まな》んできたように、釈尊《しゃくそん》の弟子《でし》たちは三周《さんしゅう》の声聞《しょうもん》、つまり法説《ほっせつ》・譬《ひ》喩説《ゆせつ》・因縁説《いんねんせつ》に分《わ》けられています。

このうち、法説《ほっせつ》・譬喩説《ひゆせつ》に当《あ》たる舎利弗《しゃりほつ》や目連《もくれん》たちも、仏《ほとけ》の〝声《こえ》を聞《き》く〟だけでなく、自分《じぶん》たちが人々に仏の〝声を聞かせる〟菩薩行《ぼさつぎょう》への目覚《めざ》めがありました〈注13〉。いうなれば、三周の声聞《しょうもん》は皆《みな》、三世《さんぜ》にわたり、広布の使命《しめい》を果《は》たし抜《ぬ》く菩薩行を、「師《し》と共《とも》に」「皆《みな》と共に」してきたという、最極《さいごく》の真実《しんじつ》を覚知《かくち》したのです。

また、同《おな》じく化城喩品《けじょうゆほん》に「在在諸仏土《ざいざいしょぶつど》　常与師倶生《じょうよしくしょう》」〈注14〉との文《もん》があります。ここでも、三世《さんぜ》にわたり法華経を持《たも》つ師弟《してい》の宿縁《しゅくえん》が明《あ》かされていますが、菩薩《ぼさつ》の誓願《せいがん》の立場《たちば》からみれば、永遠《えいえん》に師匠《ししょう》と弟子《でし》が民衆救済《みんしゅうきゅうさい》のために戦《たたか》い続《つづ》ける「師弟共戦《していきょうせん》」が示《しめ》されていると拝《はい》することができるでしょう。

「日蓮《にちれん》に共《ぐう》する時《とき》は宝所《ほうしょ》に至《いた》る」

この深義《じんぎ》に照《て》らして、御義口伝《おんぎくでん》の「化城喩品七箇《けじょうゆほんななか》の大事《だいじ》」の最後《さいご》には、「日蓮等《にちれんら》の類《たぐ》い、南無妙法蓮華経と唱《とな》え奉《たてまつ》る者《もの》は、一同《いちどう》に『皆共至宝所《かいぐしほうしょ》』なり。『共《ぐ》』の一字《いちじ》は、日蓮《にちれん》に共《ぐう》する時《とき》は宝所《ほうしょ》に至《いた》るべし」（新1024ペ ジー・全734ペ ジー）との一節《いっせつ》があります。

これは、先《さき》の「化城宝処《けじょうほうしょ》の譬《たとえ》」で、一行《いっこう》が化城で疲《つか》れを癒《い》やした後《のち》に、宝処に向《む》かって、いよいよ大《おお》いなる目的《もくてき》を成就《じょうじゅ》する旅《たび》に出発《しゅっぱつ》する時《とき》に、「共《とも》に」行《い》こうと示《しめ》している箇《か》所《しょ》の御義口伝《おんぎくでん》です〈注15〉。

「皆《みな》」とは、十界三千《じっかいさんぜん》の当体《とうたい》である、あらゆる人々を指《さ》します。

大聖人《だいしょうにん》は、門下《もんか》たちに〝あなた方《がた》と私とは、常《つね》に一緒《いっしょ》に戦《たたか》っていくのだ〟と示《しめ》されていると拝《はい》されます。それが「日蓮《にちれん》に共《ぐう》する」です。

私たちでいえば、大聖人《だいしょうにん》の御遺命《ごゆいめい》である一閻浮提《いちえんぶだい》広宣流布という大願《だいがん》を同《おな》じくして進《すす》むことです。

それは、世界広布を現実《げんじつ》のものとしている「創価学会と共《とも》に」歩《あゆ》むことにほかなりません。

戸田先生は師子吼《ししく》されました。

「日蓮大聖人《だいしょうにん》の御遺命《ごゆいめい》は、世界の広宣流布にある。世界の民衆《みんしゅう》の幸福《こうふく》にある。これを、絶対《ぜったい》に忘《わす》れてはならない。創価学会の闘《たたか》いは、あくまでも、世界、そして人類《じんるい》の救済《きゅうさい》にあるのだ」

法華経の「民衆救済《みんしゅうきゅうさい》」の大願《だいがん》、大聖人《だいしょうにん》の熱願《ねつがん》を、三代《だい》の師弟《してい》と共《とも》に断《だん》じて実現《じつげん》する。この「地涌共戦《じゆきょうせん》の連帯《れんたい》」が創価学会なのです。

希望《きぼう》の未来へ師弟共戦《していきょうせん》の旅《たび》を

第3代会長に就任《しゅうにん》し、最初《さいしょ》の関西訪問《かんさいほうもん》を前《まえ》に、私は日記《にっき》に記《しる》しました。

「一人ひとりに、親《した》しく接《せっ》しよう。一人ひとりと語《かた》り、論《ろん》じ、そして、生涯《しょうがい》、苦楽《くらく》を共《とも》にしてもらおう。これが私の信条《しんじょう》だ。

私は進《すす》む。私は戦《たたか》う。私は苦《くる》しむ。
如来《にょらい》の使《つか》い、大衆《たいしゅう》の味方《みかた》の誉《ほま》れ高《たか》き、無冠《むかん》の勇者《ゆうしゃ》として」

さあ、全人類《ぜんじんるい》の宿命転換《しゅくめいてんかん》をかけた世界広宣流布という壮大《そうだい》な師弟共戦《していきょうせん》の旅《たび》を、いよいよ朗《ほが》らかに続《つづ》けていこう！

これからが、地涌後継《じゆこうけい》の本番《ほんばん》です。
確信《かくしん》の祈《いの》りで生命力豊《せいめいりょくゆた》かに！
勇気凜々《ゆうきりんりん》と希望《きぼう》の未来へ！
共《とも》に励《はげ》まし共々《ともども》に力《ちから》を合《あ》わせながら！
勝利《しょうり》の前進《ぜんしん》を！

《注　解》

〈注1〉池田大作先生が法悟空《ほうごくう》のペンネームでつづった小説《しょうせつ》『人間革命』全《ぜん》12巻《かん》は、「聖教新聞」紙上に、1965年1月1日付から掲載《けいさい》が開始《かいし》され、資料収集等《しりょうしゅうしゅうとう》のために休載期間《きゅうさいきかん》をはさみながら、93年2月11日付まで、全1509回連載《かいれんさい》された。第12巻は、同年《どうねん》4月2日に発刊《はっかん》された。

〈注2〉小説『新・人間革命』は、1993年11月18日付から2018年9月8日付まで25年にわたる連《れん》載《さい》となり、全《ぜん》30巻《かん》で完結《かんけつ》した。連載回数《れんさいかいすう》は6469回。日本の新聞小説史上最多《しんぶんしょうせつしじょうさいた》となる。

〈注3〉法華経迹門《しゃくもん》では、釈尊《しゃくそん》が声聞《しょうもん》たちの理解度《りかいど》に応《おう》じて、法説《ほっせつ》・譬喩説《ひゆせつ》（譬説《ひせつ》）・因縁説《いんねんせつ》の三つの説《せっ》法《ぽう》が説《と》かれ、開三顕一《かいさんけんいち》の法門《ほうもん》を教《おし》えた。法説《ほっせつ》（方便品《ほうべんぽん》第2〜譬喩品《ひゆほん》第3）では、舎利弗《しゃりほつ》が法理《ほうり》を理解し記別《きべつ》を受《う》けた。譬喩説《ひゆせつ》（譬喩品《ひゆほん》第3〜授記品《じゅきほん》第6）では、譬喩を聞《き》いて目連《もくれん》・迦葉《かしょう》・迦旃延《かせんねん》・須菩提《しゅぼだい》の四大声聞《しだいしょうもん》が理解し記別を受けた。因縁説《いんねんせつ》（化城喩品《けじょうゆほん》第7〜人記品《にんきほん》第9）では、過去世《かこせ》からの宿縁《しゅくえん》（因縁《いんねん》）を聞《き》いて富楼那《ふるな》、阿難《あなん》、羅睺羅《らごら》らが成仏の記別を受けた。

〈注4〉【三千塵点劫《さんぜんじんてんごう》】法華経化城喩品《けじょうゆほん》第7で、釈尊《しゃくそん》が衆生《しゅじょう》との結縁《けちえん》を明《あ》かすなかで述《の》べられている（法華経273㌻）。三千大千《さんぜんだいせん》世界（一人の仏《ほとけ》の教《おし》えが及《およ》ぶ範囲《はんい》とされる）の国土《こくど》を粉々《こなごな》にすりつぶして塵《ちり》（墨粒《すみつぶ》）とし、千の国土を過《す》ぎるごとにその一塵《いちじん》を落《お》としていって塵を下《お》ろし尽《つ》くし、今度《こんど》は一塵を下ろした国土も下ろさない国土も一緒《いっしょ》にしてまた粉々にすりつぶして、その一塵を一劫《いっこう》とし、その膨大《ぼうだい》な数《かぞ》えきれない劫以上《こういじょう》の無量無辺《むりょうむへん》の長《なが》い時間《じかん》をいう。この三千塵点劫という昔《むかし》に出現《しゅつげん》した仏《ほとけ》が大通智勝仏《だいつうちしょうぶつ》である。なお、法華経寿量品《じゅりょうほん》では、さらに比《くら》べようもない長遠《ちょうおん》の五百《ごひゃく》塵点劫が説《と》かれ、釈尊がその久遠以来《くおんいらい》の仏であることが示《しめ》されている。

〈注5〉【開三顕一《かいさんけんいち》】法華経迹門《しゃくもん》で、法華経以前《いぜん》の諸経《しょきょう》で説《と》かれた声聞《しょうもん》・縁覚《えんがく》・菩薩《ぼさつ》を目指《めざ》す三乗《さんじょう》の教《おし》えは方便《ほうべん》であり、仏《ほとけ》の真意《しんい》は万人《ばんにん》を成仏《じょうぶつ》に導《みちび》く一仏乗《いちぶつじょう》の法華経であると明《あ》かしたこと。

〈注6〉【由旬《ゆじゅん》】サンスクリットの「ヨージャナ」の音写《おんしゃ》。インドの距離《きょり》の単位《たんい》。一由旬《ゆじゅん》とは帝王《ていおう》が1日に行軍《こうぐん》する道《みち》のりとされ、およそ10キロメートルほどと考《かんが》えられている。

〈注7〉【三惑《さんわく》】天台大師《てんだいだいし》が一切《いっさい》の惑《わく》（迷《まよ》い・煩悩《ぼんのう》）を3種《しゅ》に立《た》て分《わ》けたもの。①見思惑《けんじわく》。思想《しそう》・信条《しんじょう》の迷《まよ》い（見惑《けんわく》）と、感覚《かんかく》・感情《かんじょう》の迷《まよ》い（思惑《しわく》）②塵沙惑《じんじゃわく》。菩薩《ぼさつ》が人々を教《おし》え導《みちび》くのに障害《しょうがい》となる無数《むすう》の迷い③無明惑《むみょうわく》。仏法の根本《こんぽん》の真理《しんり》に暗《くら》い根源的《こんげんてき》な無知《むち》。

〈注8〉煩悩即菩提《ぼんのうそくぼだい》のこと。煩悩に支配《しはい》されている衆生《しゅじょう》の生命《せいめい》に成仏《じょうぶつ》のための覚《さと》りの智慧《ちえ》（菩提）が発揮《はっき》できること。

〈注9〉【即身成仏《そくしんじょうぶつ》】85㌻参照。

〈注10〉【異体同心《いたいどうしん》】姿形《すがたかたち》、立場《たちば》が異《こと》なっていても、同《おな》じ心、目的観《もくてきかん》に立《た》ち行動《こうどう》すること。

〈注11〉地涌《じゆ》の菩薩《ぼさつ》については、45㌻参照。

〈注12〉【常寂光《じょうじゃっこう》の宝処《ほうしょ》】法華経に説《と》かれる久遠《くおん》の仏《ほとけ》が常住《じょうじゅう》する永遠《えいえん》に安穏《あんのん》な国土《こくど》のこと。

〈注13〉法華経信解品《しんげほん》第4には「我等《われら》は今者《いま》　真《しん》に是《こ》れ声聞《しょうもん》なり　仏道《ぶつどう》の声《こえ》を以《もっ》て　一切《いっさい》をして聞《き》かしめん」（法華経235㌻）とある。

〈注14〉【在在諸仏土《ざいざいしょぶつど》　常与師倶生《じょうよしくしょう》】法華経化城喩品《けじょうゆほん》第7には、「在在《いたるところ》の諸仏《しょぶつ》の土《ど》に　常《つね》に師《し》と倶《とも》に生《しょう》ず」（法華経317㌻）とある。師匠《ししょう》と弟子《でし》は、下種《げしゅ》の結縁《けちえん》によって、あらゆる仏国土《ぶっこくど》にあって、いつも一緒《いっしょ》に生《う》まれるということ。

〈注15〉法華経の経文《きょうもん》には「当共至宝所《とうぐしほうしょ》（当《まさ》に共《とも》に宝所《ほうしょ》に至《いた》るべし）」（法華経320㌻）と示《しめ》されているように「当《まさ》に共《とも》に」とあるが、御義口伝《おんぎくでん》では、あえて「皆共《みなとも》に」と示《しめ》され、日蓮大聖人《だいしょうにん》の立場《たちば》から「皆」が強調《きょうちょう》されている。

法《ほっ》師《し》品《ほん》第10

法師品《ほっしほん》の概要《がいよう》

法華経は、法師品《ほっしほん》第10を境《さかい》に、対告衆《たいごうしゅ》（説法《せっぽう》の対象者《たいしょうしゃ》）がこれまでの声聞《しょうもん》たちから菩薩《ぼさつ》たちへと変《か》わり、テーマも、釈尊《しゃくそん》在世《ざいせ》の弟子《でし》たちの成仏《じょうぶつ》から、釈尊が亡《な》くなった後《のち》の悪世《あくせ》に、誰《だれ》が法華経を弘通《ぐつう》するかという主題《しゅだい》に変《か》わります。

法師品《ほっしほん》では、諸経典《しょきょうてん》の中《なか》で法華経こそが一番優《いちばんすぐ》れていることが明《あ》かされています。それとともに、悪世《あくせ》に法華経を受持《じゅじ》した人が、どれほど尊貴《そんき》であるかが強調《きょうちょう》されています。

この品《ほん》では、願兼於業《がんけんおごう》、如来《にょらい》の使《つか》い、已今当《いこんとう》の三説《さんせつ》、猶多《ゆた》怨嫉況滅度後《おんしつきょうめつどご》、衣座室《えざしつ》の三軌《さんき》など、仏法を実践《じっせん》するにあたって重要《じゅうよう》な法理《ほうり》が多《おお》く述《の》べられています。

「広宣流布の大願《だいがん》」こそ創価学会の魂《たましい》

わが創価学会には、初代《しょだい》・牧口常三郎《つねさぶろう》先生、第２代・戸田城聖《じょうせい》先生から受《う》け継《つ》いだ「大《だい》願《がん》」があります。

それは「広宣流布」という未聞《みもん》の大業《たいぎょう》です。御本仏《ごほんぶつ》・日蓮大聖人《だいしょうにん》が打《う》ち立《た》てられた「太陽の仏法」を全世界に弘《ひろ》め、人類《じんるい》の幸福《こうふく》と平和《へいわ》のために行動《こうどう》していくことです。この誓願《せいがん》にこそ、創価三代の魂《たましい》はあります。私たちは、尊《とうと》き大使命《だいしめい》に生《い》き抜《ぬ》くことを誓《ちか》い願《ねが》って生《う》まれ、勇《いさ》んで地涌《じゆ》の陣列《じんれつ》に集《つど》ってきたのです。

5月3日は「わが学会の原点《げんてん》」

かつて私は、愛《あい》する大関西の天地《てんち》で、「五月三日」と大書《たいしょ》しました。１９８０年（昭和55年）５月３日のことです。その脇書《わきがき》として次《つぎ》のように認《したた》めました。

「昭和二十六年五月三日

昭和三十五年五月三日
昭和五十四年五月三日
昭和五十八年五月三日
西暦《せいれき》二〇〇一年五月三日
　此《こ》の日は　わが学会乃《の》原点《げんてん》也《なり》」

第1の5月3日（1951年）。生涯《しょうがい》、いな永久《えいきゅう》に忘《わす》れません。戸田先生が第2代会長に就任《しゅうにん》され、学会が地涌《じゆ》の菩薩《ぼさつ》の和合僧《わごうそう》として発迹顕本《ほっしゃくけんぽん》し、大法弘通《だいほうぐつう》慈折《じしゃく》広宣流布の大闘争《だいとうそう》に打《う》って出《で》た日です。

第2の5月3日（1960年）。恩師《おんし》の不二《ふに》の分身《ぶんしん》として、32歳《さい》の私が第3代会長に就任《しゅうにん》し、化儀《けぎ》の広宣流布〈注1〉の一歩前進《いっぽぜんしん》への指揮《しき》を執《と》り始《はじ》めた日です。

第3の5月3日（1979年）。学会創立《そうりつ》の年を起点《きてん》に7年ごとに刻《きざ》んだ最初《さいしょ》の「七つの鐘《かね》」〈注2〉が一区切《ひとくぎ》りを迎《むか》えた時《とき》です。第1次宗門事件《じしゅうもんじけん》の渦中《かちゅう》であり、私自身《じしん》、ＳＧＩ会長として、いよいよ本格的《ほんかくてき》な世界広布の指揮《しき》を開始《かいし》しました。

第5の5月3日（2001年）は、我《われ》らが目指《めざ》す希望《きぼう》の山《やま》であった、新世紀《しんせいき》の開幕《かいまく》でした。ここから、第2の「七つの鐘《かね》」を鳴《な》らし始《はじ》めたのです。また、地球民族《ちきゅうみんぞく》の平和創出《へいわそうしゅつ》を担《にな》う英才《えいさい》を育《はぐく》むアメリカ創価大学が開学《かいがく》したのも、この日です。

この並《なら》びに、第4として書《か》いたのが「昭和五十八年五月三日」です。1983年――ちょうど40年前《ねんまえ》に当《あ》たります。

それは、戸田先生の会長就任《しゅうにん》を起点《きてん》に、新生《しんせい》の旅立《たびだ》ちをして〝32周年《しゅうねん》〟になる日です。日蓮大聖人《だいしょうにん》が立宗宣言《りっしゅうせんげん》されたのは御年《おんとし》32歳《さい》の時《とき》であり、この立宗《りっしゅう》の日《ひ》を忍難弘通《にんなんぐつう》の御生涯《ごしょうがい》の出発点《しゅっぱつてん》とされました。学会は同《おな》じ年齢《ねんれい》を迎《むか》え、再《ふたた》び潔《いさぎよ》い清新《せいしん》の信心に立《た》って、民衆《みんしゅう》仏法の新《あら》たな歴史《れきし》を開《ひら》かんと勇猛邁進《ゆうもうまいしん》を誓《ちか》ったのです。

広布に戦《たたか》う新《あら》たな出陣《しゅつじん》の日

御本仏《ごほんぶつ》・日蓮大聖人《だいしょうにん》の不惜身命《ふしゃくしんみょう》〈注3〉の大闘争《だいとうそう》に直結《ちょっけつ》して戦《たたか》う創価の師弟《してい》の原点《げんてん》が「5月3日」です。

いかなる悪戦苦闘《あくせんくとう》も乗《の》り越《こ》え、勝《か》ち越《こ》えながら、我《われ》らの師弟旅《していたび》は続《つづ》きます。

5月3日は、永遠《えいえん》に、新《あら》たな出陣《しゅつじん》の日です。一年、また一年を戦《たたか》い切《き》り、次《つぎ》の民衆凱歌《みんしゅうがいか》の行進《こうしん》に出発《しゅっぱつ》する日です。広宣流布の大願《だいがん》に生《い》き抜《ぬ》く原点《げんてん》に立《た》つ限《かぎ》り、学会は戦《たたか》い勝《か》ちゆくための智慧《ちえ》と勇気《ゆうき》と生命力《せいめいりょく》を無限《むげん》に涌現《ゆげん》できるのです。

1980年（昭和 55年）5月3日、池田先生は関西牧口記念館（当時）で、墨痕《ぼっこん》鮮やかに「五月三日」と大書された。脇書《わきがき》には、節目の五月三日が列記され、池田先生夫妻の結婚記念日である「昭和二十七年五月三日」も添えられている。そして「昭和五十五年五月三日記《しる》す」「心爽《こころさわ》やかなり合掌《がっしょう》」と書きとどめられた

「『大願《だいがん》』とは、法華弘通《ほっけぐつう》なり」（新1027㌻・全736㌻）です。

この「大願《だいがん》」を果《は》たし抜《ぬ》くために、あえて悪世《あくせ》――苦《くる》しみ多《おお》き現実社会《げんじつしゃかい》の最前線《さいぜんせん》に打《う》って出《で》るのが真《しん》の菩薩《ぼさつ》であり、法師品《ほっしほん》第10で学《まな》ぶ「法師」です。

この法師品《ほっしほん》から、法華経の会座《えざ》の様相《ようそう》は、がらりと変《か》わります。その前《まえ》の人記品《にんきほん》第9まで二乗作仏《にじょうさぶつ》〈注4〉が明《あ》かされたことで、三乗《さんじょう》（声聞《しょうもん》・縁覚《えんがく》・菩薩《ぼさつ》のための教法《きょうほう》）を説《と》く諸《しょ》経《きょう》は、一仏乗《いちぶつじょう》を示《しめ》す法華経に統合《とうごう》され、いよいよ法華経の主題《しゅだい》は「滅後《めつご》」――釈尊《しゃくそん》の入滅後の悪世《あくせ》、すなわち末法《まっぽう》の妙法流布に移《うつ》ります。最初《さいしょ》に、釈尊《しゃくそん》は、法華経の弘通《ぐつう》を担《にな》う「法師」が、いかに大切《たいせつ》な存在《そんざい》か、「法師」の具体的《ぐたいてき》な実践《じっせん》・行動規範《こうどうきはん》は、いかなるものかを明《あき》らかにしていくのです。

「御義口伝《おんぎくでん》」法師品《ほっしほん》の一節（新1026ジペー・全736ジペー）

御義口伝《おんぎくでん》に云《い》わく（中略）今《いま》、日蓮《にちれん》等《ら》の類《たぐ》い、南無妙法蓮華経と唱《とな》え奉《たてまつ》る者《もの》は、法師《ほっし》の中《なか》の大法師《だいほっし》なり。

現代語訳

〈法師品十六箇《ほっしほんじゅうろっか》の大事《だいじ》　第一「法師《ほっし》」の事《こと》〉

御義口伝《おんぎくでん》に仰《おお》せである。（中略）今《いま》、日蓮とその弟子《でし》たちが、南無妙法蓮華経と唱《とな》え奉《たてまつ》ることは、「法師《ほっし》の中《なか》の大法師《だいほっし》」なのである。

「法師《ほっし》」に求道《きゅうどう》と救済《きゅうさい》の両側面《りょうそくめん》

御義口伝《おんぎくでん》では、まず「法師《ほっし》」について、妙法の題目を唱《とな》え抜《ぬ》いている大聖人《だいしょうにん》とその一門《いちもん》こそが「法師の中《なか》の大法師」であると仰《おお》せです。

「法師《ほっし》」とは、梵語《ぼんご》（サンスクリット）で「ダルマバーナカ」といいます。「ダルマ」は〝法《ほう》〟を、「バーナカ」は〝暗誦《あんしょう》や説教《せっきょう》をする者《もの》〟を意味《いみ》します。法華経では、「法師」に出家《しゅっけ》・在家《ざいけ》、男女《だんじょ》の差別《さべつ》など全《まった》くありません。まさに真《しん》の菩薩《ぼさつ》の姿《すがた》を象徴《しょうちょう》しています。

法師品《ほっしほん》では、〝法《ほう》を師《し》として法に則《のっと》って生《い》きる〟ことと、〝自《みずか》らが会得《えとく》した法を人々に説《と》いていく師となる〟ことの二つの意義《いぎ》が説《と》かれています。前者《ぜんしゃ》は自《みずか》らの覚《さと》りを目指《めざ》す「求《きゅう》道《どう》」（自利《じり》）の面《めん》であり、後者《こうしゃ》は他者《たしゃ》の「救済《きゅうさい》」（利他《りた》）の面《めん》ともいえる。自利だけを追《お》えば二乗《にじょう》と同《おな》じ無慈悲《むじひ》となる。利他だけでは、偽善《ぎぜん》や傲慢《ごうまん》を帯《お》びかねない。二つ相《あい》まってこそ、健全《けんぜん》なる人間性の開花《かいか》があります。

この「法師《ほっし》」が、人々の中《なか》に飛《と》び込《こ》んで、仏法の偉大《いだい》さを語《かた》りに語っていくのです。「師《し》」という文字《もじ》が象徴《しょうちょう》するように、その姿《すがた》は「精神《せいしん》の指導者《しどうしゃ》」としての風格《ふうかく》をもっているといえます。

大聖人《だいしょうにん》は、「今《いま》、日蓮《にちれん》等の類《たぐ》い、南無妙法蓮華経と唱《とな》え奉《たてまつ》る者《もの》は、法師《ほっし》の中《なか》の大法師《だいほっし》なり」と断言《だんげん》されています。

今日《こんにち》、この御文《ごもん》の通《とお》りに、法華経の真髄《しんずい》である題目を唱《とな》えに唱《とな》え、智慧《ちえ》と慈悲《じひ》と勇気《ゆうき》を湧《わ》き出《い》だしながら社会《しゃかい》に貢献《こうけん》する創価学会員こそ、直系《ちょっけい》の「大法師《だいほっし》」でありましょう。

「誓願《せいがん》の力《ちから》」であえて悪世《あくせ》に

法師品《ほっしほん》で特筆《とくひつ》すべきことは、すでに清浄《しょうじょう》の大果報《だいかほう》を得《え》た菩薩《ぼさつ》が、あえて、その果報《かほう》を捨《す》てて悪世《あくせ》に生《う》まれて法華経を弘通《ぐつう》すると説《と》かれていることです。それは、どこまでも、衆生《しゅじょう》を救済《きゅうさい》しようとするために、自《みずか》ら選《えら》び取《と》った崇高《すうこう》な行為《こうい》です。妙楽大師《みょうらくだいし》が「願兼於業《がんけんおごう》」〈注5〉と述《の》べたように、誓願《せいがん》の力《ちから》によって苦悩渦巻《くのううずま》く娑婆《しゃば》世界〈注6〉に登場《とうじょう》して、力強《ちからづよ》く広宣流布に励《はげ》むのです。

こうした究極《きゅうきょく》の菩薩《ぼさつ》の実践《じっせん》は、やがて従地涌出品《じゅうじゆじゅっぽん》第15で出現《しゅつげん》して、悪世《あくせ》で「如来《にょらい》の使《つか》い」として広宣流布に生《い》き抜《ぬ》く「地涌《じゆ》の菩薩」の特質《とくしつ》を実質的《じっしつてき》に描《えが》いているといえないでしょうか。

御義口伝《おんぎくでん》には続《つづ》いて、悪世《あくせ》に生《う》まれる人とは「日蓮等《にちれんら》の類《たぐ》いなり」(新1027ジペー・全736ジペー)と示《しめ》され、大聖人《だいしょうにん》と弟子《でし》たちこそが願兼於業《がんけんおごう》の誓願《せいがん》の菩薩《ぼさつ》であることを宣言《せんげん》されています。

〝私たちは、願《ねが》ってこの悪世《あくせ》の国土《こくど》に共《とも》に生《う》まれてきた誓願《せいがん》の師弟《してい》なり!〟との誇《ほこ》りと喜《よろこ》びが胸《むね》に脈打《みゃくう》ちます。

現実《げんじつ》に今《いま》、創価の師弟《してい》が閻浮提《えんぶだい》広布に邁進《まいしん》する中《なか》で、この「宿命《しゅくめい》を使命《しめい》に変《か》える」願兼《がんけん》於業《おごう》の体験《たいけん》を、五大州《ごだいしゅう》の数多《かずおお》くの同志《どうし》たちが喜々《きき》として語《かた》っています。

一人の人間革命が、いかに偉大《いだい》であり、限《かぎ》りない希望《きぼう》の光源《こうげん》となっていくかの証明《しょうめい》がなされているのです。

「生《しょう》ぜんと欲する所《ところ》に自在《じざい》」（法華経360㌻）です。皆《みな》、自《みずか》ら願《ねが》ってこの国、この地《ち》に、この時《とき》、この境遇《きょうぐう》で末法《まっぽう》に地涌《じゆ》の使命《しめい》を果《は》たさんと生《う》まれてきたのです。この元初《がんじょ》の大願《だいがん》に目覚《めざ》めれば、人生《じんせい》の意味《いみ》が一変《いっぺん》します。苦悩《くのう》が使命《しめい》へと転《てん》じていくのです。一人も残《のこ》らず、誓願《せいがん》の菩薩《ぼさつ》だからです。

まさしく法師品《ほっしほん》に描《えが》かれている「如来《にょらい》の使《つか》い」であり、「如来に遣《つか》わされ」「如来の事《じ》を行《ぎょう》ず」る歓喜《かんき》に満《み》ちた行動《こうどう》が広《ひろ》がっています〈注7〉。言《い》うならば〝如来の名代《みょうだい》〟が世界同《どう》時《じ》に躍《おど》り出《で》ているのです。

広宣流布は一対《たい》一の対話《たいわ》から

ところで「法師《ほっし》」というと、大勢《おおぜい》の人に物語《ものがた》るイメージがあるかもしれません。しかし法華経には、説《と》く相手《あいて》が多人数《たにんずう》でなければならないとはありません。「たった一人のために」語《かた》る人は、すでに「如来《にょらい》の使《つか》い」であると説《と》かれています。

広宣流布といい、民衆救済《みんしゅうきゅうさい》といっても、目《め》の前《まえ》の「一人」の心に触《ふ》れることから始《はじ》まります。一人一人の生命《せいめい》には仏性《ぶっしょう》が具《そな》わるゆえに、本来《ほんらい》、誰《だれ》もが尊極《そんごく》の存在《そんざい》です。軽《かろ》んじていい人などいません。だからこそ「一対《たい》一の対話《たいわ》」「少人数《しょうにんずう》の語《かた》らい」が大切《たいせつ》なのです。

戸田先生は、75万世帯《まんせたい》の弘教《ぐきょう》を誓《ちか》われた、あの第2代会長就任《しゅうにん》の5月3日、〝広宣流布は、一対《たい》一の膝《ひざ》づめの対話《たいわ》で成《な》し遂《と》げられる！〟と師子吼《ししく》されました。

私たちは「一人を大切《たいせつ》にする」ことを常《つね》に自《みずか》らに課《か》し、共《とも》に立《た》ち上《あ》がっていく「一人」を育《そだ》て抜《ぬ》いてきたのです。

御義口伝《おんぎくでん》には、「今《いま》、日蓮等《にちれんら》の類《たぐ》い、南無妙法蓮華経と唱《とな》え奉《たてまつ》るは、真実《しんじつ》の御使《おんつか》いなり」（新1027ページ・全736ページ）とも仰《おお》せです。ひたぶるに題目を唱《とな》え、あの友《とも》へ、この友へと仏縁《ぶつえん》を広《ひろ》げ、対話《たいわ》を重《かさ》ねていくわが同志《どうし》こそ、如来《にょらい》の「真実《しんじつ》の御使《おんつか》い」なのです。

「御義口伝《おんぎくでん》」法師品《ほっしほん》の一節　（新1028ページ・全737ページ）

今《いま》、日蓮等《にちれんら》の類《たぐ》い、南無妙法蓮華経と唱《とな》え奉《たてまつ》る者《もの》は、この三軌《さんき》を一《いち》念《ねん》に成就《じょうじゅ》するなり。「衣《え》」とは、「柔和忍辱衣《にゅうわにんにくえ》（柔和忍辱《にゅうわにんにく》の衣《ころも》）」「当著《とうじゃく》忍辱鎧《にんにくがい》（当《まさ》に忍辱《にんにく》の鎧《よろい》を著《き》るべし）」、これなり。「座《ざ》」とは、不惜身命《ふしゃくしんみょう》の修行《しゅぎょう》なれば、空《くう》の座《ざ》に居《こ》するなり。「室《しつ》」とは、慈悲《じひ》に住《じゅう》して弘《ひろ》むる故《ゆえ》なり。母《はは》の子《こ》を思《おも》うがごとくなり。あに一念《いちねん》に三軌《さんき》を具足《ぐそく》するにあらずや。

現代語訳

〈第七　「衣《え》」「座《ざ》」「室《しつ》」の事《こと》〉

（御義口伝《おんぎくでん》に仰《おお》せである）今《いま》、日蓮とその弟子《でし》たちが南無妙法蓮華経の題目を唱《とな》え奉《たてまつ》ることは、この三軌《さんき》を一念《いちねん》に成就《じょうじゅ》するのである。

「衣《え》」とは、経文《きょうもん》に「柔和忍辱《にゅうわにんにく》の衣《ころも》」、「まさに忍辱《にんにく》の鎧《よろい》を着《き》るべし」とある、このことである。

「座《ざ》」とは、法華弘通《ぐつう》は「不惜身命《ふしゃくしんみょう》（身命《しんみょう》を惜《お》しまず）」の修行《しゅぎょう》であるから、仮《かり》の身《み》への執着《しゅうちゃく》を断《た》ち切《き》った「空《くう》」の座《ざ》に居《きょ》することである。

「室《しつ》」とは、慈悲《じひ》の境地《きょうち》に住《じゅう》して法華経を弘《ひろ》めるゆえに室《しつ》というのである。これは母《はは》が子《こ》を思《おも》う慈愛《じあい》のようなものである。ゆえに一念《いちねん》に三軌《さんき》を具足《ぐそく》するというのである。

弘通《ぐつう》の規範《きはん》「衣座室《えざしつ》の三軌《さんき》」

次《つぎ》に拝《はい》するのは、「衣座室《えざしつ》の三軌《さんき》」〈注8〉についての御義口伝《おんぎくでん》です。

「軌《き》」とは方軌《ほうき》ともいい、「みち」「規範《きはん》」という意味《いみ》です。仏《ほとけ》の滅後《めつご》に法華経を行《ぎょう》ずる善男子《ぜんなんし》・善女人《ぜんにょにん》――「法師《ほっし》」が人々のために法華経を説《と》く時《とき》、どう説くべきか。その実践《じっせん》規範として明《あ》かされたのが「衣座室《えざしつ》の三軌《さんき》」です。実《じつ》に、人間性の薫《かお》り高《たか》い表現《ひょうげん》ではありませんか。

拝《はい》する御文《ごもん》の直前《ちょくぜん》で、「衣座室《えざしつ》の三軌《さんき》」を仏《ほとけ》の三身《さんじん》（法身《ほっしん》・報身《ほうしん》・応身《おうじん》）などに配《はい》されています。これは要《よう》するに、「衣座室の三軌」の実践《じっせん》には、仏の三身などの徳性《とくせい》、たとえば「真理《しんり》」「智慧《ちえ》」「慈悲《じひ》」などの徳《とく》が具《そな》わるのであり、「今《いま》、日蓮等《にちれんら》の類《たぐ》い、南無妙法蓮華経と唱《とな》え奉《たてまつ》る者《もの》は」、わが一念《いちねん》に、この三軌を成就《じょうじゅ》することができると仰《おお》せなのです。

なお、「衣座室《えざしつ》の三軌《さんき》」は、「如来現在猶多怨嫉《にょらいげんざいゆたおんしつ》。況滅度後《きょうめつどご》」〈注9〉と説《と》かれた後《あと》に示《しめ》されています。当然《とうぜん》、滅後《めつご》の悪世《あくせ》において正法《しょうほう》を弘《ひろ》めれば、必《かなら》ず迫害《はくがい》を受《う》ける。その経文《きょうもん》の通《とお》りに大聖人《だいしょうにん》は大難《だいなん》を受《う》けられ、あの竜《たつ》の口《くち》の「頸《くび》の座《ざ》」にまで臨《のぞ》まれました。一切《いっさい》を耐《た》え忍《しの》ばれて末法万年《まっぽうまんねん》の民衆救済《みんしゅうきゅうさい》の大法《だいほう》を説き弘《ひろ》めてくださったのです。ゆえに、いかなる難があっても、断《だん》じて負《ま》けない。断固《だんこ》として屈《くっ》しない――この強靭《きょうじん》な魂《たましい》を持《も》ってこそ、誉《ほま》れの大聖人門下《だいしょうにんもんか》といえます。

仏法は勝負《しょうぶ》です。生半可《なまはんか》な心構《こころがま》えで、迫害《はくがい》の嵐《あらし》を耐《た》えて勝《か》ち切《き》ることはできません。だからこそ、身《み》を包《つつ》む「衣《ころも》」も「柔和忍辱《にゅうわにんにく》の衣」であり、「忍辱の鎧《よろい》」でなければならないのです。

また、「座《ざ》」とは、現実《げんじつ》の社会《しゃかい》の荒波《あらなみ》の中《なか》で「不惜身命《ふしゃくしんみょう》の修行《しゅぎょう》」と覚悟《かくご》し、おごれる権《けん》力《りょく》の魔性《ましょう》にも恐《おそ》れなく進《すす》むことです。「室《しつ》」とは「母《はは》の子《こ》を思《おも》う」がごとき慈悲《じひ》であり、障魔《しょうま》から皆《みな》を守《まも》り抜《ぬ》く強《つよ》さともいえます。

今年《ことし》（２０２３年）の５月３日は、「創価学会母《はは》の日」制定《せいてい》から35周年《しゅうねん》となります。創価の母たち女性たちの生命尊厳《せいめいそんげん》の蘭室《らんしつ》の大連帯《だいれんたい》を、大聖人《だいしょうにん》は、いかばかりお喜《よろこ》びでしょうか。

創価の友《とも》は「慈悲《じひ》の蘭室《らんしつ》」を現出《げんしゅつ》

この「衣座室《えざしつ》の三軌《さんき》」を拝《はい》する時《とき》、「立正安国論《りっしょうあんこくろん》」〈注10〉の「主人《しゅじん》」と「客《きゃく》」の対話《たいわ》を思《おも》い起《お》こさずにはいられません。

――災難《さいなん》の惨状《さんじょう》。世《よ》を覆《おお》う民《たみ》の嘆《なげ》き。深《ふか》い憂《うれ》いを抱《かか》えた客《きゃく》と主人《しゅじん》は、共《とも》に語《かた》る相手《あいて》を得《え》て、自然《しぜん》に対座《たいざ》する。対話《たいわ》が進《すす》むうち、念仏《ねんぶつ》を呵責《かしゃく》する主人の発言《はつげん》に、感情的《かんじょうてき》になった客は、やがて激高《げきこう》して、座《ざ》を蹴《け》って帰《かえ》ろうとする。主人は泰然《たいぜん》と笑《え》みをたたえて引《ひ》き留《と》め、諄々《じゅんじゅん》と道理《どうり》と真実《しんじつ》を説《と》く。怒《いか》りを収《おさ》めた客は、次第《しだい》に主人の話《はなし》に耳《みみ》を傾《かたむ》けていく――

ここには、感情的《かんじょうてき》になった相手《あいて》を包《つつ》み込《こ》む「柔和忍辱《にゅうわにんにく》の衣《ころも》」があり、偏見《へんけん》を離《はな》れ、胸襟《きょうきん》を開《ひら》いた「対話《たいわ》の座《ざ》」があります。そして、苦《くる》しむ人に同苦《どうく》する「慈悲《じひ》の蘭室《らんしつ》」があります。

このように「衣座室《えざしつ》の三軌《さんき》」に則《のっと》った開《ひら》かれた対話《たいわ》が、日本中、世界中に広《ひろ》がりゆくこと――それ自体《じたい》が「立正安国《りっしょうあんこく》」の着実《ちゃくじつ》な土台《どだい》を築《きず》くことになっていく。「立正安国」とは決《けっ》して遠《とお》い未来にあるのではありません。わが創価の友《とも》の「大法師《だいほっし》」さながらの、快活《かいかつ》にして地道《じみち》な対話があるところに現出《げんしゅつ》しているのです。

日々《ひび》の生活《せいかつ》の中《なか》で仏法を語《かた》る

今年《ことし》（２０２３年）は、牧口先生、戸田先生が戦時中《せんじちゅう》の軍部政府《ぐんぶせいふ》による弾圧《だんあつ》で投獄《とうごく》されて80年になります。過酷《かこく》な牢獄《ろうごく》にあっても、お二人が立正安国《りっしょうあんこく》の対話《たいわ》の旗《はた》を降《お》ろすことはありませんでした。牧口先生は取《と》り調《しら》べの場《ば》でも、担当官《たんとうかん》に「さあ、問答《もんどう》を」と悠然《ゆうぜん》と語《かた》られ、戸田先生も獄中《ごくちゅう》で看守《かんしゅ》を折伏《しゃくぶく》されたのです。

まさしく、いかなる境遇《きょうぐう》にあろうとも、妙法を唱《とな》え、弘《ひろ》めようとする不屈《ふくつ》の「一念《いちねん》」に、「衣座室《えざしつ》の三軌《さんき》」は厳然《げんぜん》と具《そな》わっている。この偉大《いだい》な先師《せんし》・恩師《おんし》に連《つら》なって、私たちも、少《すこ》しも弛《たゆ》む心なく妙法流布に進《すす》んでいきたい。

真剣《しんけん》に、誠実《せいじつ》に、法《ほう》を語《かた》るその人は、「如来《にょらい》と共《とも》に宿《しゅく》す」です〈注11〉。法師《ほっし》は、常《つね》に仏《ほとけ》と共にいるのです。

御義口伝《おんぎくでん》には、「朝々仏《ちょうちょうほとけ》とともに起《お》き、夕々仏《せきせきほとけ》とともに臥《ふ》す。時々《じじ》に成道《じょうどう》し、時々《じじ》に顕《けん》本《ぽん》す」（新1027ページ・全737ページ）との文《もん》が引用《いんよう》されています〈注12〉。「法師《ほっし》」は、日々の生活《せいかつ》の中《なか》で、行住坐臥《ぎょうじゅうざが》に、仏法に生《い》き、仏法を語《かた》り、仏法を宣揚《せんよう》していくのです。そこにこそ、永遠《えいえん》の幸福《こうふく》への道《みち》があるからです。

人材《じんざい》は魂《たましい》と魂の触発《しょくはつ》から育《そだ》つ

40年前《ねんまえ》（1983年）、晴《は》れ晴《ば》れと「5月3日」を飾《かざ》った翌日《よくじつ》、私は青年たちと共《とも》に東京・奥多摩《おくたま》の氷川《ひかわ》へ向《む》かいました。かつて戸田先生をご案内《あんない》し、男子部の「水滸会《すいこかい》」の野《や》外研修《がいけんしゅう》を行《おこな》った思《おも》い出《で》の天地《てんち》でした。私は青年たちに語《かた》りました。

「妙法の歴史《れきし》は、その時《とき》は小《ちい》さなように思《おも》えるかもしれない。しかし、時を経《へ》れば経るほど深化《しんか》され、拡大《かくだい》され、永遠性《えいえんせい》をはらんでいくものだ。この日の集《つど》いも、また皆《みな》さん方《がた》も、永遠《えいえん》なる広布の歴史《れきし》のなかに輝《かがや》いていくにちがいない」

私は確信《かくしん》していました。ガンジスの大河《たいが》も一滴《いってき》から始《はじ》まる。創価の原点《げんてん》に込《こ》められた「大願《だいがん》」が真実《しんじつ》なるがゆえに、人間の魂《たましい》と魂の触発《しょくはつ》によって必《かなら》ず青年が、また必《かなら》ず同志《どうし》が、試練《しれん》の時《とき》こそ立《た》ち上《あ》がり、人材《じんざい》の大河《たいが》となって、遂《つい》には時代《じだい》を変《か》え、世界を変《か》えていくと——。

広宣流布の大願《だいがん》に燃《も》え、立正安国《りっしょうあんこく》の対話《たいわ》をもって人々の中《なか》へ飛《と》び込《こ》み、新《あら》たな道《みち》を切《き》り開《ひら》く菩薩《ぼさつ》こそ、法華経が描《えが》いた「法師《ほっし》」といってよい。その一人がいれば地域に精神的な支柱が立つ。その一人が発《はっ》する生命《せいめい》の光線《こうせん》が、社会《しゃかい》を明《あか》るく照《て》らし、民衆《みんしゅう》を鼓舞《こぶ》していける。

我《われ》ら創価の「法師《ほっし》」には、誰《だれ》もが自《みずか》らの尊厳《そんげん》を輝《かがや》かせ、桜梅桃李《おうばいとうり》の生命《せいめい》の花《はな》を咲《さ》かせゆく新時代《しんじだい》の建設《けんせつ》へ、法華経の万人尊敬《ばんにんそんけい》と共生《きょうせい》のメッセージを、地球民族《ちきゅうみんぞく》に伝《つた》え広《ひろ》げゆく偉《い》大《だい》な使命《しめい》があるのです。

今《いま》こそ歓喜踊躍《かんきゆやく》して立《た》ち上《あ》がれ！

年々歳々《ねんねんさいさい》、創価の「5月3日」の節《ふし》を刻《きざ》むたび、私は決意《けつい》新《あら》たに祈《いの》ります。

——わが地涌《じゆ》の同志《どうし》よ、我《われ》らの希望《きぼう》の若人《わこうど》よ、歓喜踊躍《かんきゆやく》して立《た》ち上《あ》がれ！

生命《せいめい》の世紀《せいき》を開《ひら》く、無窮《むきゅう》の人材《じんざい》の大河《たいが》となれ！

さらに、さらに、幸福《こうふく》と平和《へいわ》創出《そうしゅつ》の世界市民《しみん》の水《みず》かさを増《ま》しながら！

《注　解》

〈注1〉【化儀《けぎ》の広宣流布】日蓮大聖人《だいしょうにん》が確立《かくりつ》された三大秘法《さんだいひほう》の南無妙法蓮華経を現実《げんじつ》に弘《ひろ》めていくこと。妙法を根幹《こんかん》に、人々の幸福《こうふく》と平和《へいわ》と安穏《あんのん》の社会《しゃかい》の確立《かくりつ》を目指《めざ》し、一人一人が地涌《じゆ》の菩薩《ぼさつ》としての使命《しめい》を果《は》たしゆくこと。

〈注2〉【「七つの鐘《かね》」】1958年（昭和33年）5月3日、戸田先生の逝去翌月《せいきょよくげつ》の春季総会《しゅんきそうかい》で、池田先生が発表《はっぴょう》した広宣流布の歩《あゆ》みと構想《こうそう》のこと。創価学会は創立《そうりつ》（1930年）以来《いらい》、7年ごとに発展《はってん》の“節《ふし》”を刻《きざ》んできたことから、7年を「一つの鐘《かね》」の期間《きかん》とし、七つ目《め》の鐘が鳴《な》り終《お》わる79年（昭和54年）までの前進《ぜんしん》の展望《てんぼう》を示《しめ》した。2001年からは第2の「七つの鐘」がスタート。21世紀《せいき》の後半《こうはん》には、第3の「七つの鐘」が始《はじ》まる。

〈注3〉【不惜身命《ふしゃくしんみょう》】「身命《しんみょう》を惜《お》しまず」と読《よ》み下《くだ》す。法華経勧持品《かんじほん》第13の文《もん》（法華経412ページ）。仏法求《きゅう》道《どう》のため、また法華経弘通《ぐつう》のために身命《しんみょう》を惜《お》しまないこと。私たちの実践《じっせん》では、自身《じしん》の生活《せいかつ》と人生《じんせい》において、究極《きゅうきょく》の生命尊厳《せいめいそんげん》の法《ほう》たる妙法に生《い》き抜《ぬ》くことをいう。

〈注4〉【二乗作仏《にじょうさぶつ》】二乗（声聞《しょうもん》・縁覚《えんがく》）が仏《ほとけ》に作《な》ること。爾前諸経《にぜんしょきょう》では自己《じこ》の解脱《げだつ》に執着《しゅうちゃく》して利他《りた》に欠《か》ける二乗は、永久《えいきゅう》に成仏《じょうぶつ》できないと仏から弾呵《だんか》され続《つづ》けたが、法華経迹門《しゃくもん》に入《はい》って一念三千《いちねんさんぜん》の法門《ほうもん》が説《と》かれ、初《はじ》めて成仏の記別《きべつ》が与《あた》えられた。

〈注5〉【願兼於業《がんけんおごう》】105ページ参照。

〈注6〉【娑婆《しゃば》世界】娑婆《しゃば》はサンスクリットのサハーの音写《おんしゃ》で「堪忍《かんにん》」などと訳《やく》される。迷《まよ》いと苦難《くなん》に満《み》ちていて、それを堪《た》え忍《しの》ばなければならない世界、すなわち、我々《われわれ》が住《す》むこの現実《げんじつ》世界のこと。

〈注7〉法師品《ほっしほん》第10には「我滅度《われめつど》して後《のち》、能《よ》く竊《ひそ》かに一人《いちにん》の為《ため》にも、法華経、乃至一句《ないしいっく》を説《と》かば、当《まさ》に知《し》るべし、是《こ》の人《ひと》は則《すなわ》ち如来《にょらい》の使《つか》いにして、如来《にょらい》に遣《つか》わされて、如来《にょらい》の事《じ》を行《ぎょう》ず」（法華経357ページ）とある。

〈注8〉【衣座室《えざしつ》の三軌《さんき》】法華経法師品《ほっしほん》第10に説《と》かれる滅後悪世《めつごあくせ》における弘教《ぐきょう》の方軌《ほうき》。悪世《あくせ》の人々が法《ほう》を求《もと》めるなら、「如来《にょらい》の室《しつ》に入《い》り、如来《にょらい》の衣《ころも》を著《き》、如来《にょらい》の座《ざ》に坐《ざ》して、爾《しか》して乃《いま》し応《まさ》に四衆《ししゅ》の為《ため》に、広《ひろ》く斯《こ》の経《きょう》を説《と》くべし」（法華経366ページ）と説《と》き、「如来《にょらい》の室《しつ》とは、一切衆生《いっさいしゅじょう》の中《なか》の大慈悲心《だいじひしん》、是《こ》れなり。如来《にょらい》の衣《ころも》とは、柔和忍辱《にゅうわにんにく》の心《こころ》、是《こ》れなり。如来《にょらい》の座《ざ》とは、一切法空《いっさいほうくう》、是《こ》れなり」（法華経367ページ）と示《しめ》されている。

〈注9〉法華経法師品《ほっしほん》第10に「而《しか》も此《こ》の経《きょう》は、如来《にょらい》の現《げん》に在《いま》すすら猶怨嫉《なおおんしつ》多《おお》し。況《いわ》んや滅度《めつど》して後《のち》をや」（法華経362ページ）とある。この法華経を説《と》く時《とき》は釈尊《しゃくそん》の在世《ざいせ》でさえ、なお怨嫉（反発《はんぱつ》、敵対《てきたい》）が強《つよ》いのだから、ましてや、釈尊が入滅《にゅうめつ》した後《のち》において、より多《おお》くの怨嫉を受《う》けるのは当然《とうぜん》である、との意《い》。

〈注10〉【立正安国論《りっしょうあんこくろん》】文応元年《ぶんおうがんねん》（1260年）7月16日、時《とき》の実質的《じっしつてき》な最高権力者《さいこうけんりょくしゃ》・北条時頼《ほうじょうときより》に提出《ていしゅつ》された諫暁《かんぎょう》の書《しょ》。客《きゃく》（北条時頼を想定《そうてい》）と主人《しゅじん》（日蓮大聖人《だいしょうにん》を想定）との10問《もん》9答《とう》の対話形式《たいわけいしき》で構成《こうせい》されている。正法《しょうほう》に帰依《きえ》しなければ三災七難《さんさいしちなん》のうち、残《のこ》る「自界叛逆難《じかいほんぎゃくなん》（内乱《ないらん》）」と「他国侵逼難《たこくしんぴつなん》（外国《がいこく》からの侵略《しんりゃく》）」が起《お》こると警告《けいこく》した。

〈注11〉法華経法師品《ほっしほん》第10に「当《まさ》に知《し》るべし、是《こ》の人《ひと》は如来《にょらい》と共《とも》に宿《しゅく》すれば、則《すなわ》ち如来《にょらい》は手《みて》もて其《そ》の頭《こうべ》を摩《な》でたまうと為《な》す」（法華経363ページ）とある。

〈注12〉傅大士《ふだいし》の言葉《ことば》として知《し》られている。傅大士は、中国南北朝時代《なんぼくちょうじだい》（5〜6世紀《せいき》）の斉《せい》の在家《ざいけ》の仏《ぶっ》教者《きょうしゃ》。

見宝塔品《けんほうとうほん》第11
提婆達多品《だいばだったほん》第12

宝塔品《ほうとうほん》・提婆品《だいばほん》の概要《がいよう》

前回《ぜんかい》の法師品《ほっしほん》第10に続《つづ》いて、滅後《めつご》の弘教《ぐきょう》をテーマに展開《てんかい》されていきます。

まず、見宝塔品《けんほうとうほん》第11では、巨大《きょだい》な宝塔《ほうとう》が大地《だいち》から涌現《ゆげん》し、宝塔の中にいた多宝如来《たほうにょらい》が、法華経は真実《しんじつ》であると賞讃《しょうさん》します。さらに、虚空《こくう》（空中《くうちゅう》）での会座《えざ》（虚空会《こくうえ》）が始《はじ》まります（嘱累品《ぞくるいほん》第22まで続《つづ》きます）。

虚空会《こくうえ》の説法《せっぽう》で釈尊《しゃくそん》は最初《さいしょ》に、六難九易《ろくなんくい》等を通《とお》して、滅後《めつご》の法華弘通《ほっけぐつう》を勧《すす》めます。

続《つづ》いて提婆達多品《だいばだったほん》第12では、提婆と竜女《りゅうにょ》の成仏《じょうぶつ》が説《と》かれ、悪人《あくにん》成仏と女人《にょにん》成仏が示《しめ》されます。法華経が万人《ばんにん》成仏の経典《きょうてん》であることを改《あらた》めて明《あ》かすとともに、この大功徳《だいくどく》のある経典の弘通《ぐつう》を勧《すす》めていると拝《はい》されます。

現実《げんじつ》世界で　あるがまま輝《かがや》く仏《ほとけ》たれ

「春《はる》を留《とど》めんと思《おも》えども夏《なつ》となる」（新1711ページ・全1241ページ）

御本仏《ごほんぶつ》は、何《なに》ものにも妨《さまた》げられぬ広布の伸展《しんてん》の姿《すがた》を、こう譬《たと》えられました。

この仰《おお》せさながら、わが学会は、仏意仏勅《ぶついぶっちょく》の使命《しめい》のままに、千紫万紅《せんしばんこう》の春《はる》から、白《しら》ゆりが凛《りん》と輝《かがや》く初夏《しょか》へ、いやまして勢《いきお》いよく前進《ぜんしん》していくのです。

6月は、創価の女性の月です（6月4日は「世界池田華陽会《かようかい》の日」、また6月10日は「婦人部結成記念日」）。

全国各地《ぜんこくかくち》で行《おこな》われる、白《しら》ゆりの薫《かお》りも高《たか》き「女性部総会《そうかい》」の大成功《だいせいこう》を、私と妻《つま》は、共《とも》に語《かた》らいの花《はな》の輪《わ》に参加《さんか》する思《おも》いで、祈《いの》り、見守《みまも》っております。

自分《じぶん》を離《はな》れて幸福《こうふく》はない

45年前《ねんまえ》の1978年（昭和53年）6月7日。創価婦人会館《かいかん》（現・信濃文化会館《しなのぶんかかいかん》）を訪問《ほうもん》した際《さい》、尊《とうと》き女性リーダーの皆《みな》さんと「母《はは》」の歌碑《かひ》を除幕《じょまく》しました。

〽母《はは》よ　あなたは
なんと不思議《ふしぎ》な　豊富《ゆたか》な力《ちから》を
もっているのか……

2009年（平成21年）6月4日、創価女子会館《かいかん》（現・創価池田華陽会館《かようかいかん》）を訪《おとず》れた時《とき》には、華陽《かよう》の乙女《おとめ》たちと「青春桜《せいしゅんざくら》」の歌碑《かひ》を仰《あお》ぎ見《み》つめました。

〽ああ新世紀《しんせいき》　時来《ときき》たる
今《いま》ひらけゆく　金《きん》の道《みち》……

今《いま》、時来《ときき》たりて女性部は〝豊富《ゆたか》な力《ちから》〟〝溌剌《はつらつ》たる振《ふ》る舞《ま》い〟によって友《とも》を温《あたた》かく包《つつ》み込《こ》みながら、賑《にぎ》やかに〝金《きん》の道《みち》〟を前進《ぜんしん》しています。その朗《ほが》らかな姿《すがた》を、日蓮大聖人《だいしょうにん》が、どれほど讃歎《さんたん》されているでしょうか。

学会の宝《たから》である女性たちの健康《けんこう》・勝利《しょうり》を念願《ねんがん》し、私は語《かた》ったことがあります。

「自分以上《じぶんいじょう》の宝《たから》はないのだ。自分を離《はな》れて幸福《こうふく》はない。本来《ほんらい》、自分ほど素晴《すば》らしいものはないのである。これが仏法である。自分という最高《さいこう》の宝を輝《かがや》かせるのだ。これが真実《しんじつ》の哲学《てつがく》である」と。

私たち自身《じしん》が尊極《そんごく》の妙法の当体《とうたい》

宝鈴《ほうりょう》、宝樹《ほうじゅ》、宝華《ほうけ》、宝衣《ほうえ》、宝瓶《ほうびょう》……。法華経の世界は、さまざまな宝《たから》で荘厳《そうごん》されています。宝積菩薩《ほうしゃくぼさつ》、宝光天子《ほうこうてんし》などの菩薩や天子、そして多宝如来《たほうにょらい》〈注1〉という仏《ほとけ》の名《な》にも、「宝」が冠《かん》されています。中《なか》でも、ひときわ絢爛《けんらん》かつ壮麗《そうれい》なのは、見宝塔品《けんほうとうほん》第11で出現《しゅつげん》する、全面《ぜんめん》、宝で飾《かざ》られている「宝塔《ほうとう》」でしょう。

前《まえ》の法師品《ほっしほん》第10では、仏《ほとけ》が入滅《にゅうめつ》した後《のち》、法華経を実践《じっせん》する場所《ばしょ》に宝塔《ほうとう》を建立《こんりゅう》して荘厳《そうごん》し、供養《くよう》すべきであると述《の》べられていました。さらに宝塔品の冒頭《ぼうとう》、突如《とつじょ》として大地《だいち》から巨大《きょだい》な宝塔が涌出《ゆじゅつ》します。

金《きん》・銀《ぎん》・瑠璃《るり》・車渠《しゃこ》・馬脳《めのう》・真珠《しんじゅ》・玫瑰《まいえ》の七宝《しっぽう》で飾《かざ》られ、高《たか》さは500由旬《ゆじゅん》――少《すく》なくとも地球《ちきゅう》の直径《ちょっけい》の3分の1ほど、幅《はば》は250由旬《ゆじゅん》にもなる塔《とう》です。宝《たから》の瓔珞《ようらく》（首飾《くびかざ》り等）

や万億《まんおく》の宝鈴《ほうりょう》（宝石でできた鈴《すず》）で豪華《ごうか》に彩《いろど》られ、宝塔《ほうとう》は四方《しほう》に、そして、遠《とお》くまで芳《かんば》しい香《かお》りを放《はな》っています。

この宝塔《ほうとう》の中《なか》にいるのが多宝如来《たほうにょらい》です。三変土田《さんぺんどでん》〈注2〉の後《のち》、宝塔が開《ひら》かれ、釈尊《しゃくそん》は多宝如来と並《なら》んで宝塔の中《なか》に座《すわ》ります（二仏並坐《にぶつびょうざ》）。そして、霊鷲山《りょうじゅせん》の会座《えざ》にいた衆生《しゅじょう》たちが、はるかな空中《くうちゅう》に引《ひ》き上《あ》げられ、いよいよ「虚空会《こくうえ》の儀式《ぎしき》」が開始《かいし》されるのです。

この宝塔《ほうとう》の本義《ほんぎ》とは、一体《いったい》、何《なに》か。虚空会《こくうえ》で描《えが》かれていることの意味《いみ》は何《なに》か。御義口伝《おんぎくでん》では、それは私たち自身《じしん》が尊極《そんごく》の妙法の当体《とうたい》であることを示《しめ》す、と一貫《いっかん》して明《あ》かされています。

「御義口伝《おんぎくでん》」宝塔品《ほうとうほん》の一節

（新1031ページ・全739ページ～740ページ）

御義口伝《おんぎくでん》に云《い》わく、「七宝《しっぽう》」とは、聞《もん》・信《しん》・戒《かい》・定《じょう》・進《しん》・捨《しゃ》・慙《ざん》なり。また云《い》わく、頭上《ずじょう》の七穴《しちけつ》なり。今《いま》、日蓮等《にちれんら》の類《たぐ》い、南無妙法蓮華経と唱《とな》え奉《たてまつ》るは、「有七宝《うしっぽう》」の行者《ぎょうじゃ》なり云々《うんぬん》。

現代語訳

〈宝塔品《ほうとうほん》二十箇《にじっか》の大事《だいじ》　第二「有七宝《うしっぽう》（七宝有《しっぽうあ》り）」の事《こと》〉

御義口伝《おんぎくでん》に仰《おお》せである。宝塔《ほうとう》を飾《かざ》る「七宝《しっぽう》」とは、聞法《もんぽう》、信受《しんじゅ》、持戒《じかい》、禅定《ぜんじょう》、精進《しょうじん》、捨離《しゃり》、慙愧《ざんき》のことである。

また、次《つぎ》のように仰《おお》せである。私たちの頭上《ずじょう》の七穴《しちけつ》（目《め》、耳《みみ》、鼻《はな》の六つの穴《あな》と口《くち》）のことである。

今《いま》、日蓮とその弟子《でし》たちが南無妙法蓮華経の題目を唱《とな》え奉《たてまつ》ることは、「有七《うしっ》宝《ぽう》」の行者《ぎょうじゃ》のことなのである。

虚空会《こくうえ》の儀式《ぎしき》は生命《せいめい》のドラマ

法華経に説《と》かれる宝塔《ほうとう》の涌現《ゆげん》や、三変土田《さんぺんどでん》、虚空会《こくうえ》の儀式《ぎしき》などは、ともすれば、現実離《げんじつばな》れした空想《くうそう》や〝おとぎ話《ばなし》〟のように感《かん》じられるかもしれません。

しかし、御義口伝《おんぎくでん》では、「今《いま》、日蓮等《にちれんら》の類《たぐ》い、南無妙法蓮華経と唱《とな》え奉《たてまつ》るは、『有七宝《うしっぽう》』の行者《ぎょうじゃ》なり」と述《の》べられています。七宝で輝《かがや》く宝塔《ほうとう》は、法華経の高貴《こうき》さを讃《たた》えるだけでなく、仏道修行《ぶつどうしゅぎょう》によって自身《じしん》の宝《たから》の生命《せいめい》を輝《かがや》かせていくこと、すなわち、妙法を持《たも》ち、行《ぎょう》ずる私たちの尊厳性《そんげんせい》を讃歎《さんたん》するものなのです〈注3〉。

戸田先生は教《おし》えられました。

「われわれの生命《せいめい》には仏界《ぶっかい》という大不思議《だいふしぎ》の生命が冥伏《みょうぶく》している。この生命の力《ちから》および状態《じょうたい》は想像《そうぞう》もおよばなければ、筆舌《ひつぜつ》にも尽《つ》くせない。しかしこれを、われわれの生命体《せいめいたい》のうえに具現《ぐげん》することはできる。現実《げんじつ》にわれわれの生命それ自体《じたい》も冥伏《みょうぶく》せる仏界《ぶっかい》を具現《ぐげん》できるのだと説《と》き示《しめ》したのが、この宝塔品《ほうとうほん》の儀式《ぎしき》である。すなわち釈迦《しゃか》は宝塔の儀式《ぎしき》をもって、己心《こしん》の十界互具《じっかいごぐ》、一念三千《いちねんさんぜん》〈注4〉を表《あらわ》しているのである」

虚空会《こくうえ》の儀式《ぎしき》をはじめ、法華経とは、釈尊《しゃくそん》の己心《こしん》のドラマであり、同時《どうじ》に、私たち自身《じしん》の生命《せいめい》のドラマです。唱題によって仏界《ぶっかい》を涌現《ゆげん》していけば、個人《こじん》の宿命《しゅくめい》を打開《だかい》し、成仏《じょうぶつ》という生命の根本的《こんぽんてき》な転換《てんかん》を成《な》し遂《と》げられる。それだけではありません。自他共《じたとも》の幸福《こうふく》を実現《じつげん》し、社会《しゃかい》の繁栄《はんえい》と人類《じんるい》の平和《へいわ》への貢献《こうけん》まで可能《かのう》にする、究極《きゅうきょく》の一念三千《いちねんさんぜん》の変革《へんかく》のドラマをも現出《げんしゅつ》していけるのです。

法華経に説《と》かれた七宝《しっぽう》の塔《とう》は、私たちが仏道修行《ぶつどうしゅぎょう》によって、どれほど生命《せいめい》の尊厳《そんげん》と可能《かのう》性《せい》を示《しめ》せるかを象徴《しょうちょう》しているのではないでしょうか。

「宝塔《ほうとう》とは何《なに》か」と尋《たず》ねてきた弟子《でし》の阿仏房《あぶつぼう》に対《たい》し、大聖人《だいしょうにん》は「阿仏房《あぶつぼう》さながら宝塔《ほうとう》、宝塔《ほうとう》さながら阿仏房《あぶつぼう》、これより外《ほか》の才覚無益《さいかくむやく》なり。聞《もん》・信《しん》・戒《かい》・定《じょう》・進《しん》・捨《しゃ》・慚《ざん》の七宝《しっぽう》をもってかざ《厳》りたる宝塔《ほうとう》なり」（新１７３３ページ・全１３０４ページ）と答《こた》えられています。

万人《ばんにん》に仏性《ぶっしょう》を見《み》、開《ひら》き、輝《かがや》かせていくのが妙法です。あらゆる差異《さい》を超《こ》えて、誰人《たれびと》も本《ほん》来《らい》、等《ひと》しく尊貴《そんき》な宝塔《ほうとう》なのです。

なんと偉大《いだい》な「人間の讃歌《さんか》」であり、「生命《せいめい》の讃歌《さんか》」でしょうか！　全地球民族《ぜんちきゅうみんぞく》を包《つつ》みゆく平等大慧《びょうどうだいえ》の慈愛《じあい》が脈打《みゃくう》ち、あらゆる個性《こせい》を尊重《そんちょう》し開花《かいか》させゆく、寛容《かんよう》の叡智《えいち》が漲《みなぎ》っています。

虚空会《こくうえ》に列《つら》なる御本尊への唱題

戸田先生は、こうも示《しめ》されています。

「日蓮大聖人《だいしょうにん》は同《おな》じく宝塔《ほうとう》の儀式《ぎしき》を借《か》りて、寿量文底下種《じゅりょうもんていげしゅ》の法門《ほうもん》を一幅《いっぷく》の御本尊として建立《こんりゅう》されたのである。されば御本尊は釈迦仏《しゃかぶつ》の宝塔の儀式を借《か》りてこそおれ、大聖人己心《だいしょうにんこしん》の十界互具《じっかいごぐ》・一念三千《いちねんさんぜん》――御本仏《ごほんぶつ》の御生命《ごせいめい》である」

この虚空会《こくうえ》の儀式《ぎしき》では、その後《ご》、釈尊《しゃくそん》が久遠実成《くおんじつじょう》〈注5〉を明《あき》らかにし、五濁《ごじょく》に満《み》ちた娑婆《しゃば》世界〈注6〉が実《じつ》は本来《ほんらい》、仏《ほとけ》が常住《じょうじゅう》する浄土《じょうど》であることが示《しめ》されます（如来寿量品《にょらいじゅりょうほん》第16）。「娑婆即寂光《しゃばそくじゃっこう》」であり、穢土《えど》も浄土も不二《ふに》です。

日々《ひび》、苦《くる》しみ、悩《なや》み、もがきながら生《い》きる凡夫《ぼんぷ》の社会《しゃかい》は、確《たし》かに煩悩《ぼんのう》の泥《どろ》にまみれた穢土《えど》であっても、妙法を受持《じゅじ》し、実践《じっせん》することによって仏《ほとけ》の生命《せいめい》を顕現《けんげん》し、現実《げんじつ》世界の中《なか》で覚《さと》りを開《ひら》いて一生成仏《いっしょうじょうぶつ》を実現《じつげん》し、浄土《じょうど》を築《きず》いていけるのです。

大聖人《だいしょうにん》は、「今《いま》、日蓮等《にちれんら》の類《たぐ》い、南無妙法蓮華経と唱《とな》え奉《たてまつ》る者《もの》は、『見宝塔《けんほうとう》』なり」（新1031ページ・全739ページ）、「今《いま》、日蓮等《にちれんら》の類《たぐ》い、南無妙法蓮華経と唱《とな》え奉《たてまつ》って信心《しんじん》に住《じゅう》する処《ところ》、『住在空中《じゅうざいくうちゅう》』なり。虚空会《こくうえ》に住《じゅう》するなり」（新1032ページ・全740ページ）と仰《おお》せです。

大聖人《だいしょうにん》は、虚空会《こくうえ》の儀式《ぎしき》をもって、法華経の肝心《かんじん》である南無妙法蓮華経の御本尊を御図《ごず》顕《けん》されました。御本尊に向《む》かって題目を唱《とな》えることは、私たち一人一人が虚空会《こくうえ》の儀式《ぎしき》に列《つら》なる甚深《じんじん》の意義《いぎ》があるのです。

日々《ひび》の勤行・唱題のたびに、高貴《こうき》にして絢爛《けんらん》たる虚空会《こくうえ》の儀式《ぎしき》に列座《れつざ》し、荘厳《そうごん》なる宝塔《ほうとう》の生命《せいめい》を薫発《くんぱつ》できます。

まさに女性部の皆《みな》さんは、何《なに》があっても「祈《いの》りからすべては始《はじ》まる」との清新《せいしん》な決意《けつい》に立《た》ち、御本尊への深《ふか》き祈《いの》りから出発《しゅっぱつ》しています。妙法と合致《がっち》し、偉大《いだい》なる自体顕照《じたいけんしょう》の法則《ほうそく》に則《のっと》っているのです。

だから強《つよ》い。絶対《ぜったい》に負《ま》けない。断《だん》じて行き詰《づ》まらない。三世十方《さんぜじっぽう》の仏《ぶつ》・菩薩《ぼさつ》から讃歎《さんたん》され、厳護《げんご》されていくのです。

そして、朗々《ろうろう》たる題目の声《こえ》には、全宇宙《ぜんうちゅう》に轟《とどろ》く「大音声《だいおんじょう》」の意義《いぎ》があります。

多宝如来《たほうにょらい》が「大音声《だいおんじょう》」で釈尊《しゃくそん》の説法《せっぽう》を賞讃《しょうさん》したことについて、御義口伝《おんぎくでん》には「今《いま》、日蓮《にちれん》等《ら》の類《たぐ》い、南無妙法蓮華経と唱《とな》え奉《たてまつ》るは、『大音声《だいおんじょう》』なり」（新１０３２㌻・全７４０㌻）とあります。

幾多《いくた》の艱難辛苦《かんなんしんく》を勝《か》ち越《こ》えて、錦繍《きんしゅう》の光輝《こうき》に満《み》つ多宝会《たほうかい》（宝寿会《ほうじゅかい》・錦宝会《きんぽうかい》）の父母《ちちはは》たちは、妙法の大音声《だいおんじょう》で何《なに》よりも雄弁《ゆうべん》に、仏法の真実《しんじつ》を証明《しょうめい》してこられた方々《かたがた》です。偉大《いだい》な宿《しゅく》命転換《めいてんかん》の実証《じっしょう》を示《しめ》し、学会の正義《せいぎ》と人間革命の勝利劇《しょうりげき》を、満天下《まんてんか》に宣揚《せんよう》し続《つづ》けている大功《だいこう》労者《ろうしゃ》です。

この方々《かたがた》を、皆《みな》で真心《まごころ》から感謝《かんしゃ》し讃歎《さんたん》し、大切《たいせつ》にしていきたいと思《おも》うのです。

画期的《かっきてき》な提婆《だいば》と竜女《りゅうにょ》の成仏《じょうぶつ》

生命《せいめい》こそ最《もっと》も尊貴《そんき》な宝《たから》なり――。この高邁《こうまい》な思想《しそう》を謳《うた》い上《あ》げた法華経の展開《てんかい》において、一つのハイライトが、提婆達多品《だいばだったほん》の「悪人成仏《あくにんじょうぶつ》」と「女人成仏《にょにんじょうぶつ》」です。

釈尊《しゃくそん》は、自身《じしん》の過去世《かこせ》において妙法へ導《みちび》いてくれた師《し》が提婆達多《だいばだった》〈注7〉であったことを明《あ》かし、今《いま》この会座《えざ》の場《ば》で提婆に記別《きべつ》（仏《ほとけ》になる保証《ほしょう》）を与《あた》えます（悪人成仏《あくにんじょうぶつ》）。それに続《つづ》いて、女人《にょにん》成仏も説《と》かれていきます。

法華経以前《いぜん》の諸経《しょきょう》で女性は、その身《み》のままでは成仏《じょうぶつ》が不可能《ふかのう》とされてきました。しかし法華経では、竜女《りゅうにょ》〈注8〉を通《とお》して女性の成仏を明確《めいかく》に示《しめ》します。

しかも竜女《りゅうにょ》は、畜生《ちくしょう》の身《み》であり、8歳《さい》という幼《おさな》さです。当時《とうじ》の通念《つうねん》として最《もっと》も成仏《じょうぶつ》から遠《とお》い存在《そんざい》と思われていた竜女を例《れい》としたことに、法華経の深義《じんぎ》と卓越性《たくえつせい》が表《あらわ》れているのです。

大聖人《だいしょうにん》は、「『提婆《だいば》』は妙法蓮華経《みょうほうれんげきょう》の別名《べつみょう》なり」（新1037ジペー・全744ジペー）、また、「竜女《りゅうにょ》も本地《ほんじ》は南無妙法蓮華経なり」（新1041ジペー・全747ジペー）と解釈《かいしゃく》されました。実《じつ》は、提婆達多《だった》も竜女《りゅうにょ》も、南無妙法蓮華経の当体《とうたい》であるがゆえに、仏界《ぶっかい》の生命《せいめい》を開《ひら》き顕《あらわ》すことができたのです。

「御義口伝《おんぎくでん》」提婆品《だいばほん》の一節

（新１０４１ジペー・全７４７ジペー）

御義口伝《おんぎくでん》に云《い》わく、「一《いち》」とは、妙法蓮華経《みょうほうれんげきょう》なり。「宝《ほう》」とは、妙法《みょうほう》の用《ゆう》なり。「珠《しゅ》」とは、妙法《みょうほう》の体《たい》なり。（中略）

一念三千《いちねんさんぜん》の所表《しょひょう》として、竜女《りゅうにょ》の宝珠《ほうしゅ》を奉《たてまつ》るなり。釈《しゃく》に「円解《えんげ》を得《う》ることを表《あらわ》す」と云《い》うは、一念三千《いちねんさんぜん》なり。竜女《りゅうにょ》が手《て》に持《たも》てる時《とき》は、性得《しょうとく》の宝珠《ほうしゅ》なり。仏受《ほとけう》け取《と》り給《たも》う時《とき》は、修得《しゅとく》の宝珠《ほうしゅ》なり。中《なか》に有《あ》るは修性《しゅしょう》不二《ふに》なり。

現代語訳

〈第八　「有一宝珠《ういちほうしゅ》（一つの宝珠《ほうしゅ》有《あ》り）」の事《こと》〉

御義口伝《おんぎくでん》に仰《おお》せである。「一」とは妙法蓮華経である。「宝《ほう》」とは、妙法の働《はたら》きである。「珠《しゅ》」とは、妙法の本体《ほんたい》である。（中略）

一念三千《いちねんさんぜん》が表《あらわ》れたものとして、竜女《りゅうにょ》が宝珠《ほうしゅ》を差《さ》し上《あ》げるのである。釈《しゃく》（天台大《てんだいだい》師《し》の『法華文句《ほっけもんぐ》』）に「円解《えんげ》（完全《かんぜん》な理解《りかい》）を得《う》ることを表《あらわ》す」というのは、一念三《いちねんさん》千《ぜん》のことである。
竜女《りゅうにょ》が手《て》に持《も》つ時《とき》は、性得《しょうとく》（本来《ほんらい》、具《そな》えていること）の宝珠《ほうしゅ》である。仏《ほとけ》が受《う》け取《と》られた時《とき》は、修得《しゅとく》（修行《しゅぎょう》によって得《え》ること）の宝珠《ほうしゅ》である。その中《なか》にあるというのは修得《しゅとく》と性得《しょうとく》の不二《ふに》を表《あらわ》している。

本来《ほんらい》具《そな》わる宝《たから》を開《ひら》き顕《あらわ》すには

法華経では、竜女《りゅうにょ》の成仏《じょうぶつ》においても「宝《たから》」が象徴的《しょうちょうてき》に描《えが》かれています。どうしても竜女《りゅうにょ》の成仏《じょうぶつ》を信《しん》じられないという頑迷《がんめい》な衆生《しゅじょう》を前《まえ》に、竜女は持《も》っていた一つの宝珠《ほうしゅ》を釈尊《しゃくそん》に手渡《てわた》します。そして、竜女は、この宝珠を手渡《てわた》したことよりも、自《みずか》らの成仏は速《すみ》やかであると宣言《せんげん》します。この「宝珠」についての御義口伝《おんぎくでん》を拝《はい》します。

ここでは、宝珠《ほうしゅ》が本体《ほんたい》（珠《しゅ》）と働《はたら》き（宝《ほう》）を具《そな》えた妙法蓮華経そのものであり、加《くわ》えて一念三千《いちねんさんぜん》が表《あらわ》れたものとして説明《せつめい》されます。さらに、それを、「性得《しょうとく》」と「修得《しゅとく》」の二つの側面《そくめん》で説《と》かれています。

竜女《りゅうにょ》が宝珠《ほうしゅ》を持《も》っている時《とき》は「性得《しょうとく》」、すなわち、本来的《ほんらいてき》にすでに具《そな》わっている側面《そくめん》を表《あらわ》しています。たしかに一念三千《いちねんさんぜん》であり、私たちの生命《せいめい》には仏界《ぶっかい》が具《そな》わります。ただし、そのままでは、偉大《いだい》な妙法の力用《りきゆう》は発揮《はっき》されず、真《しん》の一念三千《いちねんさんぜん》も顕現《けんげん》しません。

竜女《りゅうにょ》が宝珠《ほうしゅ》を釈尊《しゃくそん》に手渡《てわた》し、釈尊が受《う》け取《と》った姿《すがた》をもって「修得《しゅとく》」、すなわち、修行《しゅぎょう》によって得《え》る側面《そくめん》が説《と》かれています。私たちに即《そく》せば、自行化他《じぎょうけた》の唱題行で、本来《ほんらい》、具《そな》えている仏界《ぶっかい》を開《ひら》き顕《あらわ》すことです。

そして、この性得《しょうとく》と修得《しゅとく》は、互《たが》いに深《ふか》く関係《かんけい》し合《あ》います。本性《ほんしょう》として具《そな》わるからこそ修《しゅ》行《ぎょう》によって現《あらわ》れ、修行によって現《あらわ》れるからこそ本性《ほんしょう》として具《そな》わっていることが明《あき》らかとなるのです。ゆえに不二《ふに》であり、どちらも不可欠《ふかけつ》なのです。

竜女《りゅうにょ》が持《も》っていた宝珠《ほうしゅ》は、「価直三千大千《けじきさんぜんだいせん》世界」（法華経４０８ページ）、すなわち、宇宙全体《うちゅうぜんたい》の価値《かち》にも等《ひと》しい珠《たま》です。それは、根源《こんげん》の法《ほう》である妙法の尊極《そんごく》さを示《しめ》すとともに、その妙法の当体《とうたい》である私たち自身《じしん》の生命《せいめい》の尊厳《そんげん》さを表《あらわ》しています。

私たち自身《じしん》は、もともと、最高《さいこう》の仏《ほとけ》の生命境涯《せいめいきょうがい》を具《そな》えていて、ありのままで尊貴《そんき》であることは間違《まちが》いありません。とともに、仏《ほとけ》の生命《せいめい》を涌現《ゆげん》させ、輝《かがや》かせていくための実践《じっせん》こそが、肝要《かんよう》なのです。

「真如《しんにょ》の仏《ほとけ》」（新1032㌻・全740㌻）――ありのままで仏であるといっても、〝ただ、ありのままの生命《せいめい》でよい〟ということではない。それでは、単《たん》なる現状肯定《げんじょうこうてい》となってしまい、向上《こうじょう》も進歩《しんぽ》もありません。大切《たいせつ》なのは〝ありのままに生命《せいめい》を輝《かがや》かせる〟ことです。

桜《さくら》も梅《うめ》も桃《もも》も李《すもも》も〈注9〉、それぞれが懸命《けんめい》に生命《せいめい》を燃《も》やし、咲《さ》き誇《ほこ》るからこそ美《うつく》しい。

「桜梅桃李《おうばいとうり》の己々《ここ》の当体《とうたい》を改《あらた》めずして無作《むさ》の三身《さんじん》と開見《かいけん》」（新1090㌻・全784㌻）です。

妙法受持《じゅじ》によって自身《じしん》の仏《ほとけ》の生命《せいめい》を輝《かがや》かせていく時《とき》に、それぞれの個性《こせい》が最大限《さいだいげん》に開花《かいか》するのです。

私にも、あなたにも、尊貴《そんき》な生命《せいめい》がある。だから、互《たが》いに自分《じぶん》らしく輝かせていくのです。これが妙法の実践《じっせん》です。

困難《こんなん》が宿命転換《しゅくめいてんかん》の契機《けいき》になる

この最高《さいこう》の法《ほう》である妙法を持《たも》ち、弘《ひろ》めゆく私たちには、さまざまな障魔《しょうま》が襲《おそ》いかかります。宝塔品《ほうとうほん》に説《と》かれる「此経難持《しきょうなんじ》」〈注10〉の御義口伝《おんぎくでん》でも、「この法華経《ほけきょう》を持《たも》つ者《もの》は、難《なん》に値《あ》わんと心得《こころえ》て持《たも》つなり」（新1035㌻・全742㌻）と仰《おお》せです。

しかし、「難来《なんきた》るをもって安楽《あんらく》」（新1045ジペー・全750ジペー）の通《とお》りです。難は信心を鍛《きた》えます。

私たちにとって、現実《げんじつ》世界において迫《せま》ってくる苦難《くなん》は、成長《せいちょう》するための土台《どだい》です。人生《じんせい》のただ中《なか》で遭遇《そうぐう》する病気《びょうき》や、けが、経済苦《けいざいく》、家族《かぞく》の問題《もんだい》や将来《しょうらい》の悩《なや》みなども、その一つ一つが宿命転換《しゅくめいてんかん》の契機《けいき》になるのです。

全《すべ》てに深《ふか》い意味《いみ》がある。そう確信《かくしん》して信心根本《こんぽん》に、困難《こんなん》に立《た》ち向《む》かっていくのです。妙法を持《たも》った人に、乗《の》り越《こ》えられない壁《かべ》は断《だん》じてありません。

“試練《しれん》が私たちの価値《かち》を証明《しょうめい》”

近代看護《きんだいかんご》の母《はは》と讃《たた》えられるフローレンス・ナイチンゲール〈注11〉は、看護に携《たずさ》わる友《とも》たちへ、このように語《かた》っています。

「私たちはいつも試練《しれん》を受《う》けています。（中略）私たちは試《ため》されており、それに耐《た》えられるか否《いな》かは、あなた方《がた》の肩《かた》にかかっているのです。私たちが価値《かち》ある仕事《しごと》をしている限《かぎ》り、この試練《しれん》を通《とお》して私たちの価値《かち》が証明《しょうめい》されるだけのことでしょう。喜《よろこ》んで試練《しれん》を受《う》けましょう」

コロナ禍《か》の試練《しれん》が続《つづ》く中《なか》でも、忍耐強《にんたいづよ》く勇敢《ゆうかん》に、無窮《むきゅう》の宝《たから》である生命《せいめい》を慈《いつく》しみ、護《まも》り抜《ぬ》いてくださってきた尊《とうと》き「白樺《しらかば》」（創価の看護者《かんごしゃ》の集《つど》い）の方々《かたがた》も、全《まった》く同《おな》じ信念《しんねん》でありましょう。

今《いま》、世界中で、妙法を受持《じゅじ》した尊貴《そんき》な女性たちが活躍《かつやく》し、生命尊厳《せいめいそんげん》の思想《しそう》を広《ひろ》げています。性別《せいべつ》、人種《じんしゅ》、立場《たちば》や地位《ちい》など関係《かんけい》なく、自分《じぶん》らしく、地涌《じゆ》の生命《せいめい》を力強《ちからづよ》く涌現《ゆげん》する宝《ほう》塔《とう》として、等《ひと》しく輝《かがや》き、希望《きぼう》と勇気《ゆうき》の励《はげ》ましを送《おく》りながら、妙法の偉大《いだい》さを証明《しょうめい》している先駆者《せんくしゃ》です。

アメリカの未来学者《みらいがくしゃ》ヘンダーソン博士〈注12〉は言《い》われました。

「どんな大《おお》きな成功《せいこう》よりも、『あなたのおかげで、新《あたら》しい人生《じんせい》を進《すす》むことができた』と言《い》ってもらえるときほど、幸福《こうふく》を感《かん》じることはないのです」

この博士が、限《かぎ》りない信頼《しんらい》を寄《よ》せていたのが、創価の友《とも》です。

信心の歓喜《かんき》を語《かた》る確信《かくしん》の声《こえ》を

私たちには、自他共《じたとも》に最高《さいこう》の「宝《たから》の生命《せいめい》」を開《ひら》き顕《あらわ》す、無敵《むてき》の妙法があります。地域《ちいき》や社会《しゃかい》で、人間と人間を信頼《しんらい》と友情《ゆうじょう》で結《むす》ぶ「宝の絆《きずな》」があります。

現実《げんじつ》のどんな苦難《くなん》も悠々《ゆうゆう》と乗《の》り越《こ》え、飛翔《ひしょう》の力《ちから》に変《か》えていくための信心です。日々《ひび》、「師子吼《ししく》の題目」を唱《とな》え、共々《ともども》に前進《ぜんしん》していきたい。そして、確信《かくしん》の大音声《だいおんじょう》で信心の歓喜《かんき》を語《かた》り伝《つた》え、「宝《たから》の青年」を先頭《せんとう》に、幸福《こうふく》と平和《へいわ》の「宝塔《ほうとう》」の連帯《れんたい》を拡大《かくだい》していこうではありませんか！

《注 解》

〈注1〉【多宝如来《たほうにょらい》】法華経見宝塔品《けんほうとうほん》第11で出現《しゅつげん》し、釈尊《しゃくそん》の説《と》いた法華経が真実《しんじつ》であることを証明《しょうめい》（保《ほ》証《しょう》）した仏《ほとけ》。過去世《かこせ》において、成仏《じょうぶつ》して滅度《めつど》した後《のち》、法華経が説《と》かれる場所《ばしょ》には、自《みずか》らの全身《ぜんしん》を安《あん》置《ち》した宝塔《ほうとう》が出現《しゅつげん》することを誓願《せいがん》した。法華経では、「善《よ》き哉《かな》、善《よ》き哉《かな》。釈迦牟尼世尊《しゃかむにせそん》よ。能《よ》く平《びょう》等大慧《どうだいえ》を以《もっ》て、菩薩《ぼさつ》を教《おし》うる法《ほう》にして、仏《ほとけ》の護念《ごねん》したまう所《ところ》の妙法華経《みょうほけきょう》を、大衆《だいしゅ》の為《ため》に説《と》きたまう。是《か》くの如《ごと》し、是《か》くの如《ごと》し。釈迦牟尼世尊《しゃかむにせそん》よ。説《と》きたまう所《ところ》の如《ごと》きは、皆是《みなこ》れ真実《しんじつ》なり」（法華経373ページ）と釈尊の説法《せっぽう》を大音声《だいおんじょう》で賞讃《しょうさん》した。

〈注2〉【三変土田《さんぺんどでん》】法華経見宝塔品《けんほうとうほん》第11で、3度《ど》、国土《こくど》を変《へん》じて同《おな》じ一つの浄土《じょうど》としたこと。「土田」とは国土・土地《とち》・場所《ばしょ》の意《い》。釈尊《しゃくそん》は宝塔を開《ひら》くにあたって十方《じっぽう》の世界の分身《ふんじん》の諸仏《しょぶつ》を集《あつ》めることになり、3度にわたって、娑婆《しゃば》世界のほか諸国土を清浄《しょうじょう》にした。

〈注3〉日蓮大聖人《だいしょうにん》は、宝塔品《ほうとうほん》の七宝《しっぽう》を、「聞《もん》・信《しん》・戒《かい》・定《じょう》・進《しん》・捨《しゃ》・慚《ざん》」という仏道修行《ぶつどうしゅぎょう》の七つの要件《ようけん》として拝《はい》されている。具体的《ぐたいてき》には、妙法を聞《き》き（聞法《もんぼう》）、妙法を信《しん》じ（信受《しんじゅ》）、妙法の戒《かい》を持《たも》ち（持《じ》戒《かい》）、妙法を根本《こんぽん》に心を定《さだ》め（禅定《ぜんじょう》）、精進《しょうじん》し（精進）、信心を第一として誤《あやま》った執着《しゅうちゃく》を捨《す》て（捨《しゃ》離《り》）、反省《はんせい》すべきは反省してたゆまず前進《ぜんしん》する（慚愧《ざんき》）ことが、わが身《み》を飾《かざ》る宝《たから》であると示《しめ》されている。

〈注4〉【十界互具《じっかいごぐ》、一念三千《いちねんさんぜん》】十界互具は24ページ参照。一念三千《いちねんさんぜん》は66ページ参照。

〈注5〉【久遠実成《くおんじつじょう》】86ページ参照。

〈注6〉【娑婆《しゃば》世界】145ページ参照。

〈注7〉【提婆達多《だいばだった》】釈尊《しゃくそん》のいとこで、最初《さいしょ》は釈尊に従《したが》って出家《しゅっけ》するが、慢心《まんしん》を起《お》こして敵対《てきたい》し、釈尊に種々《しゅじゅ》の危害《きがい》を加《くわ》えたり教団《きょうだん》の分裂《ぶんれつ》を企《くわだ》てたりした（三逆罪《さんぎゃくざい》＝破和合僧《はわごうそう》・出仏身血《すいぶっしんけつ》・殺阿羅漢《せつあらかん》）。

〈注8〉【竜女《りゅうにょ》】海中《かいちゅう》の竜宮《りゅうぐう》に住《す》む娑竭羅竜王《しゃからりゅうおう》の8歳《さい》の娘《むすめ》で蛇身《じゃしん》。法華経提婆達多品《だいばだったほん》第12で、即身成仏《そくしんじょうぶつ》の境涯《きょうがい》を示《しめ》し、無垢《むく》世界において法《ほう》を説《と》く姿《すがた》は、多《おお》くの人たちを歓喜《かんき》させ、救《すく》った。竜女の成仏は、一切《いっさい》の女人《にょにん》成仏の手本《てほん》とされるとともに、即身成仏をも表現《ひょうげん》している。

〈注9〉【桜梅桃李《おうばいとうり》】桜《さくら》は桜、梅《うめ》は梅、桃《もも》は桃、李《すもも》は李というように、万人《ばんにん》がそれぞれの個性《こせい》や多様性《たようせい》に従《したが》って、ありのままの姿形《すがたかたち》を改《あらた》めることなく、自分《じぶん》らしく花《はな》を咲《さ》かせて生《い》き抜《ぬ》いていくこと。

〈注10〉【此経難持《しきょうなんじ》】「此《こ》の経《きょう》は持《たも》ち難《がた》し」と読《よ》み下《くだ》す。法華経見宝塔品《けんほうとうほん》第11の文《もん》（法華経393ページ）。釈《しゃく》尊滅後《そんめつご》の弘教《ぐきょう》を勧《すす》めた宝塔品《ほうとうほん》の三箇《さんか》の勅宣《ちょくせん》の第3の六難九易《ろくなんくい》が示《しめ》された直後に釈尊が語った文《もん》。仏《ほとけ》の滅後に法華経を受持《じゅじ》することがいかに困難《こんなん》かを示《しめ》した言葉《ことば》。

〈注11〉【フローレンス・ナイチンゲール】1820〜1910年。イギリスの看護師《かんごし》。クリミア戦争《せんそう》での負傷兵《ふしょうへい》への献身《けんしん》や医療衛生改革《いりょうえいせいかいかく》で著名《ちょめい》。後《のち》にロンドンの聖《せい》トーマス病院《びょういん》に看護学校《がっこう》を設立《せつりつ》。近代《きんだい》看護教育《きょういく》の母《はは》とも呼《よ》ばれる。引用《いんよう》は、『ナイチンゲール著作集3』（湯槇《ゆまき》ます監修、薄井坦子《うすいひろこ》ほか編訳、現代社）から。表記《ひょうき》を一部改《いちぶあらた》めた。

〈注12〉【ヘンダーソン博士】ヘイゼル・ヘンダーソン。1933年〜2022年。アメリカの未来学《みらいがく》者《しゃ》。環境問題《かんきょうもんだい》の市民運動《しみんうんどう》から出発《しゅっぱつ》し、世界を舞台《ぶたい》に多彩《たさい》な平和運動《へいわうんどう》を展開《てんかい》。引用《いんよう》は、池田大作先生との対談集《たいだんしゅう》『地球《ちきゅう》対談　輝《かがや》く女性《じょせい》の世紀《せいき》へ』（『池田大作全集』第114巻所収）から。

勧《かん》持《じ》品《ほん》第13

勧持品《かんじほん》の概要《がいよう》

勧持品《かんじほん》第13の冒頭《ぼうとう》では、薬王菩薩《やくおうぼさつ》たちが釈尊《しゃくそん》の前《まえ》で、「大《だい》忍力《にんりき》」を起《お》こして不惜身命《ふしゃくしんみょう》で滅後悪世《めつごあくせ》の広宣流布を誓《ちか》います。

続《つづ》いて、声聞《しょうもん》の弟子《でし》たちが異《こと》なる国土《こくど》での弘教《ぐきょう》を決意《けつい》します。その後《ご》、比丘尼《びくに》たちへの授記《じゅき》が行《おこな》われます。

後半《こうはん》では、再《ふたた》び菩薩《ぼさつ》たちが、釈尊《しゃくそん》に向《む》かって師子吼《ししく》し、滅《めつ》後弘通《ごぐつう》を宣言《せんげん》します。「いかなる迫害者《はくがいしゃ》がいても、私たちは皆《みな》、忍《しの》びます」「悪鬼入其身《あっきにゅうごしん》の者《もの》から罵倒《ばとう》されても、たびたび擯出《ひんずい》（所を追われること）されても忍《しの》びます」との覚悟《かくご》が二十行《にじゅうぎょう》の偈《げ》で示《しめ》されます（この「勧持品二十行《かんじほんにじゅうぎょう》の偈《げ》」の中に三類《さんるい》の強敵《ごうてき》が説《と》かれます）。

続《つづ》いて安楽行品《あんらくぎょうほん》第14で、弘教《ぐきょう》の方途《ほうと》が示《しめ》されて迹門《しゃくもん》が終《お》わり、いよいよ地涌出現《じゆしゅつげん》から本門《ほんもん》に入《はい》ります。

〝難《なん》こそ誉《ほま》れ〟の信心こそ学会精神《せいしん》

巡《めぐ》り来《く》る7月は、創価の師弟《してい》にとって広布への不惜《ふしゃく》の精神《せいしん》が刻《きざ》まれた月です。

1943年（昭和18年）の7月6日の朝《あさ》、初代《しょだい》会長・牧口常三郎《つねさぶろう》先生と第2代会長・戸田城聖《じょうせい》先生は、正義《せいぎ》の闘争《とうそう》を貫《つらぬ》いたがゆえに、不敬罪《ふけいざい》と治安維持法違反《ちあんいじほういはん》の容疑《ようぎ》で、軍部政《ぐんぶせい》府《ふ》によって不当《ふとう》に逮捕《たいほ》されました。私ども全《すべ》ての弟子《でし》にとって、永遠《えいえん》に忘《わす》れてはならない「法難《ほうなん》の日」です。本年《ほんねん》（2023年）で満《まん》80年になります。

三代《だい》の師弟《してい》貫《つらぬ》く不惜身命《ふしゃくしんみょう》の魂《たましい》

先師《せんし》・牧口先生は、苛烈《かれつ》な尋問《じんもん》に対《たい》しても、折伏精神《しゃくぶくせいしん》をたぎらせ、仏法を堂々《どうどう》と語《かた》り抜《ぬ》き、殉教《じゅんきょう》を遂《と》げられました。

不二《ふに》の弟子《でし》であった恩師《おんし》・戸田先生は、2年の獄中闘争《ごくちゅうとうそう》の末《すえ》、1945年（昭和20年）の7月3日午後《ごご》7時《じ》、生《い》きて獄《ごく》を出《で》られました。そして、師匠《ししょう》の正《ただ》しさ、偉大《いだい》さを満天下《まんてんか》に示《しめ》すため、〝妙法の巌窟王《がんくつおう》〟となって、学会の再建《さいけん》を開始《かいし》されたのです。

恩師《おんし》の出獄《しゅつごく》から12年後、1957年（同32年）の7月3日午後《ごご》7時過《じす》ぎ、私は事実無根《じじつむこん》の冤罪《えんざい》で逮捕《たいほ》されました。権力《けんりょく》の魔性《ましょう》が牙《きば》を剝《む》いた「大阪事件《じけん》」〈注1〉です。さらに同《どう》17日は、私が出獄《しゅつごく》し、愛《あい》する関西の同志《どうし》と共《とも》に、「仏法勝負《しょうぶ》」を誓《ちか》い合《あ》った「大阪大会《たいかい》」〈注2〉の日です。

三代《だい》の師弟《してい》が「不惜身命《ふしゃくしんみょう》」〈注3〉の魂《たましい》で法難《ほうなん》に立《た》ち向《む》かった歴史《れきし》にこそ、正義《せいぎ》の中《なか》の正義である創価の真髄《しんずい》があります。

学会には、この「死身弘法《ししんぐほう》」〈注4〉の実践《じっせん》があったからこそ、広宣流布の大願成就《だいがんじょうじゅ》も、また一人一人の人間革命、一生成仏《いっしょうじょうぶつ》もあるのです。

仏界《ぶっかい》の境涯《きょうがい》開《ひら》く不退《ふたい》の信心

釈尊《しゃくそん》には、「九横《くおう》の大難《だいなん》」〈注5〉がありました。

日蓮大聖人《だいしょうにん》は、身命《しんみょう》に及《およ》ぶ「竜《たつ》の口《くち》の法難《ほうなん》」「佐渡流罪《さどるざい》」等に遭《あ》い、それらを全《すべ》て勝《か》ち越《こ》え、末法《まっぽう》の御本仏《ごほんぶつ》として凡夫成仏《ぼんぷじょうぶつ》の道《みち》を開《ひら》いてくださいました。

法華経の行者《ぎょうじゃ》と妙法弘通《ぐつう》の大難《だいなん》とは不可分《ふかぶん》です。「大難《だいなん》なくば、法華経《ほけきょう》の行者《ぎょうじゃ》にはあらじ」（新1720ページ・全1448ページ）とある通《とお》りです。民衆《みんしゅう》の幸福《こうふく》のために妙法を弘通《ぐつう》すれば、必《かなら》ず大難が競《きそ》い起《お》こります。しかし同時《どうじ》に、その大難が法華経の行者《ぎょうじゃ》の正義《せいぎ》を立証《りっしょう》するのです。

そして、難《なん》と成仏《じょうぶつ》は表裏一体《ひょうりいったい》です。「大難来《だいなんきた》りなば、強盛《ごうじょう》の信心《しんじん》いよいよ悦《よろこ》びをなすべし」（同ページ）と、強盛にして不退《ふたい》の信心が仏界《ぶっかい》の境涯《きょうがい》を開《ひら》きます。不惜《ふしゃく》の弘法《ぐほう》によって、人間の生命《せいめい》の内《うち》なる悪《あく》、さらに社会《しゃかい》の深《ふか》い闇《やみ》に潜《ひそ》む悪《あく》を叩《たた》き出《だ》す。あえて難《なん》を呼《よ》び起《お》こし、打《う》ち勝《か》っていくのです。その中《なか》で仏《ほとけ》の生命《せいめい》は輝《かがや》きを増《ま》していきます。

私たちにとっての難《なん》は、法難《ほうなん》だけでなく、広布の途上《とじょう》に起《お》きる周囲《しゅうい》からの無理解《むりかい》による批判《ひはん》、そして、さまざまな試練《しれん》や苦難《くなん》、宿命《しゅくめい》などの三障四魔《さんしょうしま》〈注6〉も含《ふく》みます。その時《とき》、「賢者《けんじゃ》はよろこび」（新1488ページ・全1091ページ）と、師匠《ししょう》が示《しめ》した「難即悟達《なんそくごだつ》」の道《みち》を、弟子《でし》も歩《あゆ》み抜《ぬ》くことによって、一生成仏《いっしょうじょうぶつ》への直道《じきどう》が開《ひら》かれていくのです。

法《ほう》のため、人々のため、世界のために、共々《ともども》にわが命《いのち》を使《つか》い切《き》る――この「不惜身命《ふしゃくしんみょう》」即《そく》「幸福勝利《こうふくしょうり》」への師弟《してい》の誓《ちか》いと使命《しめい》を、勧持品《かんじほん》第13の御義口伝《おんぎくでん》の要文《ようもん》を拝《はい》して、学《まな》んでいきましょう。

「御義口伝《おんぎくでん》」勧持品《かんじほん》の一節

（新１０４２ジペー・全７４７ジペー）

御義口伝《おんぎくでん》に云《い》わく、「勧《かん》」とは化他《けた》、「持《じ》」とは自行《じぎょう》なり。南無妙法蓮華経は、自行《じぎょう》・化他《けた》に亘《わた》るなり。今《いま》、日蓮等《にちれんら》の類《たぐ》い、南無妙法蓮華経を勧《すす》めて持《たも》たしむるなり。

現代語訳

〈勧持品十三箇《かんじほんじゅうさんか》の大事《だいじ》　第一　「勧持《かんじ》」の事《こと》〉
御義口伝《おんぎくでん》に仰《おお》せである。「勧持《かんじ》」の「勧《かん》」とは、他人《たにん》に妙法を勧《すす》める化他《けた》であり、「持《じ》」とは自《みずか》ら妙法を持《たも》つ自行《じぎょう》である。南無妙法蓮華経は自行《じぎょう》・化他《けた》にわたるのである。
今《いま》、日蓮とその弟子《でし》たちは、南無妙法蓮華経を一切衆生《いっさいしゅじょう》に勧《すす》め、持《たも》たせているのである。

仏《ほとけ》と同《おな》じ誓《ちか》いに立《た》ち妙法弘通《ぐつう》へ

最初《さいしょ》に拝《はい》するのは、「勧持《かんじ》」についての御義口伝《おんぎくでん》です。「勧持《かんじ》」の二字《じ》には、自《みずか》らが妙法を受《う》け持《たも》つ「受持《じゅじ》」だけでなく、他《ほか》の人に「勧《すす》め」「持《たも》たしむる」との意義《いぎ》が込《こ》められています。〝自分《じぶん》のため〟だけではなく、〝自分も他人《たにん》も共《とも》に幸《しあわ》せに〟との菩薩《ぼさつ》の精神《せいしん》が輝《かがや》いています。南無妙法蓮華経の大法《だいほう》は、自行《じぎょう》・化他《けた》にわたって唱《とな》える題目であると仰《おお》せなのです。

まず、この品《ほん》の前《まえ》の法華経の流《なが》れを確認《かくにん》しておきましょう。中心《ちゅうしん》テーマは、滅後《めつご》の弘通《ぐつう》――悪世《あくせ》すなわち末法《まっぽう》の広宣流布を誰《だれ》に託《たく》すかという点《てん》にあります。

法師品《ほっしほん》第10では、「大願《だいがん》を成就《じょうじゅ》するも、衆生《しゅじょう》を愍《あわ》れむが故《ゆえ》に、此《こ》の人間《にんげん》に生《しょう》ず」（法華経356㌻）と、大願を成就した真《しん》の菩薩《ぼさつ》が、衆生救済《しゅじょうきゅうさい》のために、自《みずか》ら宿業《しゅくごう》を背負《せお》って、あえて悪世末法《あくせまっぽう》に願《ねが》って生《う》まれることが説《と》かれます。「願兼於業《がんけんおごう》」〈注7〉の誓願《せいがん》です。

この菩薩《ぼさつ》の誓願《せいがん》に大難《だいなん》は必然《ひつぜん》です。

同品《どうほん》では、「如来現在猶多怨嫉《にょらいげんざいゆたおんしつ》。況滅度後《きょうめつどご》」（法華経362㌻）とあり、釈尊《しゃくそん》の時代《じだい》でも法《ほう》を説《と》けば怨嫉が多《おお》いのだから、まして滅後《めつご》には、在世以上《ざいせいいじょう》の怨嫉があるのは当然《とうぜん》だと教《おし》えています。末法《まっぽう》にあって、この経文通《きょうもんどお》りに、激《はげ》しい怨嫉の難《なん》を受《う》けられたのは、大聖人《だいしょうにん》だけです。

続《つづ》く見宝塔品《けんほうとうほん》第11で、仏《ほとけ》は滅後《めつご》の弘教《ぐきょう》を虚空会《こくうえ》において菩薩《ぼさつ》たちに訴《うった》えます。第一に付嘱《ふぞく》を宣言《せんげん》し（付嘱有在《うざい》）、第二に「令法久住《りょうぼうくじゅう》」すなわち永遠《えいえん》に妙法を流《なが》れ通《かよ》わせ、一切衆生《いっさいしゅじょう》を救済《きゅうさい》しゆくことこそが、諸仏《しょぶつ》の願《ねが》いであると明《あ》かされます。

第三に滅後《めつご》に法華経を受持《じゅじ》し、弘《ひろ》めていくことの困難《こんなん》さを「六難九易《ろくなんくい》」〈注8〉として示《しめ》されます。とともに、「此《これ》は為《こ》れ難事《なんじ》なり　宜《よろ》しく大願《だいがん》を発《おこ》すべし」「今仏前《いまぶつぜん》に於《お》いて　自《みずか》ら誓言《せいごん》を説《と》け」と、心して誓《ちか》うように勧《すす》められます。

そして、あらためて万人成仏《ばんにんじょうぶつ》の功徳《くどく》を明《あ》かした提婆達多品《だいばだったほん》第12を挟《はさ》んで、勧持品《かんじほん》第13に入《はい》るのです。

すなわち、先《さき》の仏《ほとけ》の呼《よ》びかけに対《たい》して、菩薩《ぼさつ》たちが誓《ちか》いの言葉《ことば》で応《おう》じていくのが勧持品《かんじほん》の元意《がんい》です。弟子《でし》たちが、師《し》である仏《ほとけ》と同《おな》じ誓《ちか》いに立《た》ち、難事《なんじ》である妙法弘通《ぐつう》に生《い》き抜《ぬ》くことを願《ねが》っていくのです。そこにしか、悪世末法《あくせまっぽう》の広宣流布の実現《じつげん》はありえないからです。

大変《たいへん》な所《ところ》へ自《みずか》ら進《すす》んでいくのが菩薩《ぼさつ》

実際《じっさい》に勧持品《かんじほん》のドラマは、仏《ほとけ》の願《ねが》いを感《かん》じ取《と》った薬王菩薩《やくおうぼさつ》をはじめとする多《おお》くの菩薩たちの宣言《せんげん》から幕《まく》を開《あ》けます。

「釈尊《しゃくそん》の滅後《めつご》の人々は、善根《ぜんこん》が少《すく》なく、慢心《まんしん》が多《おお》いので、なかなか導《みちび》くことはできないでしょう。それでも私たちは、勇敢《ゆうかん》に耐《た》え忍《しの》び、不惜身命《ふしゃくしんみょう》で法華経を流布します」と。

その時《とき》、声聞《しょうもん》の弟子《でし》たちも、誓《ちか》いの言葉《ことば》を述《の》べます。しかし、声聞たちは「娑婆世界《しゃばせかい》〈注9〉は人心《じんしん》が乱《みだ》れているので、他《ほか》の国土《こくど》で弘教《ぐきょう》します」と言《い》うのです。悪世《あくせ》の娑婆世界は、善根《ぜんこん》が少《すく》なく、増上慢《ぞうじょうまん》が多《おお》く、生命《せいめい》が濁《にご》り、瞋《いか》り、諂曲《てんごく》（へつらい）の衆生《しゅじょう》が充満《じゅうまん》するからです。

ここに悪世《あくせ》での広宣流布がいかに至難《しなん》であるかが描《えが》かれています。結論《けつろん》を先《さき》に示《しめ》せば、この末法《まっぽう》広布を担《にな》い立《た》つ主人公《しゅじんこう》こそが地涌《じゆ》の菩薩《ぼさつ》にほかなりません。

言《い》い換《か》えれば、地涌《じゆ》の誓願《せいがん》を持《たも》ち、願《ねが》って濁悪《じょくあく》の世界に飛《と》び込《こ》んでいく地涌の民衆《みんしゅう》の連《れん》帯《たい》が築《きず》かれてこそ、法華経に説《と》かれた悪世末法《あくせまっぽう》の「閻浮提《えんぶだい》広宣流布」が現実《げんじつ》のものとなるのです。

ともあれ、ここでは、声聞《しょうもん》と対比《たいひ》する形《かたち》で示《しめ》されている菩薩《ぼさつ》の実践《じっせん》のあり方《かた》が焦点《しょうてん》となります。自分《じぶん》は楽《らく》をしようとする菩薩も仏《ほとけ》もいません。大変《たいへん》なところへ、自《みずか》ら進《すす》んでいくのが菩薩であり、その気高《けだか》き生命《せいめい》にこそ仏界《ぶっかい》が輝《かがや》くのです。

ゆえに大聖人《だいしょうにん》は、「南無妙法蓮華経を勧《すす》めて持《たも》たしむるなり」と仰《おお》せです。人間の中《なか》へ、民衆《みんしゅう》の中へ、勇《いさ》んで飛《と》び込《こ》み、法《ほう》を説《と》いていくのです。

現代《げんだい》において、現実《げんじつ》にさまざまな難《なん》を受《う》けながら、この「勧持《かんじ》」の実践《じっせん》を貫《つらぬ》いてきたのは、わが学会だけです。自行《じぎょう》・化他《けた》にわたる題目を唱《とな》え、弘《ひろ》め、自他共《じたとも》の幸福《こうふく》を実現《じつげん》しゆくことが、大聖人直結《だいしょうにんちょっけつ》の創価の同志《どうし》の崇高《すうこう》なる使命《しめい》なのです。

「広宣流布は私がやる」と立《た》ち上《あ》がれ

声聞《しょうもん》たちとの対話《たいわ》が終《お》わると、不退転《ふたいてん》の境地《きょうち》に至《いた》った菩薩《ぼさつ》たちが、再度《さいど》、〝釈尊《しゃくそん》から滅《めつ》後弘通《ごぐつう》を命《めい》じられたい〟と望《のぞ》みますが、仏《ほとけ》は応《こた》えません。そこで菩薩たちは、仏の心にかなうように、弘通《ぐつう》の使命《しめい》を果《は》たす誓《ちか》いを師子吼《ししく》します。

その意義《いぎ》を明《あ》かしたのが、御義口伝《おんぎくでん》にある「作師子吼《さししく》（師子吼《ししく》を作《な》す）」です。

「『師《し》』とは師匠授《ししょうさず》くるところの妙法《みょうほう》、『子《し》』とは弟子受《でしう》くるところの妙法《みょうほう》、『吼《く》』とは師《し》弟共《ていとも》に唱《とな》うるところの音声《おんじょう》なり。『作《さ》』とは、『おこす』と読《よ》むなり。末法《まっぽう》にして南無妙法蓮華経を作《おこ》すなり」(新1043ジペー・全748ジペー)と仰《おお》せです。

どこまでも、自《みずか》ら「作《おこ》す」のです。弟子《でし》が、師《し》と同《おな》じ誓《ちか》いを共有《きょうゆう》し、妙法を共《とも》に唱《とな》え、叫《さけ》びきっていってこそ「作師子吼《さししく》」になると教《おし》えられています。

勧持品《かんじほん》で釈尊《しゃくそん》は、声聞《しょうもん》たちと語《かた》らっても、菩薩《ぼさつ》たちには一言《いちごん》も発《はっ》せず、ただ見《み》つめているだけです。ここには、深《ふか》い意味《いみ》がうかがわれます。

すなわち、広宣流布は命令《めいれい》されてするものではないからです。純一《じゅんいつ》なる自発《じはつ》の決意《けつい》がなければ、広布の途上《とじょう》に吹《ふ》き荒《あ》れる障魔《しょうま》に打《う》ち勝《か》って、仏《ほとけ》の境涯《きょうがい》を開《ひら》くことなどできません。仏勅《ぶっちょく》や遺命《ゆいめい》という言葉《ことば》も、仏と同《おな》じ大願《だいがん》に立《た》つ弟子《でし》が存在《そんざい》して、はじめて成《な》り立《た》ちます。信仰《しんこう》の真髄《しんずい》は内発《ないはつ》の力《ちから》です。決意《けつい》し、覚悟《かくご》した弟子が自《みずか》ら立《た》ち上《あ》がってこそ、あらゆる大難《だいなん》を越《こ》えて、仏の願《ねが》いが実現《じつげん》するのです。この究極《きゅうきょく》が「一人立《た》つ」信心です。

戸田先生が、法華経の講義《こうぎ》で、「広宣流布は俺《おれ》がやる!」と叫《さけ》ばれた意義《いぎ》もここにあります。創価の同志《どうし》一人一人が、「広宣流布は私がやる!」と、陸続《りくぞく》と立《た》ち上《あ》がってこそ、妙法弘通《ぐつう》への大師子吼《だいししく》になるのです。

「御義口伝《おんぎくでん》」勧持品《かんじほん》の一節

(新1044ジペー・全749ジペー)

御義口伝《おんぎくでん》に云《い》わく、「無上道《むじょうどう》」とは、南無妙法蓮華経これなり。今《いま》、日蓮等《にちれんら》の類《たぐ》い、南無妙法蓮華経を惜《お》しむことは、命根《みょうこん》よりも惜《お》しきことなり。

これによって結《むす》ぶ処《ところ》に、「仏自知我心《ぶつじちがしん》(仏《ほとけ》は自《みずか》ら我《わ》が心を知《し》ろしめせ)」と説《と》かれたり。法華経《ほけきょう》の行者《ぎょうじゃ》の心中《しんちゅう》をば、教主釈尊《きょうしゅしゃくそん》、御存知有《ごぞんちあ》るべきなり。「仏《ほとけ》」とは釈尊《しゃくそん》、「我心《がしん》」とは、今《いま》、日蓮等《にちれんら》の類《たぐ》い、南無妙法蓮華経と唱《とな》え奉《たてまつ》る者《もの》なり。

現代語訳

〈第十三 「但惜無上道《たんしゃくむじょうどう》(ただ無上道《むじょうどう》を惜《お》しむのみ)」の事《こと》〉

御義口伝《おんぎくでん》に仰《おお》せである。「無上道《むじょうどう》」とは、南無妙法蓮華経のことである。

今《いま》、日蓮とその弟子《でし》たちは、南無妙法蓮華経を惜《お》しむことは、自身《じしん》の命《いのち》よりも惜《お》しむのである。

ゆえに勧持品《かんじほん》の二十行《にじゅうぎょう》の偈《げ》の最後《さいご》のところに、「仏自知我心《ぶつじちがしん》（仏《ほとけ》は自《みずか》ら我《わ》が心を知《し》ろしめさん）」と説《と》かれたのである。法華経の行者《ぎょうじゃ》の心の中《なか》を、きっと教主釈尊《きょうしゅしゃくそん》がご存《ぞん》じである。「仏《ほとけ》」とは釈尊《しゃくそん》であり、「我心《がしん》」とは、今《いま》、日蓮とその弟子《でし》たちが南無妙法蓮華経と唱《とな》え奉《たてまつ》る、その心である。

惜《お》しむべき法《ほう》は生命尊厳《せいめいそんげん》の妙法

続《つづ》いて、「但惜無上道《たんしゃくむじょうどう》」についての御義口伝《おんぎくでん》を学《まな》びます。

釈尊《しゃくそん》の滅後《めつご》に、法華経を信《しん》じ、行《ぎょう》じ、弘《ひろ》めていく者《もの》には「三類《さんるい》の強敵《ごうてき》」〈注10〉が出現《しゅつげん》することを示《しめ》したのが、勧持品《かんじほん》の「二十行《にじゅうぎょう》の偈《げ》」〈注11〉です。その中《なか》で、菩薩《ぼさつ》が自《みずか》らの覚悟《かくご》を示《しめ》した偈が「為説是経故《いせつぜきょうこ》　忍此諸難事《にんししょなんじ》　我不愛身命《がふあいしんみょう》　但惜無上道《たんしゃくむじょうどう》（是《こ》の経《きょう》を説《と》かんが為《ため》の故《ゆえ》に　此《こ》の諸《もろもろ》の難事《なんじ》を忍《しの》ぶべし　我《われ》は身命《しんみょう》を愛《あい》せず　但《ただ》無上道《むじょうどう》を惜《お》しむのみ）」（法華経420㌻）です。

あらゆる難事《なんじ》を忍《しの》ぶのは、ただ、ひたすらに「無上道《むじょうどう》を惜《お》しむ」がゆえであると説《と》かれています。

ここで大聖人《だいしょうにん》は、「無上道《むじょうどう》」とは南無妙法蓮華経のことであると明《あ》かされています。

つまり、根源《こんげん》の一法《いっぽう》である妙法を惜《お》しむ心の強《つよ》さを教《おし》えられているのです。

「我不愛身命《がふあいしんみょう》」「不惜身命《ふしゃくしんみょう》」といっても、もとより命《いのち》を粗末《そまつ》にすることではありません。「法《ほう》」を愛《あい》し、「法《ほう》」を惜《お》しむのです。

惜《お》しむべき大法《だいほう》とは、生命尊厳《せいめいそんげん》の妙法です。生命を軽《かろ》んずることなど、大聖人《だいしょうにん》の仏法には微塵《みじん》もありません。命《いのち》を軽視《けいし》することと、身命《しんみょう》を惜《お》しまないこととは全《まった》く異《こと》なります。それは、この御義口伝《おんぎくでん》からも明《あき》らかです。広宣流布の前進《ぜんしん》にあっては、一人たりとも犠牲《ぎせい》者《しゃ》を出《だ》してはならないというのが、三代《さんだい》の師弟《してい》の信条《しんじょう》であり、私の決意《けつい》です。

法華経、そして大聖人《だいしょうにん》が教《おし》えられているのは、広宣流布の大願《だいがん》に生《い》き抜《ぬ》くなかにこそ、生死《しょうじ》を超《こ》えて、生命《せいめい》を最《もっと》も尊厳《そんげん》ならしめる道《みち》があるということです。ゆえに大切《たいせつ》なことは、生涯《しょうがい》にわたって信仰《しんこう》の道《みち》を貫《つらぬ》くという不退《ふたい》の信心です。

牧口先生は、高齢《こうれい》にもかかわらず弘教《ぐきょう》のために遠《とお》く九州や東北まで足《あし》を運《はこ》ばれました。戸田先生も、病魔《びょうま》を叱咤《しった》しながら最後《さいご》まで指揮《しき》を執《と》られ、青年たちへ広布の炎《ほのお》のバトンを託《たく》すため、あの「3・16」の後継《こうけい》の儀式《ぎしき》に臨《のぞ》まれたのです。

妙法に生《い》き切ることが「我不愛身命《がふあいしんみょう》」

勧持品《かんじほん》の「二十行《にじゅうぎょう》の偈《げ》」に照《て》らし、広宣流布は、仏《ほとけ》と魔《ま》との永遠《えいえん》の闘争《とうそう》です。妙法を弘《ひろ》める大善《だいぜん》の連帯《れんたい》を阻《はば》もうとする三類《さんるい》の強敵《ごうてき》が現《あらわ》れるのは必然《ひつぜん》なのです。

牧口先生は、「『行解既《ぎょうげすで》に勤《つと》めぬれば、三障四魔《さんしょうしま》、紛然《ふんぜん》として競《きそ》い起《おこ》る』という文証《もんしょう》も、決《けっ》して厭《いと》うべきものではない。かかる遠大《えんだい》の慈悲《じひ》を悟《さと》らず、目前近小《もくぜんきんしょう》の利害《りがい》に拘泥《こうでい》するものこそ、真《しん》にあわれむべき無知者《むちしゃ》である」と言《い》われました。

信心ゆえの難《なん》は、仏《ほとけ》の広大《こうだい》なる慈悲《じひ》の表《あらわ》れであると示《しめ》されています。自《みずか》らの生命《せいめい》に金剛《こんごう》不壊《ふえ》の仏の境涯《きょうがい》を開《ひら》く好機《こうき》だからです。先師《せんし》は、それを逃《のが》すことを哀《あわ》れまれたのです。

「難来《なんきた》るをもって安楽《あんらく》」（新１０４５ページ・全７５０ページ）との誇《ほこ》りが輝《かがや》いています。

大聖人《だいしょうにん》は立宗宣言以来《りっしゅうせんげんいらい》、それこそ山《やま》に山を重《かさ》ね、波《なみ》に波を畳《たた》むような、数多《かずおお》くの法難《ほうなん》を受《う》け切《き》られた。しかし、「当世日本国《とうせいにほんこく》に第一に富《と》める者《もの》は日蓮《にちれん》なるべし。命《いのち》は法華経《ほけきょう》にたてまつり、名《な》をば後代《こうだい》に留《とど》むべし」（新１０１ページ・全２２３ページ）と宣言《せんげん》されています。妙法弘《ぐ》通《つう》のゆえの大難《だいなん》は、最高《さいこう》の誉《ほま》れだからです。

「二十行《にじゅうぎょう》の偈《げ》」の結《むす》びが、「仏自知我心《ぶつじちがしん》」（仏《ほとけ》は自《みずか》ら我《わ》が心を知《し》ろしめさん）です。大聖人《だいしょうにん》は、

「今《いま》、日蓮《にちれん》等《ら》の類《たぐ》い、南無妙法蓮華経を惜《お》しむことは、命根《みょうこん》よりも惜《お》しきことなり。これによって結《むす》ぶ処《ところ》に、『仏自知我心《ぶつじちがしん》』と説《と》かれたり」と仰《おお》せです。

我不愛身命《がふあいしんみょう》で戦《たたか》うその凡夫《ぼんぷ》の心を、「御存知《ごぞんち》有《あ》るべき」——仏《ほとけ》は当然《とうぜん》知《し》っておられるのです。

それは、法華経に説《と》かれる釈尊《しゃくそん》もまた、如来寿量品《にょらいじゅりょうほん》第16に「我本行菩薩道《がほんぎょうぼさつどう》」とあるように、根本《こんぽん》の仏因《ぶついん》である南無妙法蓮華経の修行《しゅぎょう》によって仏《ほとけ》に成《な》ることができたからです。だからこそ、仏は妙法に生《い》き抜《ぬ》く人間の尊極《そんごく》の命《いのち》を深《ふか》く「知《し》って」いる。そして、末法《まっぽう》において、この「根源《こんげん》の一法《いっぽう》」を説《と》き明《あ》かされたのが御本仏《ごほんぶつ》・日蓮大聖人《だいしょうにん》です。「南無妙法蓮華経と唱《とな》え奉《たてまつ》る者《もの》」の心に、久遠《くおん》の仏の生命《せいめい》が脈動《みゃくどう》していくのです。

広宣流布の誓願《せいがん》に生《い》きる生命《せいめい》は、仏《ほとけ》と一体不二《いったいふに》となれる。大海《たいかい》のごとく深《ふか》き慈悲《じひ》、大空《おおぞら》のごとく開《ひら》かれた智慧《ちえ》、そして大山《たいざん》のごとく微動《びどう》だにしない不屈《ふくつ》の勇気《ゆうき》を、わが身《み》に顕《あらわ》していけるのです。

忍難弘通《にんなんぐつう》の戦《たたか》いによって、仏界《ぶっかい》の生命《せいめい》は輝《かがや》きわたっていく。そこに最極《さいごく》の人間生命《せいめい》の飛《ひ》躍《やく》があります。

戸田先生は、語《かた》られていました。

「悩《なや》みや苦《くる》しみがあるから、信心が深《ふか》く、強《つよ》くなる。そして、未来に幸福《こうふく》の花《はな》を咲《さ》かせられるんだよ」と。

「人間革命の真髄《しんずい》」を求《もと》め抜《ぬ》け

「大阪事件《じけん》」の時《とき》、出頭《しゅっとう》のために大阪へ向《む》かう私に、戸田先生は、自《みずか》ら妙悟空《みょうごくう》の筆名《ひつめい》で書《か》かれ、発刊《はっかん》したばかりの小説《しょうせつ》『人間革命』を手渡《てわた》してくださいました。あとがきには、「人間革命の真髄《しんずい》」との一文《いちぶん》が記《しる》されていました。

「真《しん》の人間革命はまだまだこれからである。三類《さんるい》の強敵《ごうてき》と闘《たたか》い抜《ぬ》き、三障四魔《さんしょうしま》を断破《だんぱ》して、真《しん》の大利益《だいりやく》・人間革命の真髄《しんずい》を把握《はあく》されんことを希望《きぼう》する」

障魔《しょうま》を迎《むか》え撃《う》ち、それに勝《か》ち切《き》っていく「人間革命の凱歌《がいか》の人生《じんせい》」を教《おし》えてくださったのです。

「大阪事件《じけん》」から20年目《ねんめ》の１９７６年（昭和51年）。私の出獄《しゅつごく》の日である「7月17日」に寄《よ》せて、恩師《おんし》に捧《ささ》げる思《おも》いで、「人間革命の歌《うた》」〈注12〉を作《つく》りました。

この「人間革命の歌《うた》」を刻《きざ》んだ碑《ひ》は、今秋《こんしゅう》（２０２３年）、完成《かんせい》10周年《しゅうねん》を迎《むか》える広宣流布大誓堂《だいせいどう》の北側広場《きたがわひろば》にあります。

広宣流布大誓堂にある「人間革命の歌」の歌碑

この世《よ》で果《は》たさん使命《しめい》あり

歌詞《かし》に詠《よ》んだ通《とお》り、「この世《よ》で果《は》たさん使命《しめい》あり」です。
共々《ともども》に、〝難《なん》こそ誉《ほま》れ〟と試練《しれん》にも胸《むね》を張《は》り、勇敢《ゆうかん》に妙法弘通《ぐつう》の誓願《せいがん》の道《みち》を進《すす》み、未来へ光《ひかり》を送《おく》る人間革命の勝利劇《しょうりげき》を綴《つづ》っていこうではありませんか！

君《きみ》も立《た》て　我《われ》も立つ
君《きみ》も征《ゆ》け　我《われ》も征く

さあ、世界の同志《どうし》と共《とも》に、師弟不二《していふに》、異体同心《いたいどうしん》、令法久住《りょうぼうくじゅう》の創価の大道《だいどう》を！

《注　解》

〈注1〉【大阪事件《じけん》】1957年（昭和32年）7月、全《まった》く無実《むじつ》の池田大作先生（当時、青年部の室長《しつちょう》）が選挙違反《せんきょいはん》の嫌疑《けんぎ》で大阪府警《ふけい》に不当逮捕《たいほ》・起訴《きそ》された事件《じけん》。4年余《あま》りの裁判《さいばん》を経《へ》て、62年1月25日、無罪判決《むざいはんけつ》となり、冤罪《えんざい》が証明《しょうめい》された。その後《ご》、検察《けんさつ》の控訴《こうそ》はなく、判決が確定《かくてい》した。

〈注2〉【大阪大会《たいかい》】1957年（昭和32年）7月17日、大阪拘置所《こうちしょ》を出所《しゅっしょ》した池田大作先生と共《とも》に、戸田城聖先生が出席《しゅっせき》し、中之島《なかのしま》の大阪市中央公会堂《ちゅうおうこうかいどう》で行《おこな》われた大会《たいかい》。検察《けんさつ》当局など国家権力《けんりょく》の不当な弾圧に抗議するとともに、関西不敗《ふはい》の原点《げんてん》となった大会で、池田先生は「信心しきった者《もの》が必《かなら》ず勝《か》つ」と宣言《せんげん》した。

〈注3〉【不惜身命《ふしゃくしんみょう》】145ページ参照。

〈注4〉【死身弘法《ししんぐほう》】「身《み》を死《ころ》して法《ほう》を弘《ひろ》む」と読《よ》み下《くだ》す。章安大師灌頂《しょうあんだいしかんじょう》の『涅槃経疏《ねはんぎょうしょ》』にある。教法流布《きょうほうるふ》の精神《せいしん》を示《しめ》したもので、身《み》を賭《と》して法《ほう》を弘《ひろ》めることをいう。

〈注5〉【九横《くおう》の大難《だいなん》】釈尊《しゃくそん》が在世中《ざいせちゅう》に受《う》けた九つの大難のこと。提婆達多《だいばだった》が釈尊《しゃくそん》を殺《ころ》そうとして、耆闍崛山《ぎしゃくっせん》（霊鷲山《りょうじゅせん》）から釈尊を目《め》がけて大石《おおいし》を落《お》とし、その小片《しょうへん》が散《ち》って釈尊の足《あし》の親指《おやゆび》が傷《きず》つき血《ち》が出《で》たこと（調達《じょうだつ》が山《やま》を推《お》す）、孫陀利《そんだり》という女性が外道《げどう》に唆《そそのか》され、釈尊と関係《かんけい》があったと言《い》いふらし謗《そし》ったこと（孫陀利の謗《そしり》）など。

〈注6〉【三障四魔《さんしょうしま》】仏道修行《ぶつどうしゅぎょう》を妨《さまた》げる三つの障《さわ》りと四つの魔《ま》のこと。三障《さんしょう》とは煩悩障《ぼんのうしょう》・業障《ごうしょう》・報障《ほうしょう》をいい、四魔《しま》とは陰魔《おんま》・煩悩魔《ぼんのうま》・死魔《しま》・天子魔《てんしま》をいう。

〈注7〉【願兼於業《がんけんおごう》】105ページ参照。

〈注8〉【六難九易《ろくなんくい》】仏《ほとけ》の滅後《めつご》に法華経を受持《じゅじ》し弘通《ぐつう》することの難《むずか》しさを、六つの難しいこと（六難《ろくなん》）と九つの易《やさ》しいこと（九易《くい》）との対比《たいひ》をもって示《しめ》したもの。法華経見宝塔品《けんほうとうほん》第11に説《と》かれる（法華経390ページ以下）。およそ不可能《ふかのう》な九易でさえ、六難に比《くら》べればまだ易しいと説《と》いたうえで釈尊《しゃくそん》は、滅後の法華経の弘通を促《うなが》している。

〈注9〉【娑婆《しゃば》世界】145ページ参照。

〈注10〉【三類《さんるい》の強敵《ごうてき》】釈尊滅後《しゃくそんめつご》の悪世《あくせ》で法華経を弘通《ぐつう》する人を迫害《はくがい》する3種類《しゅるい》の強敵《ごうてき》。①俗衆増上慢《ぞくしゅぞうじょうまん》は、仏法に無智《むち》な在家《ざいけ》の迫害者《はくがいしゃ》。悪口罵詈《あっくめり》などを浴《あ》びせ、刀《かたな》や杖《つえ》で危害《きがい》を加《くわ》える。②道門増上慢《どうもんぞうじょうまん》は、比《び》丘《く》（僧侶《そうりょ》）である迫害者。邪智《じゃち》で心が曲《ま》がっているために、真実《しんじつ》の仏法を究《きわ》めていないのに、自分《じぶん》の考《かんが》えに執着《しゅうちゃく》し自身《じしん》が優《すぐ》れていると思《おも》い、迫害《はくがい》してくる。③僣聖増上慢《せんしょうぞうじょうまん》は、聖者《せいじゃ》のように仰《あお》がれているが、迫害《はくがい》の元凶《げんきょう》となる高僧《こうそう》。普段《ふだん》は世間《せけん》から離《はな》れた所《ところ》に住《す》み、自分《じぶん》の利益《りやく》のみを貪《むさぼ》り、悪心《あくしん》を抱《いだ》く。讒言《ざんげん》によって権力者《けんりょくしゃ》を動《うご》かし、弾圧《だんあつ》を加《くわ》えるよう仕向《しむ》ける。日蓮大聖人《だいしょうにん》は、現実《げんじつ》にこの三類の強敵を呼《よ》び起《お》こしたことをもって、御自身《ごじしん》が末法《まっぽう》の法華経の行者《ぎょうじゃ》であることの証明《しょうめい》とされた。

〈注11〉【二十行《にじゅうぎょう》の偈《げ》】法華経勧持品《かんじほん》第13にある、漢訳経典《かんやくきょうてん》で20行にわたる偈のこと（法華経417ページ〜421ページ、4句《く》で一偈《いちげ》となるが『妙法蓮華経《みょうほうれんげきょう》並開結《ならびにかいけつ》 新版』では、2句が一行《いちぎょう》なので40行分《ぎょうぶん》となる）。菩薩《ぼさつ》たちが、釈尊滅後《しゃくそんめつご》に出現《しゅつげん》する「三類《さんるい》の強敵《ごうてき》」の大難《だいなん》に耐《た》えて法華経を弘通《ぐつう》することを誓《ちか》った文《もん》。

〈注12〉【人間革命の歌《うた》】池田大作先生は、創価学会の精神《せいしん》と思想《しそう》を表現《ひょうげん》した、創価学会の歌ともいうべきものが必要《ひつよう》だと考《かんが》え、「人間革命の歌」を作詞《さくし》・作曲《さっきょく》した。1976年（昭和51年）7月17日、大阪事件《じけん》での出獄《しゅつごく》の日を記念《きねん》して作成《さくせい》し、翌《よく》18日の本部幹部会《ほんぶかんぶかい》の席上《せきじょう》、歌詞《かし》が発表《はっぴょう》された。小説『新・人間革命』第23巻「勇気《ゆうき》」の章《しょう》に詳《くわ》しい。

従地涌出品第15《じゅうじゆじゅっぽん》

涌出品《ゆじゅっぽん》の概要《がいよう》

この品《ほん》から法華経の本門《ほんもん》が始《はじ》まります。冒頭《ぼうとう》、無数《むすう》の地涌《じゆ》の菩薩《ぼさつ》が大地《だいち》を割《わ》って出現《しゅつげん》します。六万恒河沙《ろくまんごうがしゃ》の菩薩が、それぞれ、六万恒河沙等《とう》の眷属《けんぞく》を率《ひき》いるので、その多《おお》さは誰《だれ》も計算《けいさん》できません。しかも、一人一人が、仏《ほとけ》と同《おな》じ相《そう》を持《も》ち、あまりにも立派《りっぱ》な姿《すがた》に、一座《いちざ》を代表《だいひょう》して弥勒《みろく》菩薩が、その正体《しょうたい》を尋《たず》ねます。

すると、釈尊《しゃくそん》は、この者《もの》たちは私の弟子《でし》であり、「我《われ》は久遠《くおん》従《よ》り来《このかた》　是等《これら》の衆《しゅ》を教化《きょうけ》せり」と明《あ》かします。

これは、次《つぎ》の寿量品《じゅりょうほん》での久遠実成《くおんじつじょう》の概略《がいりゃく》を先駆《さきが》けて述《の》べた一節《いっせつ》となります（略開近顕遠《りゃくかいごんけんのん》）。

再《ふたた》び、弥勒《みろく》が教《おし》えを請《こ》うて涌出品《ゆじゅっぽん》は終《お》わります。

崇高《すうこう》なり 地涌《じゆ》の使命《しめい》を果《は》たしゆく人生《じんせい》

「われわれは、地涌《じゆ》の菩薩《ぼさつ》として、どれほど尊貴《そんき》であり、どれほど使命《しめい》があるか。この使命に生《い》ききることこそ、最高《さいこう》の青春《せいしゅん》であり、最高の人生《じんせい》である」

恩師《おんし》との出会《であ》いが刻《きざ》まれた8月が巡《めぐ》りくるたびに、思《おも》い起《お》こされる戸田先生の師子吼《ししく》です。

先生は学会員の重大《じゅうだい》な使命《しめい》を、常《つね》に御書と法華経に照《て》らしながら、分《わ》かりやすく教《おし》えてくださいました。私自身《じしん》も恩師《おんし》との出会《であ》いによって、「正《ただ》しい人生《じんせい》」の道《みち》を歩《あゆ》んでこられた一人です。

師弟《してい》の出会《であ》いで披露《ひろう》した即興詩《そっきょうし》

1947年（昭和22年）の8月14日、戸田先生と初《はじ》めてお会《あ》いし、ざっくばらんで、直《ちょく》截簡明《さいかんめい》にして誠実《せいじつ》な話《はなし》と姿《すがた》に、この人なら信《しん》じられると直感《ちょっかん》した私は、感謝《かんしゃ》の思《おも》いを込《こ》めて即興詩《そっきょうし》を披露《ひろう》しました。後《のち》に「地湧《じゆ》」と名《な》づけた一詩《いっし》です。

「夜明《よあ》け前《まえ》の混沌《カオス》に
光《ひかり》　もとめて
われ　進《すす》みゆく
心の　暗雲《あんうん》をはらわんと
嵐《あらし》に動《うご》かぬ大樹《たいじゅ》求《もと》めて
われ　地《ち》より湧《わ》き出《い》でんとするか」

当時《とうじ》、私は「地涌《じゆ》の菩薩《ぼさつ》」という言葉《ことば》を知《し》るよしもありませんでした。ただ、戦後《せんご》の荒廃《こうはい》した大地《だいち》に草木《そうもく》が生《お》い出《い》ずる生命力《せいめいりょく》に感動《かんどう》し、詠《よ》んだのです。

10日後《ご》の暑《あつ》い暑い8月24日、「我《われ》、この師《し》に続《つづ》かむ。我、この道《みち》を進《すす》まむ」との決意《けつい》で御本尊を受持《じゅじ》しました。師弟《してい》の旅立《たびだ》ちを開始《かいし》してから、今年《ことし》（2023年）で76星霜《せいそう》を数《かぞ》えます。

この「師弟《してい》の絆《きずな》」と「地涌《じゆ》の使命《しめい》」を軸《じく》に、法華経の従地涌出品《じゅうじゆじゅっぽん》の御義口伝《おんぎくでん》を皆《みな》さんと共々《ともども》に学《まな》び、わが師《し》の指導《しどう》を確認《かくにん》していきたい。恩師《おんし》は、新時代《しんじだい》の地涌《じゆ》の陣列《じんれつ》を、さぞかし喜《よろこ》んでくださっているに違《ちが》いありません。

地涌出現《じゆしゅつげん》から法華経本門《ほんもん》が始《はじ》まる

最初《さいしょ》に法華経の展開《てんかい》を確認《かくにん》します。

この従地涌出品《じゅうじゆじゅっぽん》第15から、法華経は本門《ほんもん》に入《はい》ります。迹門《しゃくもん》と本門の大《おお》きな違《ちが》いは、教《おし》えを説《と》く釈尊《しゃくそん》の立場《たちば》が、「始成正覚《しじょうしょうがく》」の仏《ほとけ》から「久遠実成《くおんじつじょう》」の仏へと一変《いっぺん》するところにあります〈注1〉。そして、真《しん》の仏と菩薩《ぼさつ》は民衆《みんしゅう》の苦悩《くのう》渦巻《うずま》く娑婆《しゃば》世界で永遠《えいえん》に戦《たたか》い続《つづ》けるという、師弟共戦《していきょうせん》の大願《だいがん》が描《えが》かれていきます。

涌出品《ゆじゅっぽん》の冒頭《ぼうとう》は、会座《えざ》に集《あつ》まった菩薩《ぼさつ》たちが、仏《ほとけ》の滅後《めつご》に娑婆《しゃば》世界で法華経を弘通《ぐつう》することを許《ゆる》してほしいと要請《ようせい》する場面《ばめん》から始《はじ》まります。見宝塔品《けんほうとうほん》第11で、釈尊《しゃくそん》が滅後の弘通《ぐつう》を呼《よ》びかけ、勧持品《かんじほん》第13で大難《だいなん》を覚悟《かくご》して弘通《ぐつう》を誓《ちか》った菩薩たちからすれば、当然《とうぜん》、自分《じぶん》たちの誓願《せいがん》が認《みと》められると考《かんが》えていたことでしょう。ところが、釈尊は、「止《や》みね」と告《つ》げつつ、皆《みな》の想像《そうぞう》を超《こ》えた内容《ないよう》を述《の》べます。

「あなたたちを用《もち》いることはない。なぜなら、この娑婆《しゃば》世界には、もともと、六万恒河《ろくまんごうが》沙《しゃ》〈注2〉等《とう》の菩薩《ぼさつ》がおり、彼《かれ》らが私の滅後《めつご》に法華経を弘通《ぐつう》するからだ」と。
こう釈尊《しゃくそん》が述《の》べたまさにその時《とき》、全《すべ》ての国土《こくど》が震裂《しんれつ》し、無量千万億《むりょうせんまんおく》もの菩薩《ぼさつ》が同時《どうじ》に涌出《ゆじゅつ》します。しかも、その一人一人が、それぞれ六万恒河沙《ろくまんごうがしゃ》等《とう》の眷属《けんぞく》（仲間《なかま》）を引《ひ》き連《つ》れているのです。この菩薩の大群像《だいぐんぞう》が大行進《だいこうしん》をしながら、釈尊や多宝如来《たほうにょらい》を讃歎《さんたん》し、最終的《さいしゅうてき》に、無量百千万億《むりょうひゃくせんまんおく》の国土に遍満《へんまん》し、虚空会全体《こくうえぜんたい》を覆《おお》い尽《つ》くしていきます。まさに、法華経を彩《いろど》る圧巻《あっかん》の一大絵巻《いちだいえまき》です。

この菩薩《ぼさつ》たちは、一人一人が金色《こんじき》に輝《かがや》き、仏《ほとけ》と同《おな》じ三十二相《さんじゅうにそう》〈注3〉を持《も》ち、無量《むりょう》の光明《こうみょう》を放《はな》っています。そして、もともとは、この娑婆《しゃば》世界の大地《だいち》の底《そこ》〈注4〉に住《じゅう》しており、「私にはこの菩薩たちがいる」との釈尊《しゃくそん》の音声《おんじょう》を聞《き》くや、喜《よろこ》び勇《いさ》んで躍《おど》り出《で》てきたことが明《あ》かされます。

驚嘆《きょうたん》した一座《いちざ》を代表《だいひょう》し弥勒菩薩《みろくぼさつ》〈注5〉が、あまりにも立派《りっぱ》な、この菩薩たちは、一体《いったい》、いかなる存在《そんざい》なのか、いかなる理由《りゆう》で出現《しゅつげん》したのかを尋《たず》ねます。

そこで釈尊《しゃくそん》は、これらの者《もの》たちは、私が久遠《くおん》から化導《けどう》してきた弟子《でし》に他《ほか》ならないと、動執生疑《どうしゅうしょうぎ》〈注6〉となる発言《はつげん》をして、続《つづ》く如来寿量品《にょらいじゅりょうほん》第16で「久遠実成《くおんじつじょう》」を明《あ》かす説法《せっぽう》へと展開《てんかい》していくのです。

「御義口伝《おんぎくでん》」涌出品《ゆじゅっぽん》の一節　（新1046㌻・全751㌻）

御義口伝《おんぎくでん》に云《い》わく、涌出《ゆじゅつ》の一品《いっぽん》は、ことごとく本化《ほんげ》の菩薩《ぼさつ》のことなり。本化《ほんげ》の菩薩《ぼさつ》の所作《しょさ》は、南無妙法蓮華経なり。これを「唱《しょう》」というなり。「導《どう》」とは、日本国《にほんこく》の一切衆生《いっさいしゅじょう》を霊山浄土《りょうぜんじょうど》へ引導《いんどう》することなり。末法《まっぽう》の導師《どうし》とは本化《ほんげ》に限《かぎ》るというを「師《し》」と云《い》うなり。（中略）今《いま》、日蓮等《にちれんら》の類《たぐ》い、南無妙法蓮華経と唱《とな》え奉《たてまつ》る者《もの》は、皆地涌《みなじゆ》の流類《るるい》なり。

現代語訳

〈涌出品一箇《ゆじゅっぽんいっか》の大事《だいじ》　第一　「唱導之師《しょうどうしし》（唱導《しょうどう》の師《し》）」の事《こと》〉

御義口伝《おんぎくでん》に仰《おお》せである。涌出品《ゆじゅっぽん》の一品《いっぽん》は、全《すべ》て、本化《ほんげ》の菩薩《ぼさつ》（本門《ほんもん》の久遠《くおん》の釈《しゃく》尊《そん》によって化導《けどう》された菩薩《ぼさつ》）のことを説《と》いているのである。

その本化《ほんげ》の菩薩《ぼさつ》のなすべきこととは、南無妙法蓮華経である。これを「唱導《しょうどう》之師《しし》」の「唱《しょう》」というのである。「導《どう》」とは、日本国の一切衆生《いっさいしゅじょう》を霊山浄土《りょうぜんじょうど》へ導《みちび》くことをいうのである。末法《まっぽう》の衆生《しゅじょう》を救済《きゅうさい》する真《しん》の導師《どうし》とは、本化地涌《ほんげじゆ》の菩《ぼ》薩《さつ》に限《かぎ》ることを「師《し》」というのである。（中略）

今《いま》、日蓮とその弟子《でし》たち、南無妙法蓮華経の題目を唱《とな》え奉《たてまつ》る者《もの》は、全《すべ》て地涌《じゆ》の菩薩《ぼさつ》の流類《るるい》なのである。

大聖人門下《だいしょうにんもんか》こそが地涌《じゆ》の菩薩《ぼさつ》

次《つぎ》に涌出品《ゆじゅっぽん》の御義口伝《おんぎくでん》の前半《ぜんはん》を拝《はい》します。最初《さいしょ》に強調《きょうちょう》されているのは、「本化《ほんげ》の菩薩《ぼさつ》の所作《しょさ》は、南無妙法蓮華経なり」――南無妙法蓮華経を根本《こんぽん》に弘《ひろ》めることが地涌《じゆ》の菩薩の行動《こうどう》の全《すべ》てだということです。同《おな》じ主題《しゅだい》は、同品《どうほん》の御義口伝の後半《こうはん》でも再《ふたた》び取《と》り上《あ》げられ、妙法の題目は本化《ほんげ》の地涌の菩薩のみが所持《しょじ》し、迹化《しゃっけ》の菩薩たちの所持《しょじ》ではないことが重《かさ》ねて確認《かくにん》されます。

言《い》い換《か》えると、南無妙法蓮華経を唱《とな》え、一切衆生《いっさいしゅじょう》を一生成仏《いっしょうじょうぶつ》へと導《みちび》いていけるのは、地《じ》涌《ゆ》の菩薩《ぼさつ》以外《いがい》にいないのです。

南無妙法蓮華経は、大宇宙《だいうちゅう》と生命《せいめい》を貫《つらぬ》く根源《こんげん》の法《ほう》であるとともに、御本仏《ごほんぶつ》・日蓮大聖人《だいしょうにん》の御生命《ごせいめい》そのものです。と同時《どうじ》に、大聖人《だいしょうにん》と直結《ちょっけつ》する私たちの仏界《ぶっかい》・菩薩界《ぼさつかい》の働《はたら》きであり、十界全《じっかいすべ》てを調和《ちょうわ》させる力用《りきゆう》を具《そな》えています。

妙法を持《たも》つ以外《いがい》に、根本的《こんぽんてき》な意味《いみ》で六難九易《ろくなんくい》〈注7〉と示される困難《こんなん》に立《た》ち向《む》かい、三《さん》類《るい》の強敵《ごうてき》〈注8〉に打《う》ち勝《か》つ勇気《ゆうき》も力《ちから》も生《う》まれてこないのです。

涌出品《ゆじゅっぽん》では、上行《じょうぎょう》・無辺行《むへんぎょう》・浄行《じょうぎょう》・安立行《あんりゅうぎょう》という地涌《じゆ》の菩薩《ぼさつ》を代表《だいひょう》する四菩薩は「唱導《しょうどう》の師《し》」、すなわち無上《むじょう》の指導者《しどうしゃ》であると、位置《いち》づけられています。

御義口伝《おんぎくでん》で「唱導《しょうどう》」とは、地涌《じゆ》の菩薩《ぼさつ》が南無妙法蓮華経を唱《とな》え、全民衆《ぜんみんしゅう》を霊山《りょうぜん》へ引導《いんどう》する働《はたら》きであると示《しめ》され、妙法を持《たも》つ地涌の菩薩こそが、「末法《まっぽう》の導師《どうし》」となることが明《あ》かされます。

妙法を持《たも》ち、自身《じしん》の究極《きゅうきょく》の尊厳性《そんげんせい》に目覚《めざ》めた地涌《じゆ》の菩薩《ぼさつ》は、他者《たしゃ》に内在《ないざい》する無限《むげん》の可能《かのう》性《せい》への確信《かくしん》に満《み》ち、自他共《じたとも》の幸福《こうふく》と、共生《きょうせい》と平和《へいわ》を実現《じつげん》しようとする慈愛《じあい》があふれているのです。

そして、「今《いま》、日蓮等《にちれんら》の類《たぐ》い、南無妙法蓮華経と唱《とな》え奉《たてまつ》る者《もの》は、皆地涌《みなじゆ》の流類《るるい》なり」と結論《けつろん》されています。末法《まっぽう》においては、日蓮大聖人《だいしょうにん》とその門下《もんか》である私たち一人一人こそが地涌の菩薩《ぼさつ》であることは、間違《まちが》いないのです。

世界を包《つつ》む地涌《じゆ》の勇者《ゆうしゃ》の舞《まい》

「地涌《じゆ》の菩薩《ぼさつ》の自覚《じかく》」こそ創価の根本精神《こんぽんせいしん》です。その原点《げんてん》となったのは、戸田先生の法難《ほうなん》における獄中《ごくちゅう》での悟達《ごだつ》です。

「我《われ》、地涌《じゆ》の菩薩《ぼさつ》なり」と戸田先生が開悟《かいご》された瞬間《しゅんかん》、法華経が現代《げんだい》に蘇《よみがえ》ったと言《い》えます。すなわち、地涌の自覚《じかく》に立《た》つ人が現《あらわ》れ出《で》なければ、滅後《めつご》の弘教《ぐきょう》を明《あ》かす経文《きょうもん》は水泡《すいほう》に帰《き》すと言《い》っても過言《かごん》ではありません。また、末法《まっぽう》広宣流布の道《みち》を開《ひら》かれた大聖人《だいしょうにん》の忍難《にんなん》弘通《ぐつう》の大闘争《だいとうそう》の継承《けいしょう》も、成《な》し得《え》なくなります。

出獄《しゅつごく》した戸田先生は、その甚深《じんじん》の覚悟《かくご》をこう明《あ》かされました。

「われわれの生命《せいめい》は永遠《えいえん》である。無始無終《むしむしゅう》である。われわれは末法《まっぽう》に七文字《もじ》の法華経を流布すべき大任《たいにん》をおびて、出現《しゅつげん》したことを自覚《じかく》いたしました。この境地《きょうち》にまかせて、われわれの位《くらい》を判《はん》ずるならば、われわれは地涌《じゆ》の菩薩《ぼさつ》であります」

戸田先生が、ただお一人、先師《せんし》・牧口先生に誓《ちか》ったこの地涌《じゆ》の自覚《じかく》が、やがて、学会総《そう》体《たい》に広《ひろ》がり、あの75万世帯の誓願《せいがん》が実現《じつげん》したのです。

先生は、よく青年に「広宣流布は、この戸田がする。75万世帯《まんせたい》は、戸田の手《て》で達成《たっせい》する。君《きみ》たちも手伝《てつだ》いたいか！」と訴《うった》えられました。

この地涌《じゆ》の菩薩《ぼさつ》として、生命《せいめい》の奥底《おうてい》から迸《ほとばし》る叫《さけ》びが、学会員一人一人の心に、妙法流布という深《ふか》き久遠《くおん》の使命《しめい》を打《う》ち込《こ》んでいったのです。

今《いま》、世界中で学会員が、「我《われ》、地涌《じゆ》の菩薩《ぼさつ》なり」と立《た》ち上《あ》がってくれています。地涌の勇者《ゆうしゃ》の舞《まい》が世界を包《つつ》み、人々を希望《きぼう》の光《ひかり》で照《て》らす時代《じだい》になりました。創価学会によって、法華経に記《しる》された「地涌の菩薩」の絵巻《えまき》が現実《げんじつ》のものとなり、全地球《ぜんちきゅう》に広《ひろ》がったと言《い》えるのです。

困難《こんなん》な場所《ばしょ》へ勇《いさ》んで飛《と》び込《こ》む

「今《いま》、日蓮等《にちれんら》の類《たぐ》い、南無妙法蓮華経と唱《とな》え奉《たてまつ》る者《もの》は、皆地涌《みなじゆ》の流類《るるい》なり」との仰《おお》せは、私たち創価の師弟《してい》が地涌の菩薩《ぼさつ》であることを示《しめ》す文証《もんしょう》として、改《あらた》めて胸《むね》に迫《せま》ってきます。どのような立場《たちば》、環境《かんきょう》にある人でも自《みずか》らの使命《しめい》を自覚《じかく》して、妙法弘通《ぐつう》に立《た》ち上《あ》がる人は、「皆地涌《みなじゆ》の流類《るるい》」なのです。御書に「日蓮《にちれん》と同意《どうい》ならば地涌《じゆ》の菩薩《ぼさつ》たらんか」（新17

91ページ・全1360ページ）とも仰《おお》せの通《とお》りです。

また、涌出品《ゆじゅっぽん》では、地涌《じゆ》の菩薩《ぼさつ》の特性《とくせい》について、さまざまな観点《かんてん》から示《しめ》されています。これは、大聖人《だいしょうにん》が体現《たいげん》されたお姿《すがた》にほかなりません。とともに、妙法を持《たも》ち実践《じっせん》する中《なか》で、私たちが会得《えとく》する特質《とくしつ》であるとも言《い》えるのではないでしょうか。

「智慧《ちえ》は思議《しぎ》し叵《がた》し　其《そ》の志念《しねん》は堅固《けんご》にして　大忍辱力《だいにんにくりき》有《あ》り　衆生《しゅじょう》の見《み》んと楽《ねが》う所《ところ》なり」（法華経458ページ）

「昼夜《ちゅうや》に常《つね》に精進《しょうじん》するは　仏道《ぶつどう》を求《もと》めんが為《ため》の故《ゆえ》なり」（法華経466ページ）

「志念力《しねんりき》は堅固《けんご》にして　常《つね》に智慧《ちえ》を勤求《ごんぐ》し　種種《しゅじゅ》の妙法《みょうほう》を説《と》くに　其《そ》の心に畏《おそ》るる所無《ところな》し」（同ページ）

「善《よ》く菩薩《ぼさつ》の道《どう》を学《がく》す　世間《せけん》の法《ほう》に染《そ》まらざること　蓮華《れんげ》の水《みず》に在《あ》るが如《ごと》し」（法華経471ページ）

「難問答《なんもんどう》に巧《たく》みにして　其《そ》の心に畏《おそ》るる所無《ところな》く　忍辱《にんにく》の心は決定《けつじょう》し　端正《たんじょう》にして威徳《いとく》有《あ》り　十方《じっぽう》の仏《ほとけ》の讃《ほ》めたまう所《ところ》にして　善《よ》能く分別《ふんべつ》し説《と》く」（法華経472ページ）等々《とうとう》。

いかなる苦難《くなん》や試練《しれん》にも忍耐強《にんたいづよ》く、末法《まっぽう》という大変《たいへん》な時代《じだい》に勇《いさ》んで飛《と》び込《こ》み、娑婆《しゃば》世界という困難《こんなん》な場所《ばしょ》で、縦横無尽《じゅうおうむじん》に大活躍《だいかつやく》していくのが地涌《じゆ》の菩薩《ぼさつ》です。

その威風《いふう》は、開目抄《かいもくしょう》に「巍々堂々《ぎぎどうどう》として尊高《そんこう》なり。釈迦《しゃか》・多宝《たほう》・十方《じっぽう》の分身《ふんじん》を除《のぞ》いては、一切衆生《いっさいしゅじょう》の善知識《ぜんちしき》ともたのみ《恃》奉《たてまつ》りぬべし」（新85ページ・全211ページ）とも示《しめ》されています〈注9〉。

さらには、「能《よ》く能《よ》く心をきたわ《鍛》せ給《たも》うにや」（新1608ページ・全1186ページ）と讃《たた》えられるように、地涌《じゆ》の菩薩《ぼさつ》は鍛《きた》えられた生命《せいめい》を持《も》ち、末法《まっぽう》広宣流布に挑《いど》み抜《ぬ》く勇者《ゆうしゃ》なのです。

この地涌《じゆ》の満々《まんまん》たる大生命力《だいせいめいりょく》を発揮《はっき》して、私たちは、争《あらそ》いと苦悩《くのう》の絶《た》えない悪世《あくせ》の人々《ひとびと》の無明《むみょう》〈注10〉の闇《やみ》を晴《は》らしていく大闘争《だいとうそう》に挑《いど》んでいくのです。

次《つぎ》に、その意義《いぎ》を御義口伝《おんぎくでん》の後半《こうはん》の一節《いっせつ》に学《まな》びます。

「御義口伝《おんぎくでん》」涌出品《ゆじゅっぽん》の一節（新1047ページ・全751ページ）

また云《い》わく、千草万木《せんそうばんぼく》、地涌《じゆ》の菩薩《ぼさつ》にあらずということなし。されば、地涌《じゆ》の菩薩《ぼさつ》を本化《ほんげ》と云《い》えり。本《ほん》とは、過去久遠五百塵点《かこくおんごひゃくじんてん》よりの利《り》益《やく》として、無始無終《むしむしゅう》の利益《りやく》なり。この菩薩《ぼさつ》は本法所持《ほんぽうしょじ》の人《ひと》なり。本法《ほんぽう》とは、南無妙法蓮華経なり。この題目《だいもく》は、必《かなら》ず地涌《じゆ》の所持《しょじ》の物《もの》にして、迹化《しゃっけ》の菩薩《ぼさつ》の所持《しょじ》にあらず。この本法《ほんぽう》の体《たい》より用《ゆう》を出《い》だして、止《し》観《かん》と弘《ひろ》め、一念三千《いちねんさんぜん》と云《い》う。総《そう》じて大師《だいし》・人師《にんし》の所釈《しょしゃく》も、この妙法《みょうほう》の用《ゆう》を弘《ひろ》め給《たも》うなり。

この本法《ほんぽう》を受持《じゅじ》するは、信《しん》の一字《いちじ》なり。

現代語訳

また御義口伝《おんぎくでん》に仰《おお》せである。一切《いっさい》の草木《そうもく》といえども、地涌《じゆ》の菩薩《ぼさつ》でないものはない。それゆえ、地涌《じゆ》の菩薩《ぼさつ》を本化《ほんげ》というのである。「本《ほん》」とは、久遠《くおん》五百塵点劫《じんてんごう》の過去《かこ》からの利益《りやく》として無始無終《むしむしゅう》の利益《りやく》である。

この地涌《じゆ》の菩薩《ぼさつ》は、本法《ほんぽう》（本源《ほんげん》の法《ほう》）を所持《しょじ》した人である。本法《ほんぽう》とは南無妙法蓮華経である。この南無妙法蓮華経の題目は、必《かなら》ず地涌《じゆ》の菩薩《ぼさつ》が所持《しょじ》するものであって、迹化《しゃっけ》の菩薩《ぼさつ》が所持《しょじ》するものではない。この本法《ほんぽう》の「体《たい》（本体《ほんたい》）」から、「用《ゆう》（働《はたら》き）」を出《だ》して、天台《てんだい》は止観《しかん》として弘《ひろ》め、一念三千《いちねんさんぜん》と表現《ひょうげん》した。総《そう》じて天台大師《てんだいだいし》や人師《にんし》たちの釈《しゃく》も、この妙法の「用《ゆう》」を弘《ひろ》めているのである。

この本法《ほんぽう》を受持《じゅじ》することは「信《しん》」の一字《いちじ》による。

創価学会は仏意仏勅《ぶついぶっちょく》の団体《だんたい》

大聖人《だいしょうにん》は、ここで、「千草万木《せんそうばんぼく》、地涌《じゆ》の菩薩《ぼさつ》にあらずということなし」と仰《おお》せです。すなわち、あらゆる草《くさ》や木《き》にいたるまで、この世界の全《すべ》ての存在《そんざい》が、本来《ほんらい》、地涌《じゆ》の菩薩《ぼさつ》であるとの深《ふか》き哲理《てつり》です。

かつて戸田先生は、宇宙《うちゅう》そのものが「慈悲《じひ》の行業《ぎょうごう》」であると言《い》われました〈注11〉。千草《せんそう》万木《ばんぼく》をはじめ一切《いっさい》が妙法の慈悲《じひ》の現《あらわ》れであり、そのまま地涌《じゆ》の菩薩《ぼさつ》の当体《とうたい》なのです。そして、地涌の菩薩は「本化《ほんげ》」、すなわち本《もと》より久遠《くおん》からの利益《りやく》として、人々を教化《きょうけ》し導《みちび》く、「無始無終《むしむしゅう》の利益《りやく》」に生《い》きる菩薩なのです。

その理由《りゆう》は、「この菩薩《ぼさつ》は本法所持《ほんぽうしょじ》の人《ひと》」だからです。先述《せんじゅつ》のように、地涌《じゆ》の菩薩《ぼさつ》は、無《む》始《し》無《む》終《しゅう》の永遠《えいえん》の〝本源《ほんげん》の法《ほう》〟たる南無妙法蓮華経の大法《だいほう》を持《たも》ち、末法《まっぽう》広布に生《い》き抜《ぬ》いていく「真正《しんせい》の弟子《でし》」です。

「この本法《ほんぽう》の体《たい》より用《ゆう》を出《い》だして」と仰《おお》せです。一切《いっさい》の慈悲《じひ》の力用《りきゆう》は全《すべ》て妙法を弘《ひろ》める表《あらわ》れとなるのです。

この根源《こんげん》の法《ほう》を持《たも》ち、しかも広大《こうだい》な功徳《くどく》を発揮《はっき》して妙法を弘通《ぐつう》する地涌《じゆ》の菩薩《ぼさつ》が、いかに偉大《いだい》な存在《そんざい》であるか。

私たちは、この尊《とうと》き地涌《じゆ》の使命《しめい》に生《い》きていくのです。これほど崇高《すうこう》で、生死不二《しょうじふに》という本源的《ほんげんてき》な生命観《せいめいかん》に立《た》った、壮大《そうだい》な人生《じんせい》はありません。

戸田先生は、ある時《とき》、次《つぎ》のような話《はなし》もされました。

――この地球上《ちきゅうじょう》において、釈迦《しゃか》仏法の功力《くりき》が終《お》わり、大聖人《だいしょうにん》の仏法が厳然《げんぜん》と確立《かくりつ》された。また現在《げんざい》、私は、広宣流布への流通《るつう》の道《みち》を開《ひら》いた。あとは、諸君《しょくん》たちに、一切《いっさい》まかせる。自分《じぶん》は、他《ほか》の天体《てんたい》に行《い》って、同《おな》じように、妙法流布の仕事《しごと》をしなければならないから

――と。

青年たちを対象《たいしょう》とした総会《そうかい》での講演《こうえん》の中ででしたが、今《いま》も鮮烈《せんれつ》に覚《おぼ》えています。

恩師《おんし》は常々《つねづね》、「御本仏《ごほんぶつ》・日蓮大聖人《だいしょうにん》より、末法現代《まっぽうげんだい》の広宣流布を託《たく》された地涌《じゆ》の菩薩《ぼさつ》の

集《つど》いであり、仏意仏勅《ぶついぶっちょく》の団体《だんたい》こそ、創価学会なのだ」とも語《かた》られていました。

受持《じゅじ》、弘通《ぐつう》の要《かなめ》は「信《しん》の一字《いちじ》」

涌出品《ゆじゅっぽん》の御義口伝《おんぎくでん》の最後《さいご》では、地涌《じゆ》の菩薩《ぼさつ》が悪世末法《あくせまっぽう》にあって、妙法を受持《じゅじ》、弘通《ぐつう》する要《かなめ》は「信《しん》の一字《いちじ》」によることを教《おし》えられています。「元品《がんぽん》の無明《むみょう》を対治《たいじ》する利剣《りけん》は、信《しん》の一字《いちじ》なり」（新1047ジペー・全751ジペー）とも仰《おお》せです。人間への不信《ふしん》や蔑視《べっし》の根本《こんぽん》にある無明《むみょう》に打《う》ち勝《か》つためには、自他共《じたとも》の仏性《ぶっしょう》に対《たい》する「信《しん》の一字《いちじ》」こそが肝要《かんよう》となるのです。

実際《じっさい》に私たち学会員は、自分《じぶん》だけにとどまらず、あらゆる人々の仏性《ぶっしょう》を信《しん》じ抜《ぬ》く対話《たいわ》に挑戦《ちょうせん》しています。そこには、誰《だれ》もが深《ふか》き使命《しめい》を持《も》った尊極《そんごく》な存在《そんざい》であるという最極《さいごく》の信念《しんねん》が輝《かが》いています。

人は、「使命《しめい》」を自覚《じかく》した時《とき》に、自身《じしん》の内奥《ないおう》の力《ちから》を涌現《ゆげん》させることができます。「使命《しめい》」の道《みち》に生《い》き抜《ぬ》く時《とき》に、あらゆる苦難《くなん》を乗《の》り越《こ》える、不退《ふたい》と忍辱《にんにく》の力《ちから》が込《こ》み上《あ》げてきます。「使命《しめい》」を果《は》たし抜《ぬ》く人生《じんせい》は朗《ほが》らかであり、爽《さわ》やかです。一点《いってん》の悔《く》いもなく、突《つ》き抜《ぬ》けた青空《あおぞら》のごとき王者《おうじゃ》の境涯《きょうがい》に至《いた》ります。

その「無上《むじょう》の使命《しめい》」こそ、地涌《じゆ》の大願《だいがん》の人生《じんせい》です。地涌の生命《せいめい》を燃焼《ねんしょう》している人は、無《む》上《じょう》の幸福《こうふく》を築《きず》いているのです。

かつて私は、人間の〝根源《こんげん》のルーツ〟が地涌《じゆ》の境地《きょうち》であるとうたいました〈注12〉。

そこでは、人種《じんしゅ》にルーツを求《もと》めて終《お》わるのではなく、人間共通《きょうつう》の〝生命《せいめい》の故郷《ふるさと》〟を求《もと》め抜《ぬ》いていく、その時《とき》に地涌《じゆ》の生命《いのち》を見いだすのだと申《もう》し上《あ》げました。

「さらに深《ふか》く　我《わ》が生命《せいめい》の奥深《おくふか》く
自身《じしん》のルーツを徹《てっ》して索《もと》めよ
人間の〝根源《こんげん》のルーツ〟を索《もと》めよ
そのとき　君《きみ》は見《み》いだすにちがいない
我《われ》らが己心《こしん》の奥底《おうてい》に
厳《げん》として広《ひろ》がりゆくは
『地涌《じゆ》』の大地《だいち》――と！」

地涌《じゆ》の菩薩《ぼさつ》の世界には、差《さ》別《べつ》も排除《はいじょ》もありません。「千草万木《せんそうばんぼく》、地涌の菩薩」です。万《ばん》人《にん》、万物《ばんぶつ》を結《むす》ぶ「生命《せいめい》の絆《きずな》」です。「法性《ほっしょう》の淵底《えんでい》、玄宗《げんしゅう》の極地《ごくじ》」〈注13〉という、万人《ばんにん》が持《も》つ本源的《ほんげんてき》な生命《せいめい》こそが、地涌の本地《ほんじ》なのです。

人々が、慈悲《じひ》と調和《ちょうわ》の根源《こんげん》の生命《せいめい》に目覚《めざ》めれば、誰《だれ》もが自他共《じたとも》の尊厳性《そんげんせい》を尊重《そんちょう》する時代《じだい》が到来《とうらい》します。自《みずか》らの地涌《じゆ》の生命《せいめい》を発揮《はっき》しながら、他者《たしゃ》の地涌の生命《せいめい》も敬《うやま》い薫発《くんぱつ》していくのです。

人類《じんるい》の無明破《むみょうやぶ》る未聞《みもん》の闘争《とうそう》を

広宣流布とは、人類《じんるい》の無明《むみょう》を打《う》ち破《やぶ》り、宿命《しゅくめい》を転換《てんかん》しゆく偉大《いだい》な未聞《みもん》の精神闘争《せいしんとうそう》です。この大確信《だいかくしん》に胸《むね》を張《は》り、威風堂々《いふうどうどう》と進《すす》んでいきましょう。地涌《じゆ》の菩薩《ぼさつ》に、恐《おそ》れるものは何《なに》もありません。

私たちは「地涌《じゆ》の大地《だいち》」を永遠《えいえん》に闊歩《かっぽ》しながら、桜梅桃李《おうばいとうり》の我《われ》ら師弟《してい》の「今生《こんじょう》の大使《だいし》命《めい》」を、颯爽《さっそう》と果《は》たしていこうではありませんか!

《注解》

〈注1〉始成正覚《しじょうしょうがく》とは、今世《こんぜ》で初《はじ》めて成仏《じょうぶつ》したこと。法華経迹門《しゃくもん》までの諸経《しょきょう》では、釈尊《しゃくそん》は過去世《かこせ》の仏道修《ぶつどうしゅ》行《ぎょう》を経《へ》て、インドに生《う》まれて伽耶城《がやじょう》の郊外《こうがい》にある菩提樹《ぼだいじゅ》の下《もと》で初《はじ》めて最高《さいこう》の覚《さと》りを得《え》たと説《と》かれている。これに対《たい》して、久遠実成《くおんじつじょう》は法華経如来寿量品《にょらいじゅりょうほん》第16で明《あ》かされ、釈尊が実《じつ》は五百塵点劫《ごひゃくじんてんごう》という非常《ひじょう》に遠《とお》い過去《かこ》（久遠《くおん》）に成仏していたことが示《しめ》されている。

〈注2〉【六万恒河沙《ろくまんごうがしゃ》】恒河沙《ごうがしゃ》とはインドのガンジス川（恒河《ごうが》）の砂《すな》の粒《つぶ》のことで、無量《むりょう》の数《かず》を表《あらわ》す。六万恒河沙は、大地《だいち》から涌出《ゆじゅつ》した地涌《じゆ》の菩薩《ぼさつ》の数《かず》、また、この菩薩おのおのが率《ひき》いている眷属《けんぞく》の数をいう。

〈注3〉【三十二相《さんじゅうにそう》】仏《ほとけ》や転輪聖王《てんりんじょうおう》などが具《そな》えている32の優《すぐ》れた身体的特質《しんたいてきとくしつ》のこと。

〈注4〉古代《こだい》インドの世界観《かん》では、私たちが住《す》む大地《だいち》（地輪《じりん》）の下に、金輪《こんりん》、水輪《すいりん》、風輪《ふうりん》の構造《こうぞう》があり、その下に虚空《こくう》があるとされていた。地涌《じゆ》の菩薩《ぼさつ》は、この下方《かほう》の虚空に住《じゅう》していた。

〈注5〉【弥勒菩薩《みろくぼさつ》】未来に釈尊《しゃくそん》に次《つ》いで仏《ほとけ》としての位《くらい》を継《つ》ぐとされる菩薩。

〈注6〉【動執生疑《どうしゅうしょうぎ》】仏《ほとけ》が真実《しんじつ》の教《おし》えに導《みちび》くための化導法《けどうほう》の一つ。浅《あさ》い教《おし》えに執着《しゅうちゃく》している衆生《しゅじょう》の心を動《どう》揺《よう》させて、疑《うたが》いの心を生《しょう》じさせること。

〈注7〉【六難九易《ろくなんくい》】186ページ参照。

〈注8〉【三類《さんるい》の強敵《ごうてき》】186ページ参照。

〈注9〉「（上行菩薩《じょうぎょうぼさつ》ら4人は）そびえ立《た》つ山《やま》のように堂々《どうどう》としており、崇高《すうこう》であった。釈尊《しゃくそん》・多宝仏《たほうぶつ》・十《じっ》方《ぽう》の世界の分身《ふんじん》の仏《ほとけ》たちを除《のぞ》けば、あらゆる衆生《しゅじょう》にとっての善知識《ぜんちしき》だと思《おも》って頼《たよ》りにできるほどで

ある」(通解)

〈注10〉【無明《むみょう》】元品の無明。45ページ参照。

〈注11〉戸田城聖先生は、「そもそも、この宇宙《うちゅう》は、みな仏《ほとけ》の実体《じったい》であって、宇宙の万象《ばんしょう》ことごとく慈悲《じひ》の行業《ぎょうごう》である。されば、慈悲《じひ》は宇宙の本然《ほんねん》のすがたというべきである」等《とう》と語《かた》っている。

〈注12〉1992年(平成4年)、アメリカ・ロサンゼルスで、人種間《じんしゅかん》に高《たか》まる緊張《きんちょう》を背景《はいけい》とした〝ロス暴動《ぼうどう》〟が起《お》こり、憎悪《ぞうお》と暴力《ぼうりょく》を浮《う》き彫《ぼ》りにし、社会《しゃかい》に大《おお》きな衝撃《しょうげき》を与《あた》えた。池田大作先生は、市民《しみん》の無事《ぶじ》と事態《じたい》の鎮静《ちんせい》を祈念《きねん》し、翌《よく》93年1月27日、長編詩《ちょうへんし》「新生《しんせい》の天地《てんち》に地涌《じゆ》の太陽」を贈《おく》った。詩では、人類共生《じんるいきょうせい》の模範《もはん》となる社会建設《けんせつ》へ希望《きぼう》の指標《しひょう》を示《しめ》している。『池田大作全集』第43巻所収。

〈注13〉【法性《ほっしょう》の淵底《えんでい》、玄宗《げんしゅう》の極地《ごくじ》】覚《さと》りの根源《こんげん》・究極《きゅうきょく》の境地《きょうち》。法性とは、万物《ばんぶつ》の根源《こんげん》の本性《ほんしょう》であり、覚《さと》りの究極《きゅうきょく》。玄宗とは、深遠《しんえん》な根本《こんぽん》なる教《おし》え。天台大師《てんだいだいし》が、地涌《じゆ》の菩薩《ぼさつ》の住《じゅう》していた「下方《かほう》の虚空《こくう》」を釈《しゃく》した言葉《ことば》。

如来寿量品第16《にょらいじゅりょうほん》〈上〉

寿量品《じゅりょうほん》の概要《がいよう》（1）

　従地涌出品《じゅうじゆじゅっぽん》第15での弥勒菩薩《みろくぼさつ》の質問《しつもん》を受《う》けて、如来寿量品《にょらいじゅりょうほん》第16の冒頭《ぼうとう》、釈尊《しゃくそん》は、菩薩たちに「如来《にょらい》が語《かた》る真実《しんじつ》の言葉《ことば》を信《しん》じ、理解《りかい》しなさい」と呼《よ》びかけます。

　そして真剣《しんけん》に法《ほう》を求《もと》めている菩薩《ぼさつ》たちに「明《あき》らかに聴《き》きなさい。如来《にょらい》の秘密《ひみつ》、神通《じんずう》の力《ちから》を」と告《つ》げます。

　その内容《ないよう》とは「私は、実《じつ》に成仏《じょうぶつ》してから、無量無辺百千万《むりょうむへんひゃくせんまん》億那由他劫《のくなゆたこう》という長遠《ちょうおん》の時《とき》を経《へ》ている」という、久遠実成《くおんじつじょう》の法門《ほうもん》でした。

　さらに「私は、久遠《くおん》の昔《むかし》に成仏《じょうぶつ》して以来《いらい》、常《つね》に、この娑婆《しゃば》世界で人々に法《ほう》を説《と》き、教《おし》え導《みちび》いてきた」と、現実《げんじつ》世界の衆生《しゅじょう》を救《すく》い続《つづ》けてきた仏《ほとけ》の真実《しんじつ》の姿《すがた》を教《おし》えます。

下種《げしゅ》——万人《ばんにん》の幸福《こうふく》を開《ひら》く仏《ほとけ》の聖業《せいぎょう》

「ああ、吾《わ》れ、法華経の深遠偉大《しんえんいだい》なるに驚嘆《きょうたん》す。
人類《じんるい》を、真《しん》に救《すく》い得《う》る道《みち》は、法華経に非《あら》ずや」

連日《れんじつ》の猛暑《もうしょ》が一段落《いちだんらく》し、爽秋《そうしゅう》の雨《あめ》が大地《だいち》を潤《うるお》した1948年（昭和23年）9月13日。戸田城聖《じょうせい》先生の法華経講義《こうぎ》〈注1〉を受《う》けた私は、とめどなく湧《わ》き上《あ》がる感激《かんげき》を日記《にっき》に託《たく》しました。

「唯々《ただただ》、全衆生《ぜんしゅじょう》を成仏《じょうぶつ》させせんと、苦難《くなん》と戦《たたか》い、大悪世《だいあくせ》に、大曙光《だいしょこう》を、点《てん》じられた日蓮大《だい》聖人《しょうにん》の大慈悲《だいじひ》に感涙《かんるい》す」

そして、身《み》の福運《ふくうん》と使命《しめい》の大《だい》なるを確信《かくしん》し、自《みずか》らを奮《ふる》い起《お》こしたのでした。

「戸田先生こそ、人類《じんるい》の師《し》であらん」
「若人《わこうど》は、進《すす》まねばならぬ。永遠《えいえん》に前《まえ》に。
若人よ、進まねばならぬ。令法久住《りょうぼうくじゅう》の為《ため》に」

以来《いらい》、春秋《しゅんじゅう》75歳《とせ》（2023年）。師弟不二《していふに》で歩《あゆ》み抜《ぬ》いてきた広布の道《みち》は、峻嶺《しゅんれい》も激流《げきりゅう》も越《こ》え、世界のあの国でも、この地《ち》でも地涌《じゆ》の同志《どうし》が躍《おど》り出《で》る大道《だいどう》となりました。何《なに》より頼《たの》もしいのは、仰《あお》ぎ見《み》る大樹《たいじゅ》のごとき青年たちが、澎湃《ほうはい》と続《つづ》いていることです。

友人《ゆうじん》に仏法を伝《つた》えるには

恩師《おんし》が青年に託《たく》された遺訓《いくん》「原水爆禁止宣言《げんすいばくきんしせんげん》」〈注2〉から45星霜《せいそう》となる2002年（平成14年）9月8日。私は、50カ国・地域《ちいき》から集《つど》った青年たちと、世界平和《へいわ》を祈念《きねん》する勤行会に臨《のぞ》みました。

そこでは質問会《しつもんかい》も行《おこな》いました。オーストラリアの華陽《かよう》メンバーからは、同世代《どうせだい》の友人《ゆうじん》に、どのように仏法の素晴《すば》らしさを伝《つた》えればよいか、と尋《たず》ねられました。

私は、彼女《かのじょ》と友人《ゆうじん》の幸《さち》を祈《いの》りつつ、誠実《せいじつ》に、また朗《ほが》らかに、自信満々《じしんまんまん》と話《はな》していく大切《たいせつ》さを申《もう》し上《あ》げました。

「人生《じんせい》の確信《かくしん》ある生《い》き方《かた》、未来への限《かぎ》りなき希望《きぼう》に生《い》き抜《ぬ》く、価値《かち》ある生活《せいかつ》の実証《じっしょう》を語《かた》っていくことです。

結論《けつろん》して言《い》えば、自分自身《じぶんじしん》の確信《かくしん》と体験《たいけん》を堂々《どうどう》と語《かた》り抜《ぬ》いていくことです。それが相手《あいて》の生命《せいめい》に、幸福《こうふく》と希望《きぼう》の種《たね》を植《う》えることになるのです。
その種《たね》は、いつか必《かなら》ず根《ね》を張《は》り、芽《め》を出《だ》し、花《はな》を咲《さ》かせます。それまで祈《いの》り続《つづ》けて、時《とき》を待《ま》てばよいのです」

日蓮仏法の弘教《ぐきょう》の方軌《ほうき》。それは「下種《げしゅ》」です。祈《いの》りを重《かさ》ねた真心《まごころ》の対話《たいわ》は、生命《せいめい》の深《ふか》い次元《じげん》で相手《あいて》に通《つう》じていきます。必《かなら》ず、下種仏法の幸《さち》の仏縁《ぶつえん》が結《むす》ばれていくのです。

いよいよ、法華経の「本門《ほんもん》の肝心《かんじん》」（新1373ページ・全1016ページ）たる如来寿量品《にょらいじゅりょうほん》第16の御義口伝《おんぎくでん》に入《はい》ります。最初《さいしょ》に、南無妙法蓮華経の下種《げしゅ》仏法こそ、末法《まっぽう》の肝要《かんよう》であることを学《まな》びます。

永遠《えいえん》に戦《たたか》い抜《ぬ》く最《もっと》も崇高《すうこう》な人間

如来寿量品《にょらいじゅりょうほん》の「如来」とは、仏《ほとけ》の十号《じゅうごう》〈注3〉の第一です。「真如《しんにょ》（真実《しんじつ》）から来《き》た」との意《い》であり、真如に住《じゅう》するのみではなく、衆生《しゅじょう》の前《まえ》に現《あらわ》れ来《きた》って、衆生《しゅじょう》を導《みちび》くために教《おし》えを説《と》く存在《そんざい》と言《い》えましょう。

釈尊《しゃくそん》は、「一切《いっさい》の生《い》きとし生《い》けるものは、幸《しあわ》せであれ」〈注4〉との言葉《ことば》の通《とお》り、一生《いっしょう》涯《がい》、どこまでも一切衆生《しゅじょう》の幸福《こうふく》のために行動《こうどう》し続《つづ》けました。

そして、その仏《ほとけ》の闘争《とうそう》は、今世《こんぜ》だけでなく、久遠以来《くおんいらい》、尽未来際《じんみらいさい》まで永遠《えいえん》であることを示《しめ》しているのが、寿量品《じゅりょうほん》で説《と》かれる久遠実成《じつじょう》の仏〈注5〉です。しかも、結論《けつろん》から言《い》えば、この久遠の仏は、どこまでも現実《げんじつ》の人間を離《はな》れた存在《そんざい》ではない。久遠の生命《せいめい》に目覚《めざ》め、民衆《みんしゅう》を救《すく》う大法《だいほう》を説《と》き、永遠に戦《たたか》い抜《ぬ》く最《もっと》も崇高《すうこう》な人間です。この「人間のための宗教《しゅうきょう》」の極理《ごくり》が示《しめ》されているのが、御義口伝《おんぎくでん》の「『南無妙法蓮華経如来寿量品第十六《にょらいじゅりょうほんじゅうろく》』の事《こと》」です。

この題号《だいごう》では、それまでの各品《かくほん》と異《こと》なり、品名《ほんめい》に題目の七字《じ》が冠《かん》されています。さらに大聖人《だいしょうにん》は「この品《ほん》の題目《だいもく》は日蓮《にちれん》が身《み》に当《あ》たる大事《だいじ》」（新1048ジペー・全752ジペー）と明《あ》かされ、次《つぎ》の御文《ごもん》でその真髄《しんずい》を示《しめ》されています。

「御義口伝《おんぎくでん》」寿量品《じゅりょうほん》の一節

（新1048ジペー・全752ジペー）

「如来《にょらい》」とは釈尊《しゃくそん》、総《そう》じては十方三世《じっぽうさんぜ》の諸仏《しょぶつ》なり、別《べっ》しては本地《ほんじ》の無作《むさ》の三身《さんじん》なり。今《いま》、日蓮《にちれん》等《ら》の類《たぐ》いの意《こころ》は、総《そう》じては「如来《にょらい》」とは一切衆生《いっさいしゅじょう》なり、別《べっ》しては日蓮《にちれん》の弟子檀那《でしだんな》なり。されば、無作《むさ》の三身《さんじん》とは、末法《まっぽう》の法華経《ほけきょう》の行者《ぎょうじゃ》なり。無作《むさ》の三身《さんじん》の宝号《ほうごう》を、「南無妙法蓮華経」と云《い》うなり。

現代語訳

〈寿量品二十七箇《じゅりょうほんにじゅうななか》の大事《だいじ》　第一　「南無妙法蓮華経如来寿量品第十六《にょらいじゅりょうほんだいじゅうろく》」の事《こと》〉（御義口伝《おんぎくでん》に仰《おお》せである）如来寿量品《にょらいじゅりょうほん》の「如来《にょらい》」とは釈尊《しゃくそん》、総《そう》じては十方三世《じっぽうさんぜ》の諸仏《しょぶつ》であり、別《べっ》しては本地《ほんじ》の無作《むさ》の三身《さんじん》である。

今《いま》、日蓮《にちれん》とその弟子《でし》たちの意《こころ》は、総《そう》じては「如来《にょらい》」とは一切衆生《いっさいしゅじょう》であり、別《べっ》しては日蓮の弟子《でし》檀那《だんな》である。
そうであるから、無作《むさ》の三身《さんじん》とは、末法《まっぽう》の法華経の行者《ぎょうじゃ》である。無作《むさ》の三身《さんじん》の宝号《ほうごう》を「南無妙法蓮華経」と言《い》うのである。

南無妙法蓮華経は仏《ほとけ》の宝号《ほうごう》

この御義口伝《おんぎくでん》の直前《ちょくぜん》に、『法華文句《ほっけもんぐ》』の文《もん》が引用《いんよう》されています。そこでは、如来《にょらい》とは、三世十方《さんぜじっぽう》の仏《ほとけ》たちに共通《きょうつう》の名《な》であり、本地《ほんじ》の三仏《さんぶつ》〈注6〉の別名《べつめい》とされています。それを受《う》けて大聖人《だいしょうにん》は、如来とは、総《そう》じては一切衆生《いっさいしゅじょう》、別《べっ》しては大聖人《だいしょうにん》の弟子《でし》檀那《だんな》であると述《の》べられています。

大聖人《だいしょうにん》は、仏《ほとけ》の最極《さいごく》の名《な》を「南無妙法蓮華経如来《にょらい》」とされています。それは、「寿量品《じゅりょうほん》の肝心《かんじん》南無妙法蓮華経こそ、十方三世《じっぽうさんぜ》の諸仏《しょぶつ》の母《はは》にて御坐《おわ》しまし候《そうら》え」（新2143ページ・全1212ページ）と示《しめ》されているように、釈尊《しゃくそん》をはじめ一切《いっさい》の諸仏《しょぶつ》は、南無妙法蓮華経によって成仏《じょうぶつ》したからです。この「根源《こんげん》の一法《いっぽう》」を末法尽未来際《まっぽうじんみらいさい》の一切衆生《いっさいしゅじょう》のために、御本仏《ごほんぶつ》・日蓮大聖人《だいしょうにん》が説《と》き明《あ》かされたのです。

ゆえに、真《しん》の如来《にょらい》とは、釈尊《しゃくそん》や諸仏《しょぶつ》にとどまりません。「根源《こんげん》の一法《いっぽう》」である南無妙法蓮華経を唱《とな》え持《たも》ち、弘通《ぐつう》する人もまた、尊極《そんごく》な如来《にょらい》の生命《せいめい》の輝《かがや》きを放《はな》ちます。「総《そう》じて」、言《い》い換《か》えれば可能性《かのうせい》として、一切衆生《いっさいしゅじょう》は本来《ほんらい》、如来なのです。

そして「別《べっ》して」現実《げんじつ》には、仏種《ぶっしゅ》である南無妙法蓮華経を唱《とな》え行《ぎょう》じて、満々《まんまん》たる仏界《ぶっかい》の生命《せいめい》を、自身《じしん》の胸中《きょうちゅう》に体現《たいげん》している衆生《しゅじょう》——妙法を持《たも》った大聖人《だいしょうにん》の門下《もんか》こそが、真《しん》の仏《ほとけ》の当体《とうたい》となるのです。

さらに大聖人《だいしょうにん》は、「無作《むさ》の三身《さんじん》」とは「末法《まっぽう》の法華経《ほけきょう》の行者《ぎょうじゃ》」であり、「無作の三身の宝号《ほうごう》」を「南無妙法蓮華経」と言《い》うと仰《おお》せです。「無作」とは、何《なん》らの作為《さくい》も無《な》く、真実《しんじつ》ありのままという意味《いみ》です。どこまでも普通《ふつう》の凡夫《ぼんぷ》に開《ひら》かれる仏身《ぶっしん》に焦点《しょうてん》を絞《しぼ》られているのです。

「如来《にょらい》」といっても、妙法を持《たも》った人間自身《じしん》に他《ほか》ならない。本源《ほんげん》の〝もとのまま〟〝ありのまま〟の久遠《くおん》の生命《せいめい》を現《あらわ》す衆生《しゅじょう》こそが真《しん》の如来《にょらい》である——。これが、御義口伝《おんぎくでん》で示《しめ》されている仏陀観《ぶっだかん》であり、釈尊観《しゃくそんかん》であり、成仏観《じょうぶつかん》です。

宇宙《うちゅう》と生命《せいめい》を貫《つらぬ》く根源《こんげん》の法《ほう》である南無妙法蓮華経を弘《ひろ》め、自他共《じたとも》の胸中《きょうちゅう》の仏界《ぶっかい》を涌現《ゆげん》する私たち一人一人の行動《こうどう》こそ、民衆救済《みんしゅうきゅうさい》を願《ねが》う仏《ほとけ》そのものの尊貴《そんき》な実践《じっせん》となるのです。

仏《ほとけ》と同《おな》じ誓願《せいがん》に立《た》つ人間を誕生《たんじょう》させること。すなわち、一切衆生《いっさいしゅじょう》の永遠《えいえん》の幸福《こうふく》のために「戦《たたか》う民衆《みんしゅう》」「戦う凡夫《ぼんぷ》」が出現《しゅつげん》することにこそ、日蓮仏法の本義《ほんぎ》があるのではないでしょうか。

「持《たも》たる法《ほう》だに第一《だいいち》ならば、持《たも》つ人随《ひとしたが》って第一《だいいち》なるべし」（新516ページ・全465ページ）です。最極《さいごく》の妙法を受持《じゅじ》し、万人《ばんにん》の仏性《ぶっしょう》を開《ひら》く対話《たいわ》と励《はげ》ましに生《い》き抜《ぬ》く実践者《じっせんしゃ》にこそ、最《もっと》も尊貴《そんき》な生命《せいめい》が輝《かがや》くのです。

妙法は、いかなる差異《さい》をも超《こ》え、包《つつ》み込《こ》む「平等大慧《びょうどうだいえ》の法《ほう》」です。ここから、生命尊厳《せいめいそんげん》の光《ひかり》が、人類調和《じんるいちょうわ》の調《しら》べが、恒久平和《こうきゅうへいわ》の波《なみ》が広《ひろ》がります。この不断《ふだん》の闘争《とうそう》を続《つづ》けていくのが、広宣流布の大運動《だいうんどう》です。

即身成仏《そくしんじょうぶつ》の姿《すがた》こそ「神通《じんずう》の力《ちから》」

寿量品《じゅりょうほん》の経文《きょうもん》では最初《さいしょ》に、釈尊《しゃくそん》が覚《さと》った「如来《にょらい》の秘密《ひみつ》・神通《じんずう》の力《ちから》」（法華経477ページ）が説《と》かれます。御義口伝《おんぎくでん》では「今《いま》、日蓮等《にちれんら》の類《たぐ》いの意《こころ》は、即身成仏《そくしんじょうぶつ》〈注7〉と開覚《かいかく》するを、『如来秘密《にょらいひみつ》・神通之力《じんずうしりき》』とは云《い》うなり。成仏《じょうぶつ》するより外《ほか》の『神通《じんずう》』と『秘密《ひみつ》』とはこれ無《な》きなり」（新1049ページ・全753ページ）と仰《おお》せです。

即身成仏《そくしんじょうぶつ》――この身《み》のままで仏《ほとけ》の境涯《きょうがい》を開《ひら》き現《あらわ》すことが「如来秘密《にょらいひみつ》・神通之力《じんずうしりき》」です。仏の神通であり、秘密《ひみつ》の法《ほう》とは、凡夫《ぼんぷ》を成仏《じょうぶつ》させるための教《おし》えなのです。

さまざまな経典《きょうてん》では、仏《ほとけ》とは三十二相《さんじゅうにそう》・八十種好《はちじっしゅこう》〈注8〉を具《そな》えた、壮麗《そうれい》な色相荘厳《しきそうしょうごん》〈注9〉の存在《そんざい》とされます。また、今世《こんぜ》だけでなく、長遠《ちょうおん》な修行《しゅぎょう》を経《へ》て成仏《じょうぶつ》すると説《と》かれています〈注10〉。これが通途《つうず》の仏教《ぶっきょう》の成仏への因果《いんが》です。それが、法華経に至《いた》って、凡夫《ぼんぷ》そのままの姿《すがた》で、今《いま》ここで成仏できると明《あ》かされたと御義口伝《おんぎくでん》では示《しめ》されているのです。

戸田先生は、「われわれ末法《まっぽう》の凡夫《ぼんぷ》にとっては、近因近果《ごんいんごんか》の理法《りほう》を叩《たた》き破《やぶ》って、久遠《くおん》の仏身《ぶっしん》を開覚《かいかく》する法《ほう》が必要《ひつよう》となってくる」「この必要《ひつよう》に応《こた》えて、実際生活《じっさいせいかつ》において、過去世《かこせ》からの因果《いんが》を叩《たた》き破《やぶ》って、久遠《くおん》の命《いのち》に立《た》ち返《かえ》り、よき運命《うんめい》へ転換《てんかん》することのできる法《ほう》を確立《かくりつ》されたのが、日蓮大聖人《だいしょうにん》であります」と語《かた》られていました。

即身成仏《そくしんじょうぶつ》の秘法《ひほう》は、南無妙法蓮華経以外《いがい》にないのです。そして大聖人《だいしょうにん》は、この秘法《ひほう》を得《え》るのは「『信《しん》』の一字《いちじ》なり」（新１０４９ページ・全７５３ページ）と仰《おお》せです。妙法への強《つよ》き信こそが、生《い》き生きと仏界《ぶっかい》を引《ひ》き出《だ》すのです。

一切衆生《いっさいしゅじょう》が仏《ほとけ》であるとの宣言《せんげん》

続《つづ》いて、法華経全体《ぜんたい》の核心《かくしん》ともいうべき、釈尊《しゃくそん》が自《みずか》らの本地《ほんじ》を明《あき》らかにする発迹顕本《ほっしゃくけんぽん》〈注11〉の一段《いちだん》に入《はい》ります。

経文《きょうもん》の「我実成仏已来《がじつじょうぶついらい》、無量無辺《むりょうむへん》」（法華経478ジペー）とは、釈尊《しゃくそん》が久遠《くおん》の昔《むかし》に成道《じょうどう》していたことを指《さ》しますが、大聖人《だいしょうにん》は「当品《とうほん》の意《こころ》」（新1049ジペー・全753ジペー）として、この「我《が》」とは「法界《ほうかい》の衆生《しゅじょう》」（同ジペー）であると解釈《かいしゃく》されています。先《さき》ほども示《しめ》したように、ここでも、釈尊が自《みずか》らの久遠の成仏《じょうぶつ》を説《と》き明《あ》かすのみならず、「一切衆生《いっさいしゅじょう》が仏《ほとけ》である」と宣《せん》言《げん》することにこそ、寿量品《じゅりょうほん》の真意《しんい》があるとされているのです。そして大聖人《だいしょうにん》は、成仏《じょうぶつ》の道《みち》を開《ひら》く大法《だいほう》が南無妙法蓮華経であることを「寿量品《じゅりょうほん》の本主《ほんしゅ》」という観点《かんてん》から論《ろん》じられます。

「御義口伝《おんぎくでん》」寿量品《じゅりょうほん》の一節　（新1050㌻・全753㌻）

今《いま》、日蓮《にちれん》等の類《たぐ》い、南無妙法蓮華経と唱《とな》え奉《たてまつ》る者《もの》は、寿量品《じゅりょうほん》の本主《ほんしゅ》なり。総《そう》じては、迹化《しゃっけ》の菩薩《ぼさつ》、この品《ほん》に手《て》をつけ、いろう《綺》べきにあらざるものなり。彼《かれ》は迹表本裏《しゃくひょうほんり》、これは本面迹裏《ほんめんしゃくり》なり。しかりといえども、しかも当品《とうほん》は末法《まっぽう》の要法《ようほう》にあらざるか。その故《ゆえ》は、この品《ほん》は在世《ざいせ》の脱益《だっちゃく》なり。題目《だいもく》の五字《ごじ》ばかり当今《とうこん》の下種《げしゅ》なり。しかれば、在世《ざいせ》は脱益《だっちゃく》、滅後《めつご》は下種《げしゅ》なり。よって、下種《げしゅ》をもって末法《まっぽう》の詮《せん》となす云々《うんぬん》。

現代語訳

〈第三「我実成仏已来《がじつじょうぶついらい》、無量無辺《むりょうむへん》（我《われ》は実《じつ》に成仏《じょうぶつ》してより已来《このかた》、無量無辺《むりょうむへん》なり）」等《とう》の事《こと》〉

（御義口伝《おんぎくでん》に仰《おお》せである）今《いま》、日蓮とその弟子《でし》たち、南無妙法蓮華経と唱《とな》え奉《たてまつ》る者《もの》は、寿量品《じゅりょうほん》の本主《ほんしゅ》である。

総《そう》じては、迹化《しゃっけ》の菩薩《ぼさつ》は、この寿量品《じゅりょうほん》に手《て》を付《つ》け、扱《あつか》うべきではない。彼《かれ》は迹門《しゃくもん》を表《おもて》、本門《ほんもん》を裏《うら》とするのであり、本化《ほんげ》の菩薩《ぼさつ》は本門《ほんもん》を面《おもて》（表）、迹門《しゃくもん》を裏《うら》とする。

そうであるものの、しかも当品《とうほん》（寿量品《じゅりょうほん》）は末法《まっぽう》の要法《ようほう》ではないのであろうか。その理由《りゆう》とは、この品《ほん》は在世《ざいせ》の脱益《だっちゃく》の教《おし》えであり、題目の五字《ごじ》のみが未来・現在《げんざい》の下種益《げしゅやく》の教《おし》えだからである。

したがって、在世《ざいせ》は脱益《だっちゃく》、滅後《めつご》は下種《げしゅ》である。よって、下種《げしゅ》の教《おし》えをもって末法《まっぽう》の根本《こんぽん》とするのである。

下種《げしゅ》仏法の教《おし》えこそ末法《まっぽう》の要法《ようほう》

法華経の経文上《きょうもんじょう》においては、「寿量品《じゅりょうほん》の本主《ほんしゅ》」――寿量品の教《おし》えを説《と》く主体《しゅたい》とは、万人《ばんにん》成仏《じょうぶつ》の教《おし》えを説《と》く釈尊《しゃくそん》です。

しかし御義口伝《おんぎくでん》では、題目を唱《とな》える「日蓮等《にちれんら》の類《たぐ》い」が「寿量品《じゅりょうほん》の本主《ほんしゅ》」であると仰《おお》せです。それは、末法今時《まっぽうこんじ》における要法《ようほう》とは、寿量品の肝要《かんよう》である南無妙法蓮華経の下種《げしゅ》の教《おし》えだからです。

そして教《おし》えを説《と》く主体《しゅたい》について言《い》えば、久遠実成《くおんじつじょう》という本地《ほんじ》を明《あ》かす前《まえ》の迹仏《しゃくぶつ》によって教化《きょうけ》された迹化《しゃっけ》の菩薩《ぼさつ》は、迹門《しゃくもん》の教《おし》えを表《おもて》、本門《ほんもん》の教《おし》えを裏《うら》とする「迹表本裏《しゃくひょうほんり》」の立場《たちば》です。彼《かれ》らは、本門《ほんもん》の教《おし》えを担《にな》う存在《そんざい》ではありません。

一方《いっぽう》、久遠実成《くおんじつじょう》という本地《ほんじ》を明《あ》かした釈尊《しゃくそん》によって教化《きょうけ》された久遠《くおん》の弟子《でし》こそ本化地涌《ほんげじゆ》の菩薩《ぼさつ》です。この菩薩たちは、本門《ほんもん》の教《おし》えを面《おもて》（表）、迹門《しゃくもん》の教《おし》えを裏《うら》とする「本面迹裏《ほんめんしゃくり》」の立場《たちば》です。よって、本門《ほんもん》の肝心《かんじん》である寿量品《じゅりょうほん》において、その中心《ちゅうしん》となるのは、滅後《めつご》の弘通《ぐつう》を担《にな》う地涌の菩薩であることは明《あき》らかです。

大聖人《だいしょうにん》は、ここで、滅後《めつご》に本化《ほんげ》の菩薩《ぼさつ》が弘《ひろ》める「題目の五字《だいもくのごじ》」こそ下種《げしゅ》の教《おし》えであることを強調《きょうちょう》されています。つまり、寿量品《じゅりょうほん》は、あくまでも末法《まっぽう》の下種《げしゅ》の教《おし》えの弘教《ぐきょう》のためにあるということです。

本化地涌《ほんげじゆ》の菩薩《ぼさつ》が「寿量品《じゅりょうほん》の本主《ほんしゅ》」

次《つぎ》に「脱益《だっちゃく》」と「下種益《げしゅやく》」が説《と》かれています。これは、仏《ほとけ》が衆生《しゅじょう》を成仏《じょうぶつ》へと導《みちび》く方途《ほうと》に、下種《げしゅ》・調熟《じょうじゅく》・得脱《とくだつ》の3段階《だんかい》があることを踏《ふ》まえた表現《ひょうげん》です〈注12〉。釈尊《しゃくそん》の仏法は、過《か》去世《こせ》に仏に結縁《けちえん》し下種を受《う》け、調熟《じょうじゅく》された衆生《しゅじょう》を得脱《とくだつ》させる教《おし》え、つまり脱益《だっちゃく》の仏法です。

しかし、末法《まっぽう》の衆生《しゅじょう》は、そうした過去世《かこせ》の結縁《けちえん》がないため、下種《げしゅ》の教《おし》えが必要《ひつよう》であり、それが南無妙法蓮華経の大法《だいほう》なのです。地涌《じゆ》の菩薩《ぼさつ》は、仏《ほとけ》に代《か》わって、末法において題目を直《ただ》ちに下種していく主体《しゅたい》、主人公《しゅじんこう》であり、「寿量品《じゅりょうほん》の本主《ほんしゅ》」にほかなりません。そして、その「地涌《じゆ》の菩薩《ぼさつ》のさきがけ《先駆》」（新1790㌻・全1359㌻）として、不惜身命《ふしゃくしんみょう》の大闘《だいとう》争《そう》を貫《つらぬ》き、妙法を弘《ひろ》められたのが大聖人《だいしょうにん》です。日蓮仏法は、下種益《げしゅやく》の仏法です。下種によって、本来《ほんらい》ある仏性《ぶっしょう》が発動《はつどう》するのです。

さらに大聖人《だいしょうにん》は、「日蓮等《にちれんら》の類《たぐ》い」と仰《おお》せの通《とお》り、門下《もんか》たちも「寿量品《じゅりょうほん》の本主《ほんしゅ》」とし、妙法を語《かた》り広《ひろ》げゆく主体《しゅたい》としての崇高《すうこう》な使命《しめい》を担《にな》っていることを宣言《せんげん》されました。その意《い》味《み》では、「さきがけ《先駆》」を果《は》たされた大聖人《だいしょうにん》に二陣《にじん》、三陣《さんじん》と続《つづ》いて、妙法を下種《げしゅ》しゆく地涌《じゆ》の菩薩《ぼさつ》たちが次々《つぎつぎ》に出現《しゅつげん》しなければ、御義口伝《おんぎくでん》は完結《かんけつ》しないと言《い》えましょう。

まさに、世界広布を担《にな》う創価学会は、大聖人《だいしょうにん》のお心のままに、民衆救済《みんしゅうきゅうさい》の誓願《せいがん》に立《た》った地涌《じゆ》の連帯《れんたい》として、元初《がんじょ》の使命《しめい》を果《は》たさんと誕生《たんじょう》したのです。

対話《たいわ》運動《うんどう》の現代的《げんだいてき》な意義《いぎ》

今《いま》この瞬間《しゅんかん》も世界中で、誉《ほま》れの同志《どうし》たちが楽《たの》しく賑《にぎ》やかに、下種《げしゅ》の対話《たいわ》を繰《く》り広《ひろ》げています。妙法の種《たね》から芽吹《めぶ》き、育《そだ》ちゆく幸福《こうふく》と希望《きぼう》の花々《はなばな》が、爛漫《らんまん》と地球《ちきゅう》を包《つつ》み彩《いろど》る時代《じだい》の建設《けんせつ》へ――。私たちの下種《げしゅ》は、人類史《じんるいし》に燦然《さんぜん》と輝《かがや》く、平和《へいわ》への大対話運動《だいたいわうんどう》なのです。

この対話運動《たいわうんどう》の現代的《げんだいてき》な意義《いぎ》とは何《なに》か。

第一に、下種《げしゅ》とは「縁《えん》させること」であり、妙法に結縁《けちえん》させ、万人《ばんにん》の幸福《こうふく》を開《ひら》く聖業《せいぎょう》です。

法華経に説《と》かれる過去《かこ》の下種《げしゅ》は、教《おし》えを求《もと》める人々を相手《あいて》にしたものです。しかし、刹《せつ》那主義《なしゅぎ》や利己《りこ》主義等《とう》がはびこる末法《まっぽう》では、深遠《しんえん》な教《おし》えを自《みずか》ら求《もと》める人は希有《けう》であると感《かん》じられるかもしれません。

だからこそ、私たちの下種《げしゅ》は、地涌《じゆ》の菩薩《ぼさつ》でしか成《な》し得《え》ない偉大《いだい》なる「仏法結縁《けちえん》の旅《たび》」です。一人一人と縁《えん》を結《むす》び、心の大地《だいち》に万人成仏《ばんにんじょうぶつ》の種《たね》を下《お》ろした分《ぶん》、着実《ちゃくじつ》に生命尊厳《せいめいそんげん》の哲《てつ》理《り》が社会《しゃかい》へ広《ひろ》がるのです。

第二に、下種《げしゅ》とは「分《わ》け隔《へだ》てをしないこと」であり、分断《ぶんだん》を埋《う》め、人を結《むす》ぶ偉業《いぎょう》です。

いかなる機根《きこん》の人々をも包容《ほうよう》する下種《げしゅ》仏法は、人種《じんしゅ》・国籍《こくせき》・性別《せいべつ》などのあらゆる差異《さい》を超越《ちょうえつ》します。他者《たしゃ》を差別《さべつ》し蔑視《べっし》する思潮《しちょう》とは、最《もっと》も対極《たいきょく》にあるのです。

だからこそ、私たちの下種《げしゅ》は、壮大《そうだい》なる「地球民族融和《ちきゅうみんぞくゆうわ》の旅《たび》」です。分《わ》け隔《へだ》てのない仏《ほとけ》の慈悲《じひ》によって、分断《ぶんだん》という人類《じんるい》の無明《むみょう》を打《う》ち破《やぶ》っていくのです。

第三に、下種《げしゅ》とは「信《しん》ずること」であり、尊敬《そんけい》の生《い》き方《かた》を広《ひろ》める大業《たいぎょう》です。相手《あいて》の生命《せいめい》に植《う》えた種《たね》が、いつ芽吹《めぶ》き、いつ花《はな》が咲《さ》くのかは分《わ》かりません。しかし、私たちは、相手《あいて》の仏性《ぶっしょう》を尊敬《そんけい》し、その開花《かいか》を祈《いの》り、待《ま》ち、信《しん》じ抜《ぬ》きます。

一方《いっぽう》、現代《げんだい》を覆《おお》う深刻《しんこく》な分断《ぶんだん》の根《ね》には、他者《たしゃ》への不信《ふしん》や疑《うたが》いがあります。だからこそ、私たちの下種《げしゅ》は、永遠《えいえん》なる「人間尊敬《そんけい》の旅《たび》」です。人々の善性《ぜんせい》を信《しん》じ抜《ぬ》いて種《たね》を下《お》ろすことで、世《よ》を覆《おお》う不信《ふしん》や疑《うたが》いに打《う》ち勝《か》っていくのです。

世界平和《へいわ》へ草《くさ》の根《ね》からの挑戦《ちょうせん》

1993年（平成5年）、小説《しょうせつ》『新・人間革命』の起稿《きこう》の日に忘《わす》れ得《え》ぬ語《かた》らいを結《むす》んだ、インドのラダクリシュナン博士〈注13〉が、30年を経《へ》た節目《ふしめ》に、最大《さいだい》の信頼《しんらい》の声《こえ》を寄《よ》せてくださいました。

「創価学会は今《いま》、世界平和《へいわ》のイニシアチブ（主導権《しゅどうけん》）を遺憾《いかん》なく発揮《はっき》しています」「192もの国や地域《ちいき》で、老若男女《ろうにゃくなんにょ》、あらゆる立場《たちば》の人が、価値創造《かちそうぞう》の担《にな》い手《て》となり、人々の憎《にく》しみや悲《かな》しみを生《い》きる力《ちから》へと転換《てんかん》し、地域《ちいき》や社会《しゃかい》の責任《せきにん》ある一員《いちいん》として、地球《ちきゅう》の平和《へいわ》を願《ねが》い、希望《きぼう》のビジョンを示《しめ》しています。『価値創造者《かちそうぞうしゃ》』は、世界の平和《へいわ》を祈《いの》る一方《いっぽう》で、草《くさ》の根《ね》からの挑戦《ちょうせん》を続《つづ》けるものです」と。

人間生命《せいめい》の無窮《むきゅう》の価値創造力《かちそうぞうりょく》を引《ひ》き出《だ》す方途《ほうと》こそ、南無妙法蓮華経であることを、日蓮門下《もんか》の私たちは知《し》りました。自他共《じたとも》の生命《せいめい》から、大《おお》いなる仏《ほとけ》の力《ちから》を涌現《ゆげん》するのが、自行《じぎょう》・化他《けた》にわたる唱題です。

幸福《こうふく》の花咲《はなさ》く地球社会創出《ちきゅうしゃかいそうしゅつ》へ

いかなる大難《だいなん》に遭《あ》われても、「しかれども、いまだこ《懲》りず候《そうろう》。法華経《ほけきょう》は種《たね》のごとく、仏《ほとけ》はう《植》えて《手》のごとく、衆生《しゅじょう》は田《た》のごとくなり」（新1435ページ・全1056ページ）と、下種《げしゅ》の大闘《だいとう》争《そう》を貫《つらぬ》かれた末法《まっぽう》の御本仏《ごほんぶつ》に直結《ちょっけつ》する私たちです。

仏《ほとけ》の大生命力《だいせいめいりょく》と大慈悲《だいじひ》を湧《わ》き出《い》だし、尊《とうと》き地涌《じゆ》の誓願《せいがん》を貫《つらぬ》いて、幸福《こうふく》の花《はな》が咲《さ》き競《きそ》う地《ち》球社会《きゅうしゃかい》の創出《そうしゅつ》へ、下種《げしゅ》の対話《たいわ》を悠々《ゆうゆう》と続《つづ》けゆこうではありませんか！

《注　解》

〈注1〉【法華経講義《こうぎ》】第2代会長・戸田城聖《じょうせい》先生が、戦後《せんご》の学会再建《さいけん》にあたって人材育成《じんざいいくせい》のために行《おこな》った講義。池田大作先生は第7期《き》の受講生《じゅこうせい》であった。

〈注2〉【原水爆禁止宣言《げんすいばくきんしせんげん》】戸田先生が、原水爆の実験《じっけん》・使用《しよう》の禁止《きんし》を訴《うった》えた宣言。1957年（昭和32年）9月8日、神奈川県横浜市にある三ツ沢《みざわ》の競技場《きょうぎじょう》で開《ひら》かれた創価学会青年部の体育大会《たいいくたいかい》の際《さい》、遺訓《いくん》の第一として発表《はっぴょう》された。創価学会の平和運動《へいわうんどう》の原点《げんてん》となっている。

〈注3〉【十号《じゅうごう》】仏《ほとけ》のもつ10種《しゅ》の尊称《そんしょう》。仏が具《そな》えた福徳《ふくとく》を表《あらわ》す。如来《にょらい》、応供《おうぐ》、仏《ぶつ》・世尊等《せそんとう》の10種とされる。

〈注4〉『ブッダのことば　スッタニパータ』（中村元訳、岩波書店）から。

〈注5〉【久遠実成《くおんじつじょう》の仏《ほとけ》】この世《よ》ではじめて成仏《じょうぶつ》した始成正覚《しじょうしょうがく》の仏に対《たい》し、釈尊《しゃくそん》は実《じつ》は五百塵点劫《ごひゃくじんてんごう》という久遠の過去《かこ》に成道《じょうどう》して以来《いらい》の永遠《えいえん》の仏であるということ。法華経本門寿量品《ほんもんじゅりょうほん》で明《あ》かされた。

〈注6〉【本地《ほんじ》の三仏《さんぶつ》】「本地」とは、本来《ほんらい》の境地《きょうち》のこと。ここでは、久遠実成《くおんじつじょう》の釈尊《しゃくそん》が本地の仏《ほとけ》であり、しかも、その一身《いっしん》に法身《ほっしん》・報身《ほうしん》・応身《おうじん》の三身《さんじん》を具《そな》えていることを「本地の三仏」という。

〈注7〉【即身成仏《そくしんじょうぶつ》】85ページ参照。

〈注8〉【三十二相《さんじゅうにそう》・八十種好《はちじっしゅごう》】いずれも仏《ほとけ》の体《からだ》に具《そな》わっているすばらしい特質《とくしつ》。三十二相とは、仏や転《てん》輪聖王《りんじょうおう》などが具えている32の勝《すぐ》れた身体的《しんたいてき》特質のこと。八十種好は、仏・菩薩《ぼさつ》の身《み》に具わる80種《しゅ》の好《この》ましい相《そう》。

〈注9〉【色相荘厳《しきそうしょうごん》】色相荘厳の仏。66ページ参照。

〈注10〉歴劫修行《りゃっこうしゅぎょう》のこと。「歴劫」とは、いくつもの劫《こう》（長遠《ちょうおん》な時間《じかん》の単位《たんい》）を経《へ》るとの意《い》。成仏《じょうぶつ》までに極《きわ》めて長《なが》い時間《じかん》をかけて修行すること。

〈注11〉【発迹顕本《ほっしゃくけんぽん》】「迹《しゃく》を発《ひら》いて本《ほん》を顕《あらわ》す」と読《よ》み下《くだ》す。迹（衆生《しゅじょう》を教《おし》え導《みちび》くために現《あらわ》した仮《かり》の姿《すがた》）を開《ひら》いて、本地《ほんじ》（本来《ほんらい》の境地《きょうち》）を顕《あらわ》すこと。法華経如来寿量品《にょらいじゅりょうほん》第16において、釈尊《しゃくそん》が始成正覚《しじょうしょうがく》という迹を開《ひら》いて久遠実成《くおんじつじょう》という本地を顕《あらわ》したこと。天台大師《てんだいだいし》の言葉《ことば》。

〈注12〉種《しゅ》・熟《じゅく》・脱《だつ》のこと。各段階《かくだんかい》で仏《ほとけ》が与《あた》える利益《りやく》に応《おう》じて、それぞれ下種益《げしゅやく》・熟益《じゅくやく》・脱益《だっちゃく》と呼《よ》ばれ、合《あ》わせて三益《さんやく》という。「下種」は、種《たね》を下《お》ろすこと。仏《ほとけ》が衆生《しゅじょう》を成仏《じょうぶつ》に導《みちび》くさまを植物《しょくぶつ》の種まき・育成《いくせい》・収穫《しゅうかく》に譬《たと》えた。成仏の根本法《こんぽんほう》である仏種《ぶっしゅ》を説《と》いて、人々に信《しん》じさせること。「調熟《じょうじゅく》」は、植《しょく》物《ぶつ》を手間《てま》をかけて育成することに譬えたもので、さまざまな教《おし》えを説《と》いて衆生の能力《のうりょく》を高《たか》めていくこと。「脱益」は、植物の収穫に譬えたもので、仏が種々《しゅじゅ》の教えを説《と》いて衆生の機根《きこん》を調《ととの》えた後《のち》、最後《さいご》に苦悩《くのう》から根本的《こんぽんてき》に脱出《だっしゅつ》して覚《さと》りを得《え》ること（得脱《とくだつ》）を促《うなが》す教《おし》えの利益《りやく》。

〈注13〉【ラダクリシュナン博士】ニーラカンタ・ラダクリシュナン。１９４４年～。インド・ガンジー研究評議会議長《けんきゅうひょうぎかいぎちょう》。インド・ケララ州《しゅう》生《う》まれ。アンナマライ大学で博士号を取得《しゅとく》。ガンジーの研究を通《つう》じて平和運動《へいわうんどう》に携《たずさ》わる。１９９０年～２００１年、国立《こくりつ》ガンジー記念館館長《きねんかんかんちょう》を務《つと》める。池田大作先生との対談集《たいだんしゅう》『人道《じんどう》の世紀《せいき》へ　ガンジーとインドの哲学《てつがく》を語《かた》る』のほか、著書《ちょしょ》に『池田大作　偉《い》大《だい》なる魂《たましい》』『ガンジー・キング・イケダ――非暴力《ひぼうりょく》と対話《たいわ》の系譜《けいふ》』などがある。引用は、小説『新・人間革命』起稿《きこう》から30周年《しゅうねん》を記念して行《おこな》われたインタビューから（「聖教新聞」２０２３年８月５日付）。

如来寿量品《にょらいじゅりょうほん》第16〈中〉

寿量品《じゅりょうほん》の概要《がいよう》（２）

法華経如来寿量品《にょらいじゅりょうほん》第16で、釈尊《しゃくそん》自身《じしん》の久遠五百塵点劫《くおんごひゃくじんてんごう》の成道《じょうどう》が示《しめ》された後《のち》、それ以来《いらい》、この娑婆《しゃば》世界で人々を説法教《せっぽうきょう》化《け》してきたことが明《あ》かされます。

同時《どうじ》に、他《た》の国土《こくど》での教化《きょうけ》も含《ふく》め、仏《ほとけ》は衆生《しゅじょう》の機根《きこん》に応《おう》じて種々《しゅじゅ》の方便《ほうべん》を用《もち》いてきたことが述《の》べられます。衆生を仏道《ぶつどう》に教《おし》え導《みちび》くために、さまざまな譬喩《ひゆ》や因縁《いんねん》を用《もち》いて、常《つね》に教化を怠《おこた》らず説法《せっぽう》を続《つづ》けてきたのです。

そして今《いま》、この世界に常住《じょうじゅう》して滅《めっ》することがないのに「仏《ほとけ》が入滅《にゅうめつ》するだろう」というのも、衆生《しゅじょう》に仏への渇仰《かつごう》の念《ねん》を起《お》こさせるための方便《ほうべん》であることが示《しめ》されます（方便現涅槃《ほうべんげんねはん》）。

「生《せい》も歓喜《かんき》、死《し》も歓喜」の大境涯《だいきょうがい》

人類《じんるい》の長《なが》い歴史《れきし》にあって、「生死《しょうじ》」のテーマは、洋《よう》の東西《とうざい》を問《と》わず、哲学《てつがく》、宗教《しゅうきょう》の最大《さいだい》の命題《めいだい》とされてきました。

仏教《ぶっきょう》も、釈尊《しゃくそん》の「四門遊観《しもんゆうかん》」〈注1〉のエピソードに象徴《しょうちょう》されるように、「生老病死《しょうろうびょうし》」の苦悩《くのう》をいかに解決《かいけつ》していくかを出発点《しゅっぱつてん》として、壮絶《そうぜつ》な精神闘争《せいしんとうそう》の中《なか》で誕生《たんじょう》しました。

日蓮大聖人《だいしょうにん》は「幼少《ようしょう》の時《とき》より仏法《ぶっぽう》を学《がく》し候《そうら》いしが、念願《ねんがん》すらく『人《ひと》の寿命《じゅみょう》は無常《むじょう》なり……かしこ《賢》きも、はかな《果無》きも、老《お》いたるも、若《わか》きも、定《さだ》め無《な》き習《なら》いなり。されば、まず臨《りん》終《じゅう》のことを習《なら》って後《のち》に他事《たじ》を習《なら》うべし』と思《おも》って」（新２１０１ページ・全１４０４ページ）と、若《わか》き日から生死《しょうじ》を深《ふか》く探究《たんきゅう》してきたと述《の》べられています。

ですから、戸田先生は、よく「信心の本当《ほんとう》の目的《もくてき》は、死《し》ぬときのためにするんだ」「仏法の解決《かいけつ》すべき問題《もんだい》の最後《さいご》は死《し》の問題《もんだい》であります。これを、最《もっと》も根本的《こんぽんてき》に説《と》き明《あ》かされているのが、日蓮大聖人《だいしょうにん》の仏法なんです」と語《かた》られていました。

死《し》をどう捉《とら》えるか。それは、どう生《い》きるかと表裏一体《ひょうりいったい》です。人間は、死と向《む》き合《あ》い、永《えい》遠性《えんせい》を見つめることによってこそ、より深《ふか》く、この生《せい》を充実《じゅうじつ》させ、確固《かっこ》たるものにしていくことができる。そこにこそ宗教《しゅうきょう》の本源的《ほんげんてき》な意味《いみ》があります。

生命観《せいめいかん》、生死観《しょうじかん》、文化観《ぶんかかん》の確立《かくりつ》を

30年前《ねんまえ》の1993年（平成5年）9月。私はハーバード大学から招聘《しょうへい》を頂《いただ》き、2度目《どめ》の講演《こうえん》に臨《のぞ》みました〈注2〉。人間は生死《しょうじ》の問題《もんだい》を克服《こくふく》するために、何《なん》らかの永遠性《えいえんせい》を志向《しこう》し、そこに、宗教《しゅうきょう》が人類史《じんるいし》と共《とも》に古《ふる》いゆえんがあると論《ろん》じ、死《し》を忌《い》むべきものにした近代《きんだい》の課題《かだい》を指摘《してき》したのです。

「死《し》は単《たん》なる生《せい》の欠如《けつじょ》ではなく、生《せい》と並《なら》んで、一つの全体《ぜんたい》を構成《こうせい》する不可欠《ふかけつ》の要素《ようそ》なのであります。その全体とは『生命《せいめい》』であり、生き方《い》《かた》としての『文化《ぶんか》』であります。ゆえに、死を排除《はいじょ》するのではなく、死を凝視《ぎょうし》し、正《ただ》しく位置《いち》づけていく生命観《せいめいかん》、生死観《しょうじかん》、文化《ぶんか》観《かん》の確立《かくりつ》こそ、21世紀《せいき》の最大《さいだい》の課題《かだい》となってくる」と強調《きょうちょう》しました。

大乗仏教《だいじょうぶっきょう》の真髄《しんずい》は「生《せい》も歓喜《かんき》、死《し》も歓喜」という、人類《じんるい》を希望《きぼう》の光《ひかり》で照《て》らす生死観《しょうじかん》を明《めい》確《かく》に説《と》き明《あ》かしているからです。

一人一人の境涯《きょうがい》を高《たか》める聖業《せいぎょう》

法華経には、釈尊《しゃくそん》の死生観《しせいかん》の究極《きゅうきょく》が示《しめ》されています。この深《ふか》き生命観《せいめいかん》が、人類《じんるい》の精神《せいしん》の基調《きちょう》となっていけば、一人一人の生命境涯《きょうがい》も高《たか》まり、共生《きょうせい》と平和《へいわ》の社会《しゃかい》へ、変革《へんかく》の道《みち》も開《ひら》かれるに違《ちが》いありません。そのための、私たちの広宣流布の聖業《せいぎょう》です。また、ここに妙法弘通《ぐつう》の人類史的《じんるいしてき》な意義《いぎ》もあります。人間内面《ないめん》の奥深《おくふか》い生命観《せいめいかん》、透徹《とうてつ》した生死観《しょうじかん》を確立《かくりつ》して、死《し》を忌《い》み嫌《きら》うのではなく、恐《おそ》れなく直視《ちょくし》して、「生《せい》も歓喜《かんき》、死も歓喜」へと転《てん》じていくのが、大聖人《だいしょうにん》の仏法です。

御義口伝《おんぎくでん》には、万人《ばんにん》が瞠目《どうもく》する卓越《たくえつ》した「仏法の生死観《しょうじかん》」が、あますところなく示《しめ》されているのです。

「御義口伝《おんぎくでん》」寿量品《じゅりょうほん》の一節　（新1050ページ・全753ページ～754ページ）

御義口伝《おんぎくでん》に云《い》わく、「如来《にょらい》」とは、三界《さんがい》の衆生《しゅじょう》なり。この衆生寿量《しゅじょうじゅりょう》品《ほん》の眼《まなこ》開《あ》けてみれば、十界本有《じっかいほんぬ》と実《じつ》のごとく知見《ちけん》せり。「三界之相《さんがいしそう》」とは、生老病死《しょうろうびょうし》なり。本有《ほんぬ》の生死《しょうじ》とみれば、「無有生死《むうしょうじ》」なり。生死《しょうじ》無《な》ければ、退出《たいしゅつ》も無《な》し。ただ生死無《しょうじな》きのみにあらざるなり。生死《しょうじ》を見《み》て厭離《えんり》するを、迷《まよ》いと云《い》い、始覚《しかく》と云《い》うなり。さて、本有《ほんぬ》の生死《しょうじ》と知《ち》見《けん》するを、悟《さと》りと云《い》い、本覚《ほんがく》と云《い》うなり。今《いま》、日蓮等《にちれんら》の類《たぐ》い、南無妙法蓮華経と唱《とな》え奉《たてまつ》る時《とき》、本有《ほんぬ》の生死《しょうじ》、本有《ほんぬ》の退出《たいしゅつ》と開覚《かいかく》するなり。

現代語訳

〈寿量品二十七箇《じゅりょうほんにじゅうななか》の大事《だいじ》　第四　「如来如実知見三界之相《にょらいにょじつちけんさんがいしそう》、無有生死《むうしょうじ》（如来《にょらい》は如《にょ》実《じつ》に三界《さんがい》の相《そう》を知見《ちけん》するに、生死有《しょうじあ》ることなし）」の事《こと》〉

御義口伝《おんぎくでん》に仰《おお》せである。「如来《にょらい》」とは、三界《さんがい》の衆生《しゅじょう》である。寿量品《じゅりょうほん》の眼《まなこ》を開《あ》けて、この三界《さんがい》の衆生《しゅじょう》を見《み》れば、そのまま十界本有《じっかいほんぬ》の当体《とうたい》であると、ありのままに知見《ちけん》できるのである。

（また、経文《きょうもん》に説《と》かれる）如来《にょらい》が知見《ちけん》している「三界《さんがい》の相《そう》」とは、生老病死《しょうろうびょうし》である。それを本有《ほんぬ》の生死《しょうじ》と見《み》れば、「無有生死《むうしょうじ》（生死《しょうじ》が有《あ》るということは無《な》い）」である。（「無有生死《むうしょうじ》、若退若出《にゃくたいにゃくしゅつ》」と経文《きょうもん》にあるが）生死《しょうじ》が無《な》ければ退出《たいしゅつ》も無《な》いのである。

ただ生死《しょうじ》が無《な》いということではない。

生死《しょうじ》を見《み》て、厭《いと》い離《はな》れようとすることを迷《まよ》いといい、始覚《しかく》というのである。そのままで本有《ほんぬ》の生死《しょうじ》と知見《ちけん》することを覚《さと》りといい、本覚《ほんがく》というのである。

今《いま》、日蓮とその弟子《でし》たちが南無妙法蓮華経の題目を唱《とな》え奉《たてまつ》る時《とき》、本有《ほんぬ》の生《しょう》死《じ》、本有《ほんぬ》の退出《たいしゅつ》と開覚《かいかく》するのである。

娑婆《しゃば》世界こそ永遠《えいえん》の寂光土《じゃっこうど》

まず、寿量品《じゅりょうほん》の要諦《ようてい》を確認《かくにん》しておきたい。同品《どうほん》では、最初《さいしょ》に、釈尊《しゃくそん》の成道《じょうどう》は今世《こんぜ》の菩提《ぼだい》樹《じゅ》の下《もと》でなく、五百塵点劫《ごひゃくじんてんごう》も遡《さかのぼ》る「久遠《くおん》」であることが明《あ》かされます〈注3〉。しかし、寿量品の大事《だいじ》な教《おし》えは、それだけにとどまりません。

すなわち、仏《ほとけ》は久遠《くおん》の過去《かこ》から、また、未来永遠《えいえん》にこの娑婆《しゃば》世界で法《ほう》を説《と》き、衆生救済《しゅじょうきゅうさい》の戦《たたか》いを続《つづ》けることが明《あ》かされます〈注4〉。真《しん》の寂光土《じゃっこうど》は、どこか別《べつ》の世界ではなく、私たちが住《す》む娑婆《しゃば》世界にこそ現出《げんしゅつ》するという教《おし》えです〈注5〉。これは、それまでの経典《きょうてん》で説《と》かれてきた成仏観《じょうぶつかん》、国土観《こくどかん》の大転換《だいてんかん》となります。

戸田先生は、「ここへきて仏法がひっくり返《かえ》ってしまったのです」とまで、言《い》われていました。

その釈尊《しゃくそん》が行《ぎょう》じて成道《じょうどう》した「根源《こんげん》の法《ほう》」を、末法《まっぽう》において説《と》き明《あ》かされたのが、御本《ごほん》仏《ぶつ》・日蓮大聖人《だいしょうにん》です。

そして寿量品《じゅりょうほん》では、さらに〝永遠《えいえん》の仏陀《ぶっだ》〟が一人の人間としての生《せい》と死《し》の姿《すがた》を現《げん》ずることを示《しめ》します。すなわち、「方便現涅槃《ほうべんげんねはん》」——永遠《えいえん》の救済者《きゅうさいしゃ》が方便として亡《な》くなると説《と》かれるのです〈注6〉。

これは、永遠《えいえん》の仏《ほとけ》なのに、なぜ亡《な》くなるのか、という問《と》いに対《たい》する答《こた》えです。入滅《にゅうめつ》することによって、人々に仏と法《ほう》とを渇仰《かつごう》させる本源的《ほんげんてき》な信仰心《しんこうしん》を起《お》こさせるのです。

寿量品《じゅりょうほん》の元意《がんい》は、どこまでも民衆《みんしゅう》の救済《きゅうさい》です。「衆生《しゅじょう》を教化《きょうけ》」し、「衆生を度《ど》す」ことが根本目的《こんぽんもくてき》です。ただ「衆生の為《ため》」に善根《ぜんこん》を植《う》え、歓喜《かんき》の心を生《しょう》ぜしめんがために、あらゆる智慧《ちえ》と方便《ほうべん》を駆使《くし》して、仏《ほとけ》は永遠《えいえん》に戦《たたか》い続《つづ》けるのです。

それに呼応《こおう》して衆生《しゅじょう》の側《がわ》も、深《ふか》き求道《きゅうどう》と実践《じっせん》の信心を起《お》こすことで、胸中《きょうちゅう》に仏《ほとけ》の生命《せいめい》を涌現《ゆげん》し、その人が戦《たたか》う場所《ばしょ》が霊山《りょうぜん》となるのです。まさに寿量品《じゅりょうほん》は「師弟不二《していふに》」の経典《きょうてん》です。師弟が感応《かんのう》して共《とも》に誓願《せいがん》の実現《じつげん》のために行動《こうどう》し、「永遠《えいえん》の生命」に生《い》き抜《ぬ》く大境涯《だいきょうがい》を明《あ》かされるのが、ここで拝《はい》する御義口伝《おんぎくでん》の一節《いっせつ》といえます。

民衆《みんしゅう》の中《なか》に分《わ》け入《い》って戦《たたか》う仏《ほとけ》

取《と》り上《あ》げられている法華経の経文《きょうもん》に「如来如実知見《にょらいにょじつちけん》」とあります〈注7〉。仏《ほとけ》の智慧《ちえ》は、現実《げんじつ》を如実《にょじつ》、すなわち、ありのままに見晴《みは》らす覚《さと》りの知見《ちけん》です。仏が森羅《しんら》万象《ばんしょう》を見《み》れば、そこに実相《じっそう》（真実《しんじつ》の姿《すがた》）を見《み》る。仏の智慧の眼《まなこ》は私たちが住《す》む「三界之《さんがいし》相《そう》」の真実《しんじつ》を見《み》ることができるのです。

そして、大聖人《だいしょうにん》は御義口伝《おんぎくでん》で、「如来《にょらい》」とは「三界《さんがい》の衆生《しゅじょう》」であると仰《おお》せです。つまり、この濁悪《じょくあく》の現実《げんじつ》の世界に生《い》きる私たち衆生《しゅじょう》こそが、実《じつ》は仏《ほとけ》なのだとの御断言《ごだんげん》です。

仏《ほとけ》の眼《まなこ》、寿量品《じゅりょうほん》の眼から見《み》れば、三界《さんがい》の衆生《しゅじょう》もまた、その身《み》のままで本有《ほんぬ》の仏である。誰《だれ》もが本来《ほんらい》、仏であり、〝久遠《くおん》の仏とは私たち自身《じしん》なり〟という仏法の究極《きゅうきょく》の深義《じんぎ》が明《あ》かされているのです。

大聖人《だいしょうにん》は、「この衆生寿量品《しゅじょうじゅりょうほん》の眼《まなこ》開《あ》けてみれば、十界本有《じっかいほんぬ》と実《じつ》のごとく知見《ちけん》せり」と仰《おお》せです。

苦悩渦巻《くのううずま》く三界《さんがい》に住《す》む衆生《しゅじょう》は、表面的《ひょうめんてき》には迷《まよ》いの六道《ろくどう》の世界にあります。しかし、「寿《じゅ》量品《りょうほん》の眼《まなこ》」から見《み》れば、一人一人は「十界本有《じっかいほんぬ》」、すなわち「十界互具《ごぐ》」〈注8〉の当体《とうたい》である。いかなる衆生の生命《せいめい》にも十界が本来具《ほんらいそな》わっている。当然《とうぜん》、仏界《ぶっかい》を具《ぐ》し、妙法の当体《とうたい》となるのです。

仏《ほとけ》とは、決《けっ》して特別《とくべつ》な存在《そんざい》ではありません。寿量品《じゅりょうほん》に説《と》かれる仏は、大慈悲《だいじひ》を体現《たいげん》し、生死《しょうじ》を繰《く》り返《かえ》しながら娑婆《しゃば》世界で衆生《しゅじょう》を成仏《じょうぶつ》へと導《みちび》いていく。それと同《おな》じように、私たちもまた、現実《げんじつ》の三界《さんがい》の世界で、自身《じしん》が悩《なや》みを抱《かか》えながらも、生老病死《しょうろうびょうし》の苦悩《くのう》と戦《たたか》う人々の中《なか》に分《わ》け入《い》って、同苦《どうく》と慈悲《じひ》の祈《いの》りで、自他共《じたとも》の幸福《こうふく》、社会《しゃかい》の安穏《あんのん》のために活動《かつどう》する。「如来《にょらい》の使《つか》い」として如来と同《おな》じ行動《こうどう》を実践《じっせん》し、民衆《みんしゅう》を救《すく》う「如来の仕事《しごと》」を果《は》たす――まさしく「人間革命」の原理《げんり》です。

不幸《ふこう》に立《た》ち向《む》かう衆生《しゅじょう》のほかに仏《ほとけ》はいない。苦悩《くのう》の民衆《みんしゅう》の中《なか》へ、あえて飛《と》び込《こ》む、普通《ふつう》の人間が仏なのです。

戸田先生は、「久遠《くおん》の凡夫《ぼんぷ》が出現《しゅつげん》する」と断《だん》じられました。誰人《たれびと》も元初《がんじょ》の使命《しめい》を果《は》たすために、現実《げんじつ》の世界に飛《と》び込《こ》んで「願兼於業《がんけんおごう》」〈注9〉の姿《すがた》を示《しめ》しているのです。妙法の本《ほん》源的《げんてき》な力用《りきゆう》を発揮《はっき》する凡夫《ぼんぷ》なのです。この深《ふか》き人間観《かん》、生命観《せいめいかん》にこそ、「人間のための宗《しゅう》教《きょう》」の尽《つ》きせぬ源流《げんりゅう》があるといえましょう。

永遠《えいえん》の生命《せいめい》に具《そな》わる本有《ほんぬ》の働《はたら》き

続《つづ》いて御義口伝《おんぎくでん》では、寿量品《じゅりょうほん》の眼《まなこ》で如実知見《にょじつちけん》すれば、生老病死《しょうろうびょうし》を免《まぬか》れない無常《むじょう》の存在《そんざい》である一切衆生《いっさいしゅじょう》が、永遠《えいえん》に「本有《ほんぬ》の生死《しょうじ》」に生《い》きる尊極《そんごく》な一人一人であると示《しめ》されています。

まず、「『三界之相《さんがいしそう》』とは、生老病死《しょうろうびょうし》なり。本有《ほんぬ》の生死《しょうじ》とみれば、『無有生死《むうしょうじ》』なり」と仰《おお》せです。ここでの「本有」とは、もともと具《そな》わっていること、本来《ほんらい》ありのままに存在《そんざい》することです。私たちも、十界互具《じっかいごぐ》の当体《とうたい》であり、元初《がんじょ》の仏《ほとけ》の永遠《えいえん》の生命《せいめい》を具《そな》えている。「生《せい》」といっても、「死《し》」といっても、その永遠の生命の「本有」の現象《げんしょう》であり、働《はたら》きであると見《み》るのが、仏の偉大《いだい》な眼《まなこ》なのです。

全宇宙《ぜんうちゅう》が生死《しょうじ》のリズムを奏《かな》でる

戸田先生は常々《つねづね》、〝死後《しご》の生命《せいめい》は大宇宙《だいうちゅう》に溶《と》け込《こ》んでいくのである〟と言《い》われていました。

「われわれの生命《せいめい》も、このように現世《げんぜ》から来世《らいせ》へ続《つづ》くだけなんです。決《けっ》して、生まれ変《か》わるのではない。宇宙というものは、始《はじ》まった時《とき》がない。また、終《お》わりもない。われわれの生命《せいめい》も、始《はじ》めもなければ終《お》わりもない、永遠《えいえん》に生《い》きていくんです」とも述《の》べられました。

大聖人《だいしょうにん》は、この生命《せいめい》の本質《ほんしつ》を「生死《しょうじ》の二法《にほう》」、また「妙法蓮華経の生死」として示《しめ》されました。

「天地《てんち》・陰陽《いんよう》、日月《にちがつ》・五星《ごせい》、地獄《じごく》乃至《ないし》仏果《ぶっか》、生死《しょうじ》の二法《にほう》にあらずということなし。かくのごとく、生死《しょうじ》もただ妙法蓮華経《みょうほうれんげきょう》の生死《しょうじ》なり」（新1774ジペー・全1336ジペー）と仰《おお》せです。

人間生命《せいめい》のみならず、宇宙《うちゅう》の森羅万象《しんらばんしょう》を貫《つらぬ》く、生《せい》と死《し》にわたる根源《こんげん》の「法《ほう》」が妙法である。十界《じっかい》の依正《えしょう》の全《すべ》てが、妙法の当体《とうたい》だからなのです。

このように全宇宙《ぜんうちゅう》が「生死《しょうじ》の二法《にほう》」のリズムを永遠《えいえん》に奏《かな》でていると見《み》るのが、仏法の叡《えい》智《ち》なのです。

瞬間瞬間《しゅんかんしゅんかん》の生命《せいめい》に生《い》き切《き》る

そこで、大聖人《だいしょうにん》は「ただ生死無《しょうじな》きのみにあらざるなり」と仰《おお》せです。迷《まよ》いの生死観《かん》を破《やぶ》って本有《ほんぬ》の生死観に立《た》つといっても、現実《げんじつ》の生死が無《な》くなるわけではありません。

「生死《しょうじ》を見《み》て厭離《えんり》するを、迷《まよ》いと云《い》い、始覚《しかく》と云《い》うなり」です。三世《さんぜ》の生命観《せいめいかん》が分《わ》からずに、死《し》を忌《い》み嫌《きら》い、今世《こんぜ》の生《せい》だけに心が囚《とら》われてしまえば、それは迷いです。生を否定《ひてい》することも迷いです。

「本有《ほんぬ》の生死《しょうじ》と知見《ちけん》するを、悟《さと》りと云《い》い、本覚《ほんがく》と云《い》うなり」――妙法を唱《とな》えて本有の生死と知見《ちけん》する、つまり三世《さんぜ》の生命《せいめい》を確信《かくしん》して、この一生《いっしょう》を最高《さいこう》に充実《じゅうじつ》して生《い》きていく力《ちから》を発揮《はっき》していくのです。そして、「今世《こんぜ》の凱歌《がいか》」が「来世《らいせ》の栄光《えいこう》」をも決定《けってい》していく。これが、仏法の厳然《げんぜん》たる因果《いんが》の理法《りほう》です。

ゆえに、大聖人《だいしょうにん》は、「臨終只今《りんじゅうただいま》にありと解《さと》って信心《しんじん》を致《いた》して」（新1775ページ・全1337ページ）と仰《おお》せです。〝臨終只今〟の覚悟《かくご》で、今《いま》、この瞬間《しゅんかん》瞬間の生命《せいめい》を最高《さいこう》に輝《かがや》かせて生《い》き切《き》るのです。これこそが「南無妙法蓮華経と唱《とな》え奉《たてまつ》る」ことに他《ほか》なりません。

その人が、「本有《ほんぬ》の生死《しょうじ》、本有の退出《たいしゅつ》と開覚《かいかく》するなり」と仰《おお》せの人生《じんせい》となるのです。本有の生死観《かん》を深《ふか》めつつ、現実《げんじつ》の生活《せいかつ》を仏界《ぶっかい》で染《そ》め上《あ》げて、生《い》きて生きて生き抜《ぬ》くことを教《おし》えられています。

一日一日を大切《たいせつ》に丁寧《ていねい》に生《い》きる中《なか》でこそ、本有《ほんぬ》の生死《しょうじ》を開覚《かいかく》できるのです。広布の師弟《してい》に徹《てっ》し抜《ぬ》き、今《いま》を完全燃焼《かんぜんねんしょう》していく歓喜《かんき》の生命《せいめい》は、永遠《えいえん》に壊《こわ》れません。一日また一日の宝《たから》の積《つ》み重《かさ》ねによって、今世《こんぜ》だけでなく、三世《さんぜ》にわたって本有の使命《しめい》に戦《たたか》い続《つづ》けることができるのです。

「御義口伝《おんぎくでん》」寿量品《じゅりょうほん》の一節

（新1051ジペー・全754ジペー）

無作《むさ》の三身《さんじん》の当体蓮華《とうたいれんげ》の仏《ほとけ》とは、日蓮《にちれん》が弟子檀那《でしだんな》等なり。南無妙法蓮華経の宝号《ほうごう》を持《たも》ち奉《たてまつ》るが故《ゆえ》なり云々《うんぬん》。

現代語訳

（御義口伝《おんぎくでん》に仰《おお》せである）無作《むさ》の三身《さんじん》の当体蓮華《とうたいれんげ》の仏《ほとけ》とは、日蓮とその弟子《でし》たちである。南無妙法蓮華経の宝号《ほうごう》を持《たも》ち奉《たてまつ》るゆえである。

十界本有《じっかいほんぬ》の仏《ほとけ》は、私たちのこと

この寿量品《じゅりょうほん》の御義口伝《おんぎくでん》では、「無作《むさ》の三身《さんじん》」――仏《ほとけ》の三つの特性《とくせい》である「法身《ほっしん》」「報身《ほうしん》」「応身《おうじん》」の三身〈注10〉を、本来《ほんらい》、具《そな》えている十界本有《じっかいほんぬ》の仏《ほとけ》とは、大聖人《だいしょうにん》に連《つら》なる私たちであると仰《おお》せくださっています。

それは、「南無妙法蓮華経の宝号《ほうごう》を持《たも》ち奉《たてまつ》る」ことで、南無妙法蓮華経を自《みずか》らの生命に開《ひら》き現《あらわ》し脈動《みゃくどう》できるからです。私たちの生死《しょうじ》は、南無妙法蓮華経の大法《だいほう》に立脚《りっきゃく》した本有《ほんぬ》の生死となるのです。

「自身法性《じしんほっしょう》の大地《だいち》を、生死生死《しょうじしょうじ》と転《めぐ》り行くなり」（新１０１０ページ・全７２４ページ）と、三世永遠《さんぜえいえん》に地涌《じゆ》の使命《しめい》を、大歓喜《だいかんき》で果《は》たしていける。本有《ほんぬ》の生死であるからこそ、死《し》は決《けっ》して恐《おそ》れるべきものではなく、「生《せい》も歓喜《かんき》、死《し》も歓喜」「生も遊楽《ゆうらく》、死も遊楽」となるのです。

もちろん、生身《なまみ》の凡夫《ぼんぷ》として、私たちの人生《じんせい》には、死《し》への悲《かな》しみや寂《さび》しさもある。愛《あい》する人を亡《な》くし、何度《なんど》も押《お》し寄《よ》せてくる悲《かな》しみに襲《おそ》われることもあります。しかし、それでも、しんしんと題目を唱《とな》え、生死《しょうじ》を超《こ》えて語《かた》り合《あ》うことができます。題目を送《おく》り、寄《よ》り添《そ》ってくれる同志《どうし》もいます。その中《なか》で必《かなら》ず、亡《な》くなった深《ふか》い意味《いみ》と蘇生《そせい》への希望《きぼう》を感《かん》じられる時《とき》が来《く》る。妙法に照《て》らされた「生老病死《しょうろうびょうし》」の苦悩《くのう》は、必《かなら》ず「常楽我浄《じょうらくがじょう》」〈注11〉の歓喜《かんき》へと転換《てんかん》できるのです。

地涌《じゆ》の使命《しめい》は永遠《えいえん》の連続闘争《れんぞくとうそう》

大聖人《だいしょうにん》は、夫《おっと》に先立《さきだ》たれた妙一尼《みょういちあま》に対《たい》して、亡《な》くなったご主人《しゅじん》は、家族《かぞく》を「定《さだ》めて守《まも》っておられるでしょう」と仰《おお》せです（新1696ページ・全1254ページ、通解）。信心を貫《つらぬ》いた場合《ばあい》、近親《きんしん》の方々《かたがた》も絶対《ぜったい》に守《まも》られていく。間違《まちが》いなく幸福《こうふく》の方向《ほうこう》へと進《すす》んでいける、と教《おし》えられているのです。

また、「いき《生》ておわしき時《とき》は生《しょう》の仏《ほとけ》、今《いま》は死《し》の仏《ほとけ》、生死《しょうじ》ともに仏《ほとけ》なり。即身成仏《そくしんじょうぶつ》と申《もう》す大事《だいじ》の法門《ほうもん》これなり」（新1832ページ・全1504ページ）とも仰《おお》せです。

実際《じっさい》に私たち学会員は、慈折《じしゃく》広布に生《い》き抜《ぬ》き、広々《ひろびろ》とした確固《かっこ》たる生命観《せいめいかん》を体現《たいげん》して、次《つぎ》の生《せい》へ旅立《たびだ》っていく同志《どうし》の姿《すがた》を無数《むすう》に見《み》つめ、この御文《ごもん》を実感《じっかん》してきました。「生《せい》も仏《ほとけ》、死も仏」「生《せい》も歓喜《かんき》、死も歓喜」です。

ともあれ、御聖訓《ごせいくん》に照《て》らし、私たちの広布旅《たび》は、決《けっ》して今世限《こんぜかぎ》りで終《お》わるものではありません。仏《ほとけ》の眼《まなこ》から、本有常住《ほんぬじょうじゅう》〈注12〉の境涯《きょうがい》で見《み》れば、今世の死《し》は、少《すこ》しの休息《きゅうそく》です。「須臾《しゅゆ》の間《あいだ》に」（新728ページ・全574ページ）です〈注13〉。必《かなら》ず次《つぎ》の新《あら》たな使命《しめい》と福運《ふくうん》の生《せい》が始《はじ》まり、清新《せいしん》な生命《せいめい》で地涌《じゆ》の誓願《せいがん》の舞《まい》を自在《じざい》に舞《ま》いゆくのです。

私たちは、生々《しょうじょう》世々、大福徳《だいふくとく》に包《つつ》まれて、広宣流布、立正安国《りっしょうあんこく》のために走《はし》り続《つづ》けます。その戦《たたか》う生命《せいめい》は、大宇宙《だいうちゅう》の根本法《こんぽんほう》である妙法と合致《がっち》した、最極無上《さいごくむじょう》の大境涯《だいきょうがい》を開《ひら》いていけるのです。

一人一人の「生命《せいめい》の宝塔《ほうとう》」が輝《かがや》く

私は、30年前《ねんまえ》、ハーバード大学での講演《こうえん》において御義口伝《おんぎくでん》の一節《いっせつ》を紹介《しょうかい》し、次《つぎ》のように結《むす》びました。

「日蓮大聖人《だいしょうにん》の『御義口伝《おんぎくでん》』には、『四相《しそう》（=生老病死《しょうろうびょうし》）をもって我《われ》らが一身《いっしん》の塔《とう》を荘厳《しょうごん》するなり』（新1031ジペー・全740ジペー）とあります。21世紀《せいき》の人類《じんるい》が、一人一人の『生命《せいめい》の宝《ほう》塔《とう》』を輝《かがや》かせゆくことを、私は心から祈《いの》りたい。

そして、『開《ひら》かれた対話《たいわ》』の壮大《そうだい》な交響《こうきょう》に、この青《あお》き地球《ちきゅう》を包《つつ》みながら、『第三の千年《せんねん》』へ、新生《しんせい》の一歩《いっぽ》を踏《ふ》み出《だ》しゆくことを、私は願《ねが》うものであります」と。

この講演《こうえん》には、「大乗仏教《だいじょうぶっきょう》の精神《せいしん》を語《かた》りながら、実際《じっさい》には未来の文明《ぶんめい》のあるべき姿《すがた》を語《かた》っている」（テヘラニアン博士〈注14〉）、「宗教《しゅうきょう》の言葉《ことば》を多《おお》く使《つか》うことなく、普遍的《ふへんてき》な市民《しみん》の宗教《しゅうきょう》の意義《いぎ》、人間のための宗教の意義《いぎ》について示《しめ》した」（デメラス博士〈注15〉）等《とう》の声《こえ》も頂《いただ》きました。

本有《ほんぬ》の生死観《しょうじかん》、深《ふか》き生命観《せいめいかん》を説《と》く、大乗仏教《だいじょうぶっきょう》の精髄《せいずい》を実践《じっせん》する私たちの地涌《じゆ》の菩薩行《ぼさつぎょう》に、21世紀文明《せいきぶんめい》を築《きず》く新《あら》たな潮流《ちょうりゅう》を感《かん》じ取《と》ってくださった期待《きたい》であり、励《はげ》ましでもありましょう。

一緒《いっしょ》に永遠《えいえん》の師弟不二《していふに》の大道《だいどう》を

人類《じんるい》は大《おお》きな岐路《きろ》に直面《ちょくめん》していると、誰《だれ》もが感《かん》じております。この危機《きき》の時代《じだい》にあって、生命尊厳《せいめいそんげん》の哲理《てつり》を抱《いだ》いた私たちの行動《こうどう》を、いよいよ、世界が見《み》つめています。待《ま》っています。

「生《せい》も歓喜《かんき》、死《し》も歓喜」の広布の旅路《たびじ》を、共々《ともども》に晴《は》れやかに、はつらつと、また、賑《にぎ》やかに行進《こうしん》していきましょう。

自他共《じたとも》の幸福《こうふく》と平和《へいわ》の確《たし》かな実現《じつげん》へ、誇《ほこ》り高《たか》く「太陽の仏法」の輝《かがや》きを放《はな》ちながら、師《し》弟不二《ていふに》の大道《だいどう》を一緒《いっしょ》に歩《あゆ》み通《とお》していこうではありませんか！

ハーバード大学で「21世紀文明と大乗仏教」と題して2度目の講演
（1993年9月　アメリカ）

《注　解》

〈注1〉【四門遊観《しもんゆうかん》】釈尊《しゃくそん》が釈迦族《しゃかぞく》の王子《おうじ》だった頃《ころ》、遊園《ゆうえん》に向《む》かうために外出《がいしゅつ》した時《とき》、さまざまな人々の姿《すがた》を見《み》て人間に生老病死《しょうろうびょうし》の四苦《しく》があることを知《し》ったとする説話《せつわ》。釈尊が王宮《おうきゅう》の東門・南門・西門から出《で》た時《とき》に、老《お》いや病気《びょうき》に苦《くる》しむ人々や死者《ししゃ》の姿を見て、最後《さいご》に北門から出た時に出家者《しゅっけしゃ》の姿を見たと伝《つた》えられている。

〈注2〉1993年（平成5年）9月24日、池田大作先生は、アメリカのハーバード大学で「21世紀文明《せいきぶんめい》と大乗仏教《だいじょうぶっきょう》」と題《だい》しての2度目《どめ》の講演《こうえん》を行《おこな》った。大乗仏教が21世紀文明に貢献《こうけん》しうるであろう視点《してん》を「平和創出《へいわそうしゅつ》の源泉《げんせん》」「人間復権《ふっけん》の機軸《きじく》」「万物共生《ばんぶつきょうせい》の大地《だいち》」という3点《てん》から提示《ていじ》し、「生《せい》も歓喜《かんき》、死《し》も歓喜」との生死観《しょうじかん》を語《かた》った（『池田大作全集』第2巻所収）。

〈注3〉法華経本門《ほんもん》に至《いた》るまでの諸経《しょきょう》では、釈尊《しゃくそん》は無数《むすう》の過去世《かこせ》における仏道修行《ぶつどうしゅぎょう》を経《へ》て、インドに生《う》まれて出家《しゅっけ》し、30歳《さい》もしくは35歳で伽耶城《がやじょう》の郊外《こうがい》（のちのブッダガヤ）にある菩提樹《ぼだいじゅ》の下《もと》で初《はじ》めて最《さい》高《こう》の覚《さと》り（正覚《しょうがく》）を得《え》たと説《と》かれた。このように今世《こんぜ》で初《はじ》めて成仏《じょうぶつ》したことを始成正覚《しじょうしょうがく》（始《はじ》めて正覚《じょう》を成ず）という。これに対《たい》して法華経如来寿量品《にょらいじゅりょうほん》第16では、釈尊が実《じつ》は五百塵点劫《ごひゃくじんてんごう》という久遠《くおん》の昔《むかし》に成仏していたという真実《しんじつ》の境地《きょうち》を明《あ》かした。これを久遠実成《くおんじつじょう》という。

〈注4〉如来寿量品《にょらいじゅりょうほん》に「是《これ》自《よ》従り来《このかた》、我《われ》は常《つね》に此《こ》の娑婆《しゃば》世界に在《あ》って、説法教化《せっぽうきょうけ》す」（法華経479ページ）とある。

〈注5〉娑婆《しゃば》即《そく》寂光《じゃっこう》という。煩悩《ぼんのう》と苦悩《くのう》に満《み》ちた凡夫《ぼんぷ》が住《す》む娑婆《しゃば》世界（我々《われわれ》の現実《げんじつ》世界）が、実《じつ》は、久遠《くおん》から常住《じょうじゅう》する仏《ほとけ》の住《す》む寂光土《じゃっこうど》（仏が常住する永遠《えいえん》に安穏《あんのん》な国土《こくど》）であることが示《しめ》された。

〈注6〉法華経如来寿量品《にょらいじゅりょうほん》第16の文《もん》に「衆生《しゅじょう》を度《ど》せんが為《ため》の故《ゆえ》に　方便《ほうべん》もて涅槃《ねはん》を現《げん》ずれども　而《しか》も実《じつ》には滅度《めつど》せず　常《つね》に此《ここ》に住《じゅう》して法《ほう》を説《と》く」（法華経４８９ページ）とある。仏《ほとけ》に対《たい》する恋慕《れんぼ》・渇仰《かつごう》の心を起《お》こさせるために、方便《ほうべん》として涅槃に入《はい》ること。

〈注7〉法華経如来寿量品《にょらいじゅりょうほん》第16には「如来《にょらい》は如実《にょじつ》に三界《さんがい》の相《そう》を知見《ちけん》」（法華経４８１ページ）とある。如来は、三界（欲界《よっかい》、色界《しきかい》、無色界《むしきかい》。衆生《しゅじょう》の住《す》む現実《げんじつ》の世界）を如実に知見して、森羅万象《しんらばんしょう》の十界《じっかい》（諸法《しょほう》）の真実《しんじつ》の姿《すがた》（実相《じっそう》）を捉《とら》え、一切衆生《いっさいしゅじょう》を救済《きゅうさい》する智慧《ちえ》を説《と》くことができる。

〈注8〉【十界互具《じっかいごぐ》】24ページ参照。

〈注9〉【願兼於業《がんけんおごう》】105ページ参照。

〈注10〉【三身《さんじん》】仏《ほとけ》の3種《しゅ》の身《み》のこと。法身《ほっしん》、報身《ほうしん》、応身《おうじん》の三身。法身とは、仏が覚《さと》った真実《しんじつ》・真理《しんり》のこと。報身とは、最高《さいこう》の覚《さと》りの智慧《ちえ》をはじめ、仏と成《な》った報《むく》いとして得《え》た種々《しゅじゅ》の優《すぐ》れた特性《とくせい》。応身とは、人々を苦悩《くのう》から救《すく》うために、それぞれに応《おう》じて現実《げんじつ》に表《あらわ》した姿《すがた》で、慈悲《じひ》の側面《そくめん》をいう。

〈注11〉【常楽我浄《じょうらくがじょう》】25ページ参照。

〈注12〉【本有常住《ほんぬじょうじゅう》】三世《さんぜ》にわたって常《つね》に存在《そんざい》すること。法華経如来寿量品《にょらいじゅりょうほん》で「常に此《ここ》に住《じゅう》して法《ほう》を説《と》く」（法華経４８９ページ）とあるのは、常にこの娑婆《しゃば》世界に住《じゅう》し、一切衆生《いっさいしゅじょう》を度《ど》する仏《ほとけ》の生命《せいめい》の常住《じょうじゅう》を示《しめ》している。

〈注13〉御文《ごもん》に、「滞《とどこお》りなく寂光《じゃっこう》世界に往生《おうじょう》を遂《と》げ、須臾《しゅゆ》（たちまち）の間《あいだ》に、九界生死《きゅうかいしょうじ》の夢《ゆめ》の中《なか》に還《かえ》ってきて、身《み》を十方法界《じっぽうほうかい》の国土《こくど》にいきわたらせ、心を一切有情《いっさいうじょう》の身中《しんちゅう》に入《い》れて、内《うち》よりは勧発《かんぼつ》し、外《そと》よりは引導《いんどう》し、内外相応《ないげそうおう》し、因縁和合《いんねんわごう》して、自在神通《じざいじんずう》の慈悲《じひ》の力《ちから》を施《ほどこ》して、広《ひろ》く衆生《しゅじょう》を利益《りやく》すること滞《とどこお》りがないであろう」（三世諸仏総勘文教相廃立《さんぜしょぶつそうかんもんきょうそうはいりゅう》、趣意）とある。

〈注14〉【テヘラニアン博士】マジッド・テヘラニアン。１９３７年～２０１２年。イラン出身《しゅっしん》。米・ハワイ大学教授《きょうじゅ》。スパーク・マツナガ平和研究所所長《へいわけんきゅうじょしょちょう》、戸田記念国際平和《きねんこくさいへいわ》研究所所長等を歴任《れきにん》。専門《せんもん》はコミュニケーション論《ろん》、政治経済学《せいじけいざいがく》、平和学《へいわがく》。ローマクラブ会員《かいいん》。池田先生と親交《しんこう》を重《かさ》ね、対談集《たいだんしゅう》『二十一世紀《せいき》への選択《せんたく》』（『池田大作全集』第108巻所収）がある。

〈注15〉【デメラス博士】ジェイ・デメラス。1936年〜2021年。アメリカの社会学者。ハーバード大学卒《そつ》。マサチューセッツ大学社会学部教授《しゃかいがくぶきょうじゅ》、アメリカ宗教科学学会会長、宗教社会学会会長等《とう》を歴任《れきにん》。行動《こうどう》する宗教《しゅうきょう》社会学者として、1996年（平成8年）、池田大作先生とも会談《かいだん》している。

如来寿量品《にょらいじゅりょうほん》第16〈下〉

寿量品《じゅりょうほん》の概要《がいよう》（3）

寿量品《じゅりょうほん》の長行《ちょうぎょう》では、前半《ぜんはん》に久遠実成《くおんじつじょう》の法門《ほうもん》が示《しめ》された後《のち》、久遠の仏《ほとけ》がなぜ入滅《にゅうめつ》するのか（方便現涅槃《ほうべんげんねはん》）を示《しめ》すために「良《ろう》医病子《いびょうし》の譬《たとえ》」が説《と》かれます。

この長行全体《ちょうぎょうぜんたい》の内容《ないよう》が、あらためて偈文《げもん》（詩句《しく》の形式《けいしき》を用《もち》いて、仏《ほとけ》の徳《とく》を讃歎《さんたん》し法理《ほうり》を説《と》くもの）で述《の》べられます。「自我得仏《じがとくぶっ》来《らい》」から始《はじ》まるので「自我偈《じがげ》」と呼《よ》ばれます。

大聖人《だいしょうにん》は、「全宇宙《ぜんうちゅう》の諸仏《しょぶつ》は、自我偈《じがげ》を師《し》として仏《ほとけ》に成《な》られた」（新 1426㌻・全 1050㌻、趣意）と賞讃《しょうさん》されています。

私たちも、この〝大《おお》いなる自身《じしん》〟の讃歌《さんか》である自我偈《じがげ》を日々読誦《ひびどくじゅ》しています。

「我此土安穏《がしどあんのん》」の幸福《こうふく》世界を祈《いの》り築《きず》く

「人を救《すく》い世《よ》を救《すく》うことを除《のぞ》いて宗教《しゅうきょう》の社会的存立《しゃかいてきそんりつ》の意義《いぎ》があろうか。人を救うことは利的価値《りてきかち》ではないか。世《よ》を救うことは道徳的価値《どうとくてきかち》ではないか」――。

これは創立《そうりつ》の父《ちち》・牧口常三郎《つねさぶろう》先生が、『創価教育学体系《きょういくがくたいけい》』〈注1〉第2巻《かん》の「価値論《かちろん》」で記《しる》された有名《ゆうめい》な一節《いっせつ》です。

牧口先生は、さらに真《しん》の宗教的価値《しゅうきょうてきかち》の究竟《くきょう》として「法華経の第十六寿量品《じゅうろくじゅりょうほん》」を挙《あ》げ、同《どう》品《ほん》は「人生《じんせい》の苦悩《くのう》になやむ衆生《しゅじょう》をして悉《ことごと》く成仏《じょうぶつ》せしめて永久無死《えいきゅうむし》なる生《せい》の満足《まんぞく》に安住《あんじゅう》せしめんとの（釈尊《しゃくそん》の）御約束《おやくそく》」であると論及《ろんきゅう》されています。

現実《げんじつ》に生《い》きる人間の苦悩《くのう》をどう解決《かいけつ》するのか。真《しん》の生命《せいめい》に歓喜《かんき》する絶対《ぜったい》の境涯《きょうがい》を得《え》るにはどうすればよいのか。実際《じっさい》の生活《せいかつ》と社会《しゃかい》を変革《へんかく》してこそ、真《しん》の価値《かち》を創造《そうぞう》する宗教《しゅうきょう》なのだ――。牧口先生の深《ふか》き思索《しさく》と行動《こうどう》の信条《しんじょう》が伝《つた》わってきます。

「人間主義《しゅぎ》の宗教《しゅうきょう》」の大道《だいどう》

牧口先生は、現実《げんじつ》世界から離《はな》れたところに宗教的《しゅうきょうてき》な「聖《せい》の価値《かち》」を見《み》いだす従来《じゅうらい》の哲学《てつがく》に対《たい》して、鋭《するど》く根本的《こんぽんてき》な問《と》いを投《な》げかけています。恩師《おんし》・戸田城聖《じょうせい》先生も、〝われわれは、宗教のための「宗教屋《や》」ではない〟と、よく言《い》われました。

この両《りょう》先生の教《おし》えを受《う》け継《つ》ぎ、私は同志《どうし》と共《とも》に、仏法の人間主義《しゅぎ》を基調《きちょう》に平和《へいわ》・文化《ぶんか》・教育《きょういく》の連帯《れんたい》を世界に広《ひろ》げてきました。どこまでも人間を強《つよ》く、善《よ》く、賢《かしこ》くするためにこそ宗教《しゅうきょう》はあります。

この「人間のための宗教《しゅうきょう》」の源流《げんりゅう》にして、叡智《えいち》の宝庫《ほうこ》たる経典《きょうてん》が法華経なのです。如来寿量品《にょらいじゅりょうほん》、なかんずく最後《さいご》の「自我偈《じがげ》」では、民衆救済《みんしゅうきゅうさい》に永遠《えいえん》に戦《たたか》い続《つづ》ける仏自身《ほとけじしん》の実像《じつぞう》と、不惜身命《ふしゃくしんみょう》〈注2〉で師《し》を求《もと》め、法《ほう》を弘《ひろ》める衆生《しゅじょう》の姿《すがた》が描《えが》かれています。いかなる逆境《ぎゃっきょう》にも崩《くず》されない絶対的幸福境涯《ぜったいてきこうふくきょうがい》の「衆生所遊楽《しゅじょうしょゆうらく》」〈注3〉の人生《じんせい》を実現《じつげん》し、「我此土安穏《がしどあんのん》」〈注4〉の仏国土《ぶっこくど》を打《う》ち立《た》てる。この至高《しこう》の価値《かち》を創造《そうぞう》する、いわば「人間主義《しゅぎ》の宗教《しゅうきょう》」の師弟共戦《していきょうせん》の誓願《せいがん》が示《しめ》されているのです。

そこで、自我偈《じがげ》に関《かん》する御義口伝《おんぎくでん》の要文《ようもん》を学《まな》び、御本仏《ごほんぶつ》・日蓮大聖人《だいしょうにん》に直結《ちょっけつ》して慈折《じしゃく》広布に邁進《まいしん》する、創価の大道《だいどう》を確認《かくにん》していきたい。自我偈《じがげ》とは、結論《けつろん》すれば、我《われ》ら自身《じしん》の

「生命《せいめい》の讃歌《さんか》」そのものだからです。

「御義口伝《おんぎくでん》」寿量品《じゅりょうほん》の一節

（新1055㌻・全757㌻）

御義口伝《おんぎくでん》に云《い》わく、本門寿量《ほんもんじゅりょう》の一念三千《いちねんさんぜん》を頌《じゅ》する文《もん》なり。「大火所《だいかしょ》焼時《しょうじ》（大火《だいか》に焼《や》かるる時《とき》）」とは、実義《じつぎ》には煩悩《ぼんのう》の大火《だいか》なり。「我此土安《がしどあん》穏《のん》（我《わ》がこの土《ど》は安穏《あんのん》なり）」とは、国土世間《こくどせけん》なり。「衆生所遊楽《しゅじょうしょゆうらく》（衆生《しゅじょう》の遊楽《ゆうらく》する所《ところ》なり）」とは、衆生世間《しゅじょうせけん》なり。「宝樹多華菓《ほうじゅたけか》（宝樹《ほうじゅ》は華菓《けか》多《おお》し）」とは、五陰世間《ごおんせけん》なり。これ即《すなわ》ち一念三千《いちねんさんぜん》を分明《ふんみょう》に説《と》かれたり。

現代語訳

〈寿量品《じゅりょうほん》二十七箇《にじゅうななか》の大事《だいじ》　第十五　「衆生見劫尽《しゅじょうけんこうじん》〇（＝〇は中略を示す記号）而衆《にしゅ》

見焼尽《けんしょうじん》（衆生《しゅじょう》は劫尽《こうつ》くと見《み》る○しかも衆《しゅ》は焼《や》け尽《つ》くと見《み》る）」の事《こと》〉

〔寿量品自我偈《じゅりょうほんじがげ》の「衆生見劫尽《しゅじょうけんこうじん》（衆生《しゅじょう》は劫尽《こうつ》くと見《み》る）」以下《いか》の文《もん》について〕御義口伝《おんぎくでん》に仰《おお》せである。

これは、本門寿量《ほんもんじゅりょう》の一念三千《いちねんさんぜん》を讃歎《さんたん》する文《もん》である。「大火所焼時《だいかしょしょうじ》」の大火《だいか》とは、実義《じつぎ》には、煩悩《ぼんのう》の大火《だいか》である。「我此土安穏《がしどあんのん》」とは国土世間《こくどせけん》をあらわす。「衆生所遊楽《しゅじょうしょゆうらく》」とは衆生世間《しゅじょうせけん》をあらわす。また「宝樹多華菓《ほうじゅたけか》」とは五陰世間《ごおんせけん》をあらわす。これすなわち一念三千《いちねんさんぜん》を明瞭《めいりょう》に説《と》かれたのである。

「霊山一会儼然未散《りょうぜんいちえげんねんみさん》」の会座《えざ》

牧口先生と戸田先生の師弟《してい》の熱願《ねつがん》によって、創価学会が創立《そうりつ》されて本年（２０２３年）で93周年《しゅうねん》――。そして我《われ》らの広宣流布大誓堂《だいせいどう》の完成《かんせい》から10周年《しゅうねん》を迎《むか》えました。

人類《じんるい》は今《いま》、さまざまな苦難《くなん》に直面《ちょくめん》しています。しかし、この困難《こんなん》の時代《じだい》にあって、いな、だからこそ、わが同志《どうし》は、この10年、あらゆる悪戦苦闘《あくせんくとう》を突《つ》き抜《ぬ》けて、希望《きぼう》と励《はげ》ましの絆《きずな》を強《つよ》めてきました。

世界各地《かくち》での広宣流布の伸展《しんてん》も目《め》を見張《みは》るばかりです。全《すべ》て、偉大《いだい》なる創価の宝友《ほうゆう》が「大悪《だいあく》お《起》これば大善《だいぜん》き《来》たる」（新２１４５ページ・全１３００ページ）と、久遠《くおん》の誓願《せいがん》のままに奮闘《ふんとう》してきたからであります。

今夏《こんか》（２０２３年）から、広宣流布誓願《せいがん》勤行会が再開《さいかい》されました。不思議《ふしぎ》にも、この時《とき》に巡《めぐ》り合《あ》って、地球上《ちきゅうじょう》に同時涌出《どうじゆじゅつ》した地涌《じゆ》の勇者《ゆうしゃ》が「大法《だいほう》弘通《ぐつう》慈折《じしゃく》広宣流布」の大願成就《だいがんじょうじゅ》の祈《いの》りを、心一つに捧《ささ》げていくのです。

それは、御義口伝《おんぎくでん》に引《ひ》かれた「霊山一会儼然未散《りょうぜんいちえげんねんみさん》」〈注５〉とも言《い》うべき会座《えざ》なりと思《おも》わずにはいられません。

「『霊山《りょうぜん》』とは、御本尊《ごほんぞん》ならびに日蓮《にちれん》等の類《たぐ》い南無妙法蓮華経と唱《とな》え奉《たてまつ》る者《もの》の住所《じゅうしょ》を説《と》くなり」（新１０５５ページ・全７５７ページ）ともあります。各個人《かくこじん》、また各家庭《かくかてい》での、日々《ひび》、朝夕の勤行・唱題においても、私たちは地涌《じゆ》の一員《いちいん》として、己心《こしん》の中《なか》で「霊山一会《りょうぜんいちえ》」に連《つら》なっているのです。胸中《きょうちゅう》に、大聖人《だいしょうにん》と同《おな》じ仏《ほとけ》の生命《せいめい》が涌現《ゆげん》し、広布への誓《ちか》いを新《あら》たにしていくのです。

自我偈《じがげ》は自身《じしん》の生命《せいめい》の讃歌《さんか》

自我偈《じがげ》の冒頭《ぼうとう》「自我得仏来《じがとくぶつらい》」の「自《じ》」と、結語《けつご》の「速成就仏身《そくじょうじゅぶっしん》」の「身《しん》」を合《あ》わせると、「自身《じしん》」となります。御義口伝《おんぎくでん》では、「始終《しじゅう》、自身《じしん》なり」（新1058ページ・全759ページ）と甚深《じんじん》の意義《いぎ》を仰《おお》せです。

自我偈《じがげ》は、終始一貫《しゅうしいっかん》、民衆救済《みんしゅうきゅうさい》に戦《たたか》う仏《ほとけ》「自身《じしん》」を讃歎《さんたん》した詩《し》であり、また、〝九界《きゅうかい》の衆生《しゅじょう》が本来《ほんらい》、仏なり〟との、私たち「自身」の生命《せいめい》の凱歌《がいか》でもあります。この仏の大闘争《だいとうそう》を受《う》け継《つ》ぐのは、他《ほか》の誰《だれ》でもない、私たち自身なのです。

ここで拝読《はいどく》する御文《ごもん》も、妙法を信《しん》ずる者《もの》にとっては本来《ほんらい》、娑婆《しゃば》世界〈注6〉が真《しん》の仏《ほとけ》の常住《じょうじゅう》する仏土《ぶつど》であることを示《しめ》した経文《きょうもん》の箇所《かしょ》です。それを大聖人《だいしょうにん》は「本門寿量《ほんもんじゅりょう》の一念三千《いちねんさんぜん》を頌《じゅ》する文《もん》」であると仰《おお》せです。「この寿量品《じゅりょうほん》の説顕《せつあらわ》れては」（新1056ページ・全757ページ）、苦悩《くのう》に沈《しず》んでいた衆生《しゅじょう》が、わが身《み》に仏身《ぶっしん》を覚知《かくち》する一念三千《いちねんさんぜん》の妙法の当体《とうたい》となるということです。

ここでは一念三千《いちねんさんぜん》のうち「三世間《さんせけん》」〈注7〉が取《と》り上《あ》げられます。日蓮仏法における一念三千とは、「変革《へんかく》の原理《げんり》」にほかなりません。

すなわち、悪世《あくせ》にあって煩悩《ぼんのう》の大火《だいか》が世界を覆《おお》う時《とき》に、妙法を持《たも》った人は、わが「この土《ど》」を安穏《あんのん》の国土《こくど》へと転換《てんかん》できる。これが私たちの「国土世間《せけん》」の姿《すがた》です。また、広布に戦《たたか》う人の境涯《きょうがい》は「衆生所遊楽《しゅじょうしょゆうらく》」となる。これが「衆生《しゅじょう》世間」の姿《すがた》です。その国土は園林《おんりん》で荘厳《そうごん》され、宝《たから》の樹《き》には多《おお》くの花《はな》が咲《さ》き、果実《かじつ》があふれ、私たちの生命活動《せいめいかつどう》の一切《いっさい》は慈悲《じひ》で包《つつ》まれる。これが「五陰《ごおん》世間」の姿《すがた》です。

大聖人《だいしょうにん》は「今《いま》、日蓮等《にちれんら》の類《たぐ》い、南無妙法蓮華経と唱《とな》え奉《たてまつ》る者《もの》、これなり」（新1056ページ・全757ページ）と宣言《せんげん》されています。妙法を受持《じゅじ》することで、一念三千《いちねんさんぜん》の法理《ほうり》によって、仏界《ぶっかい》に照《て》らされた三世間《さんせけん》が現出《げんしゅつ》するのです。

真実《しんじつ》の楽土《らくど》建設《けんせつ》が広宣流布

思《おも》い返《かえ》せば、あの「9・11」同時多発《どうじたはつ》テロから1年後《ねんご》の2002年（平成14年）9月8日、世界の青年たちが集《つど》い来《き》たった。私は、久遠《くおん》の使命《しめい》に生《い》きゆく若人《わこうど》と勤行し、世界平和《へいわ》を共《とも》に祈念《きねん》した後《あと》、自我偈《じがげ》の「我此土安穏《がしどあんのん》　天人常充満《てんにんじょうじゅうまん》」（法華経491ページ）の経文《きょうもん》を引《ひ》いて訴《うった》えました。

「この現実《げんじつ》の社会《しゃかい》には、大火《だいか》に焼《や》かれるような苦《くる》しみが、いまだに絶《た》えることがない。その中《なか》にあって、永遠《えいえん》の生命《せいめい》の哲理《てつり》を掲《かか》げて、人類《じんるい》が永遠に理想《りそう》として願望《がんぼう》してきた、安《あん》穏《のん》にして平和《へいわ》の幸福《こうふく》世界を断固《だんこ》としてつくり上《あ》げていこうというのが、広宣流布の大運動《だいうんどう》である」と。

皆《みな》、真剣《しんけん》です。決意《けつい》の瞳《ひとみ》が輝《かがや》いていた。誓《ちか》いと歓喜《かんき》が広《ひろ》がっていきました。〝現実《げんじつ》を離《はな》れて理想《りそう》の幸福《こうふく》世界はない〟〝私たちが「我此土安穏《がしどあんのん》」の国土《こくど》を断《だん》じて築《きず》く〟との大情熱《だいじょうねつ》の炎《ほのお》が、世界五大州《ごだいしゅう》の青年リーダーたちの胸中《きょうちゅう》に深《ふか》く熱《あつ》く、そして強《つよ》く大《おお》きく燃《も》え上《あ》がっていました。私はここにこそ、地球民族《ちきゅうみんぞく》の平和《へいわ》への縮図《しゅくず》があることを確信《かくしん》しました。

世界中に地涌《じゆ》の勇者《ゆうしゃ》の「立正安国《りっしょうあんこく》の舞《まい》」が広《ひろ》がれば、必《かなら》ず真実《しんじつ》の楽土建設《らくどけんせつ》の道《みち》が開《ひら》かれる。これこそが、「事《じ》の一念三千《いちねんさんぜん》」〈注8〉という究極《きゅうきょく》の変革《へんかく》の法理《ほうり》に則《のっと》った未曽有《みぞう》の運動《うんどう》なのです。

「御義口伝《おんぎくでん》」寿量品《じゅりょうほん》の一節

（新1056ジペー・全757ジペー）

御義口伝《おんぎくでん》に云《い》わく、「我《が》」とは釈尊《しゃくそん》、一切衆生《いっさいしゅじょう》の父《ちち》なり。主《しゅ》・師《し》・親《しん》において、仏《ほとけ》に約《やく》し、経《きょう》に約《やく》す。仏《ほとけ》に約《やく》すとは、迹門《しゃくもん》の仏《ほとけ》の三徳《さんとく》は、「今此三界《こんしさんがい》（今《いま》この三界《さんがい》）」の文《もん》これなり。本門《ほんもん》の仏《ほとけ》の主《しゅ》・師《し》・親《しん》の三徳《さんとく》は、主《しゅ》の徳《とく》は「我此土安穏《がしどあんのん》（我《わ》がこの土《ど》は安穏《あんのん》なり）」の文《もん》なり。師《し》の徳《とく》は、「常説法教化《じょうせっぽうきょうけ》（常《つね》に法《ほう》を説《と》いて教化《きょうけ》す）」の文《もん》なり。親《おや》の徳《とく》は、この「我亦為世父《がやくいせぶ》」の文《もん》これなり。

現代語訳

〈第十六「我亦為世父《がやくいせぶ》（我《われ》もまたこれ世《よ》の父《ちち》なり）」の事《こと》〉

御義口伝《おんぎくでん》には仰《おお》せである。「我亦為世父《がやくいせぶ》」の「我《が》」とは釈尊《しゃくそん》（仏《ほとけ》）であり、一《いっ》切衆生《さいしゅじょう》の父《ちち》ということである。主師親《しゅししん》の三徳《さんとく》において、仏《ほとけ》に約《やく》し、経《きょう》に約《やく》して、法華経には説《と》かれている。

まず仏《ほとけ》に約《やく》すとは、迹門《しゃくもん》の仏《ほとけ》の三徳《さんとく》は、譬喩品《ひゆほん》第三《さん》の「今此三界《こんしさんがい》」の文《もん》がこれにあたるのである。

本門《ほんもん》の仏《ほとけ》の主《しゅ》・師《し》・親《しん》の三徳《さんとく》にあたる文《もん》は、主《しゅ》の徳《とく》は「我此土安穏《がしどあんのん》」の文《もん》であり、師《し》の徳《とく》は「常説法教化《じょうせっぽうきょうけ》」の文《もん》であり、親《おや》の徳《とく》は、この「我亦為世父《がやくいせぶ》」の文《もん》なのである。

日蓮大聖人《だいしょうにん》こそ末法《まっぽう》の主師親《しゅししん》

次《つぎ》に「『我亦為世父《がやくいせぶ》』の事《こと》」の御義口伝《おんぎくでん》です。この御文《ごもん》では、久遠《くおん》の仏《ほとけ》「自身《じしん》」の姿《すがた》が主師親《しゅししん》の三徳《さんとく》〈注9〉として説《と》かれ、それを末法《まっぽう》において実践《じっせん》されているのが、御本仏《ごほんぶつ》・日蓮大聖人《だいしょうにん》に他《ほか》ならないことが示《しめ》されていきます。

経文《きょうもん》の「我亦為世父《がやくいせぶ》」は、「良医病子《ろういびょうし》の譬《たとえ》」〈注10〉の箇所《かしょ》で、良医《りょうい》である父《ちち》と同《おな》じく、釈尊《しゃくそん》もまた、現実《げんじつ》の三界《さんがい》の「一切衆生《いっさいしゅじょう》の父」であり、良医が、とりわけ本心《ほんしん》を失《うしな》った迷《まよ》いの子《こ》どもたちを救《すく》ったように、「顛倒《てんどう》」（法華経４９３㌻）の人々をも全力《ぜんりょく》で救済《きゅうさい》している、とあります。

これを受《う》けて御義口伝《おんぎくでん》では、釈尊自身《しゃくそんじしん》の主師親《しゅししん》の三徳《さんとく》の姿《すがた》を、法華経迹門《しゃくもん》の譬喩品《ひゆほん》の一節《いっせつ》〈注11〉と、本門《ほんもん》の寿量品《じゅりょうほん》から紹介《しょうかい》されています。その時《とき》に、「我此土安穏《がしどあんのん》」が主《しゅ》の徳《とく》、「常説法教化《じょうせっぽうきょうけ》」が師《し》の徳《とく》、そして、この「我亦為世父《がやくいせぶ》」が親《おや》の徳《とく》であることが示《しめ》されます。

そして、「今《いま》、日蓮等《にちれんら》の類《たぐ》い、南無妙法蓮華経と唱《とな》え奉《たてまつ》る者《もの》は、一切衆生《いっさいしゅじょう》の父《ちち》なり。無《む》間地獄《けんじごく》の苦《く》を救《すく》う故《ゆえ》なり」（新１０５６㌻・全７５８㌻）と仰《おお》せられ、末法《まっぽう》にあっては大聖人《だいしょうにん》こそが、また、その弟子《でし》たちが、民衆救済《みんしゅうきゅうさい》の大闘争《だいとうそう》に挑《いど》む〝一切衆生の父〟の役割《やくわり》を担《にな》っていることが明《あ》かされます。

大聖人《だいしょうにん》が佐渡流罪《さどるざい》の大難《だいなん》の中《なか》で認《したた》められた開目抄《かいもくしょう》でも、「日蓮《にちれん》は日本国《にほんこく》の諸人《しょにん》にしゅう《主》し《師》父母《親》なり」（新１２１㌻・全２３７㌻）と仰《おお》せです。

謗法《ほうぼう》が盛《さか》んになり、一切衆生《いっさいしゅじょう》の苦悩《くのう》が充満《じゅうまん》する悪世《あくせ》にあって、民衆《みんしゅう》を救《すく》う大慈大悲《だいじだいひ》に立《た》ち、いかなる迫害《はくがい》をも恐《おそ》れず折伏行《しゃくぶくぎょう》を敢行《かんこう》された大聖人《だいしょうにん》こそが末法《まっぽう》の主師親《しゅししん》であり、その結果《けっか》としての流罪《るざい》も「大《おお》いに悦《よろこ》ばし」（同㌻）との大境涯《だいきょうがい》なのです。

一切《いっさい》の苦《く》を「日蓮一人《にちれんいちにん》の苦《く》」と

この御義口伝《おんぎくでん》の「我亦為世父《がやくいせぶ》」の段《だん》の最後《さいご》に、涅槃経《ねはんぎょう》の「一切衆生《いっさいしゅじょう》の異《い》の苦《く》を受《う》くるは、ことごとくこれ如来一人《にょらいいちにん》の苦《く》なり」との一節《いっせつ》が引《ひ》かれています（新1056㌻・全758㌻）。

この経文《きょうもん》の直前《ちょくぜん》には「衆《しゅ》の受苦《じゅく》を見《み》ること己《おの》が苦《く》の如《ごと》し」とあります〈注12〉。仏《ほとけ》は、衆生《しゅじょう》のあらゆる苦《くる》しみを全《すべ》て「わがこと」として受《う》け止《と》めるというのです。

これを踏《ふ》まえて、御義口伝《おんぎくでん》に、「一切衆生《いっさいしゅじょう》の異《い》の苦《く》を受《う》くるは、ことごとくこれ日蓮一人《にちれんいちにん》の苦《く》なるべし」（同㌻）と断言《だんげん》されています。

また、諫暁八幡抄《かんぎょうはちまんしょう》には、同《おな》じ涅槃経《ねはんぎょう》の文《もん》を引《ひ》かれた後《あと》、「一切衆生《いっさいしゅじょう》の同一苦《どういつく》は、ことごとくこれ日蓮一人《にちれんいちにん》の苦《く》なり」（新745㌻・全587㌻）とも仰《おお》せです。

一人一人抱《かか》えている苦悩《くのう》は多様《たよう》であり、まさに「異《い》の苦《く》」です。同時《どうじ》に、そのあらゆる苦《くる》しみの根源《こんげん》には煩悩《ぼんのう》〈注13〉があり、無明《むみょう》〈注14〉がある。千差万別《せんさばんべつ》に見《み》える苦《くる》しみも、根本《こんぽん》は「同一苦《どういつく》」である。その根《ね》を断《た》つものは何《なに》か。これこそ、「信」の一字《いちじ》という「元品《がんぽん》の無明《むみょう》を切《き》る利剣《りけん》」（新1012㌻・全725㌻）です。

大聖人《だいしょうにん》は、〝妙法の利剣《りけん》〟をもって、一切衆生《いっさいしゅじょう》の無明《むみょう》を打《う》ち破《やぶ》り、「無間地獄《むけんじごく》の道《みち》をふさ《塞》

ぎぬ」（新261ジペー・全329ジペー）と、末法万年尽未来際《まっぽうまんねんじんみらいさい》への慈折広布《じしゃく》の流《なが》れを開《ひら》かれたのです。

私たちもそれぞれの使命《しめい》の場《ば》で、縁《えん》する一人一人と誠実《せいじつ》に向《む》き合《あ》い、その苦《く》を抜《ぬ》くために「同苦《どうく》」の実践《じっせん》を粘《ねば》り強《づよ》く積《つ》み重《かさ》ねています。人間と人間を結《むす》ぶ「善知識《ぜんちしき》のネットワーク」を築《きず》いてきました。

「一切衆生《いっさいしゅじょう》の苦《く》」を根源《こんげん》から救《すく》う仏《ほとけ》の大慈悲《だいじひ》の働《はたら》きを現代《げんだい》に蘇《よみがえ》らせる実践《じっせん》が、ここにこそあります。世界を包《つつ》む地涌《じゆ》の抜苦与楽《ばっくよらく》の大行進《だいこうしん》が、その真価《しんか》をいよいよ発揮《はっき》していく「時《とき》」が到来《とうらい》しているのです。

「御義口伝《おんぎくでん》」寿量品《じゅりょうほん》の一節　（新1057㌻・全758㌻）

御義口伝《おんぎくでん》に云《い》わく、「毎《まい》」とは、三世《さんぜ》なり。「自《じ》」とは、別《べっ》しては釈《しゃく》尊《そん》、総《そう》じては十界《じっかい》なり。「是念《ぜねん》」とは、無作本有《むさほんぬ》の南無妙法蓮華経の一念《いちねん》なり。「作《さ》」とは、この「作《さ》」は有作《うさ》の作《さ》にあらず、無作本有《むさほんぬ》の作《さ》なり云々《うんぬん》。（中略）

今《いま》、日蓮等《にちれんら》の類《たぐ》い、南無妙法蓮華経と唱《とな》え奉《たてまつ》る念《ねん》は、大慈悲《だいじひ》の念《ねん》なり云々《うんぬん》。

現代語訳

〈第十九　「毎自作是念《まいじさぜねん》（つねに自《みずか》らこの念《ねん》を作《な》す）」の事《こと》〉

御義口伝《おんぎくでん》には仰《おお》せである。「毎《まい》」とは、三世《さんぜ》（過去世《かこせ》・現在世《げんざいせ》・未来世《みらいせ》）永遠《えいえん》を意味《いみ》する。「自《じ》」とは、別《べっ》しては釈尊《しゃくそん》、すなわち仏界《ぶっかい》をあらわし、総《そう》じては十《じっ》界《かい》をあらわす。「是念《ぜねん》（この念《ねん》）」とは、無作本有《むさほんぬ》の南無妙法蓮華経の一念《いちねん》である。「作《さ》」とは、作為《さくい》がある「作《さ》」ではなく、つくろわず、本来《ほんらい》ありのままの無作本有《むさほんぬ》の「作《さ》」である。（中略）
今《いま》、日蓮とその弟子《でし》たちが、南無妙法蓮華経と唱《とな》え奉《たてまつ》る「念《ねん》」は、大慈悲《だいじひ》の「念《ねん》」である。

日々《ひび》、「毎自作是念《まいじさぜねん》」の誓願《せいがん》を

「毎自作是念《まいじさぜねん》」の御義口伝《おんぎくでん》では、「毎《まい》」とは、三世永遠《さんぜえいえん》を意味《いみ》し、「自《じ》」とは釈尊自身《しゃくそんじしん》であるとともに、十界本有《じっかいほんぬ》の原理《げんり》に照《て》らし、私たち自身《じしん》のことであるとして、仏《ほとけ》の願《ねが》いと行《こう》動《どう》について示《しめ》されています。

大聖人《だいしょうにん》は、「『毎自作是念《まいじさぜねん》』の悲願《ひがん》」（新516ジペー・全466ジペー）とも言《い》われました。間断《かんだん》なく衆生《しゅじょう》の幸福《こうふく》のために戦《たたか》い続《つづ》けることが久遠《くおん》の仏《ほとけ》の生命《せいめい》そのものなのです。

常《つね》に心に抱《いだ》き考《かんが》えていることに、その人の境涯《きょうがい》なり、本質《ほんしつ》が表《あらわ》れます。

大聖人《だいしょうにん》は、「毎自作是念《まいじさぜねん》」の「是念《ぜねん》」とは、「無作本有《むさほんぬ》の南無妙法蓮華経の一念《いちねん》」であると仰《おお》せです。

南無妙法蓮華経は一念《いちねん》に億劫《おくごう》の辛労《しんろう》を尽《つ》くす精進行《しょうじんぎょう》です〈注15〉。私たちは、どんな境遇《きょうぐう》にあっても、「苦楽《くらく》ともに思《おも》い合《あ》わせて」（新1554ページ・全1143ページ）、朝《あさ》に夕《ゆう》に広宣流布の誓願《せいがん》の祈《いの》りを続《つづ》け、行動《こうどう》しています。

このこと自体《じたい》が、どれだけ自身《じしん》の生命《せいめい》を奥底《おうてい》から磨《みが》き続《つづ》けているか。妙法に染《そ》め上《あ》げられていく一念《いちねん》の錬磨《れんま》こそが、自身《じしん》の最極《さいごく》の仏道修行《ぶつどうしゅぎょう》であり、究極《きゅうきょく》の大功徳《だいくどく》の源泉《げんせん》となるのです。

「尊《とうと》き菩薩道《ぼさつどう》の実践《じっせん》」を賞讃《しょうさん》

私は、中国の〝学芸探究《がくげいたんきゅう》の大師《だいし》〟と仰《あお》がれた饒宗頤《じょうそうい》先生〈注16〉と深《ふか》く親交《しんこう》を結《むす》び、対《たい》談集《だんしゅう》も発刊《はっかん》しました。饒《じょう》先生が認《したた》めてくださった素晴《すば》らしい書《しょ》が、自我偈《じがげ》の「毎自作是念《まいじさぜねん》　以何令衆生《いがりょうしゅじょう》　得入無上道《とくにゅうむじょうどう》　速成就仏身《そくじょうじゅぶっしん》」の経文《きょうもん》です〈注17〉。

なぜ、この言葉《ことば》を選《えら》ばれたのか。

饒先生《じょうせんせい》は、創価の師弟《してい》の姿《すがた》に、「尊《とうと》き菩薩道《ぼさつどう》の実践《じっせん》」、また「民衆《みんしゅう》のために尽《つ》くす人類愛《じんるいあい》に満《み》ちた」リーダーシップ、そして「民衆《みんしゅう》一人一人に希望《きぼう》と勇気《ゆうき》を与《あた》え、無上道《むじょうどう》の境涯《きょうがい》へと導《みちび》く」行動《こうどう》を感《かん》じ取《と》り、それが自我偈《じがげ》の経文《きょうもん》に一致《いっち》しているゆえに、と語《かた》ってくださいました。

入魂《にゅうこん》の二十字《にじゅうじ》は、雄渾《ゆうこん》そのものの勢《いきお》いがありました。私は真心《まごころ》に深謝《しんしゃ》し、この経文《きょうもん》の意義《いぎ》を踏《ふ》まえ、申《もう》し上《あ》げました。

「いつ、いかなる時《とき》でも、どうすれば人々が無上道《むじょうどう》、すなわち、最高《さいこう》の人生《じんせい》を歩《あゆ》んでいくことができるか、一瞬一瞬《いっしゅんいっしゅん》に念《ねん》じ続《つづ》ける。友《とも》の幸福《こうふく》を祈《いの》り、語《かた》り続《つづ》ける。仏教《ぶっきょう》では、その一念《いちねん》にこそ、仏《ほとけ》の生命《せいめい》が涌現《ゆげん》し脈動《みゃくどう》すると説《と》きます」と。

この時《とき》、私の胸《むね》には、牧口先生、戸田先生の姿《すがた》が浮《う》かんでいました。

先師《せんし》は、「人を救《すく》い世《よ》を救《すく》う」ことに、宗教《しゅうきょう》の社会的存立《しゃかいてきそんりつ》の意義《いぎ》を見《み》いだし、恩師《おんし》は、「この世《よ》から〝悲惨《ひさん》〟の二字《にじ》をなくしたい」と常《つね》に願《ねが》われていました。

まさに、仏《ほとけ》の「毎自作是念《まいじさぜねん》」に直結《ちょっけつ》して誕生《たんじょう》したのが、創価学会です。

創価学会は、民衆救済《みんしゅうきゅうさい》という慈悲《じひ》の大聖業《だいせいぎょう》を「師弟《してい》の誓願《せいがん》」として実践《じっせん》する仏意仏勅《ぶついぶっちょく》の教団《きょうだん》です。戸田先生は、折伏《しゃくぶく》に励《はげ》む学会員一人一人の姿《すがた》にこそ「仏《ほとけ》」を見《み》ておられました。

わが同志《どうし》は、自《みずか》ら民衆《みんしゅう》の一人として、常《つね》に民衆の大海《たいかい》の中《なか》に飛《と》び込《こ》み、「一閻浮提広《いちえんぶだい》布」という地球全体《ちきゅうぜんたい》の民衆の境涯《きょうがい》を高《たか》めゆく——この大宗教運動《だいしゅうきょううんどう》に参画《さんかく》している偉大《いだい》な菩薩行《ぼさつぎょう》の実践者《じっせんしゃ》です。これほど深遠《しんえん》にして崇高《すうこう》な集《つど》いはありません。

地涌《じゆ》の民衆《みんしゅう》の連帯《れんたい》を一段《いちだん》と

「我此土安穏《がしどあんのん》」の幸福《こうふく》世界を祈《いの》り、「天人常充満《てんにんじょうじゅうまん》」「衆生所遊楽《しゅじょうしょゆうらく》」の平和《へいわ》世界を築《きず》きゆかんとする尊《とうと》き地涌《じゆ》の民衆《みんしゅう》の連帯《れんたい》を、一段《いちだん》と強《つよ》く、広《ひろ》く結《むす》び合《あ》い、朗《ほが》らかに勇気凜々《ゆうきりんりん》と、誓《せい》願《がん》の天地《てんち》で歓喜踊躍《かんきゆやく》し、前進《ぜんしん》していこうではありませんか！

《注　解》

〈注1〉【創価教育学体系《きょういくがくたいけい》】初代会長・牧口常三郎《つねさぶろう》先生の独創的《どくそうてき》な教育学説《がくせつ》。机上《きじょう》の学説ではなく「人生《じんせい》の目的《もくてき》たる価値《かち》を創造《そうぞう》しうる人材《じんざい》を養成《ようせい》する方法《ほうほう》の知識体系《ちしきたいけい》」を目指《めざ》した。1930年（昭和5年）11月18日、第2代会長・戸田城聖《じょうせい》先生の師弟不二《していふに》の奮闘《ふんとう》によって第1巻《かん》が世《よ》に送《おく》り出《だ》された。第2巻の出版《しゅっぱん》は、翌《よく》1931年。引用《いんよう》は『牧口常三郎《つねさぶろう》全集』第5巻（第三文明社刊）から。

〈注2〉【不惜身命《ふしゃくしんみょう》】145ページ参照。

〈注3〉【衆生所遊楽《しゅじょうしょゆうらく》】65ページ参照。

〈注4〉【我此土安穏《がしどあんのん》】「我《わ》が此《こ》の土《ど》は安穏にして」（法華経491ページ）。法華経如来寿量品《にょらいじゅりょうほん》第16の自我偈《じがげ》に説《と》かれる。「我が此の土」とは釈尊《しゃくそん》の常住《じょうじゅう》する世界であり、娑婆《しゃば》世界のこと。「安穏」とは平和《へいわ》で静《せい》穏《おん》なこと。

〈注5〉【霊山一会儼然未散《りょうぜんいちえげんねんみさん》】「霊山《りょうぜん》の一会《いちえ》、儼然《げんねん》としていまだ散《ち》らず」（新1054ページ・全757ページ）。釈《しゃく》尊《そん》が霊鷲山《りょうじゅせん》で法華経を説《と》いた会座《えざ》はいまなお厳然《げんぜん》として散《ち》らず、永遠《えいえん》に常住《じょうじゅう》しているとの意《い》。

〈注6〉【娑婆《しゃば》世界】145ページ参照。

〈注7〉【三世間《さんせけん》】3種《しゅ》の世間のことで、一念三千《いちねんさんぜん》の法門《ほうもん》を構成《こうせい》する百界《ひゃっかい》（十界互具《じっかいごぐ》）・十如是《じゅうにょぜ》・三世間という主要《しゅよう》な法理《ほうり》の一つ。三世間に十界《じっかい》の差異《さい》が表《あらわ》れる。五陰《ごおん》世間は、衆生《しゅじょう》を構成《こうせい》する五陰（色《しき》・受《じゅ》・想《そう》・行《ぎょう》・識《しき》）が十界によって異《こと》なること、衆生《しゅじょう》世間は五陰によって形成《けいせい》された衆生の生命《せいめい》に十界の差別《さべつ》があること、国土《こくど》世間は十界の衆生の住処に差別《さべつ》があることを示《しめ》している。法華経如来寿《にょらいじゅ》量品《りょうほん》に至《いた》って初《はじ》めて釈尊《しゃくそん》の本国土《ほんこくど》が明《あ》かされて三世間が整《ととの》い、一念三千の理《り》が確立《かくりつ》した。

〈注8〉【事《じ》の一念三千《いちねんさんぜん》】ここでは、一念三千が理論上《りろんじょう》の枠組《わくぐ》みにとどまるものでなく、妙法を持《たも》った人の現実《げんじつ》の振《ふ》る舞《ま》いの上に現《あらわ》れることを言《い》う。

〈注9〉【主師親《しゅししん》の三徳《さんとく》】一切衆生《いっさいしゅじょう》が尊敬《そんけい》すべき三つの徳《とく》、すなわち、主徳《しゅとく》、師徳《しとく》、親徳《しんとく》のこと。主徳は衆生を守《まも》る力《ちから》、働《はたら》き。師徳とは衆生を教《おし》え導《みちび》く力、働《はたら》き。親徳とは衆生を慈《いつく》しみ愛《あい》する力、働《はたら》きをいう。

〈注10〉【良医病子《ろういびょうし》の譬《たとえ》】法華経の七譬《しちひ》の一つで、聡明《そうめい》で医薬《いやく》に通《つう》じた良医《りょうい》に多《おお》くの子《こ》どもがいたが、留《る》守《す》中《ちゅう》に毒薬を飲《の》み苦《くる》しんでいた。父《ちち》である良医は良薬《りょうやく》を調合《ちょうごう》して与《あた》えたが、本心《ほんしん》を失《うしな》った子どもたちは服《ふく》そうとしなかった。そこで父の良医は、良薬を残《のこ》して他国《たこく》へ旅立《たびだ》ち、そこで死《し》んだと伝《つた》えさせた。父の死を聞《き》き、毒気《どっけ》から醒《さ》めた子どもは、父の残《のこ》した良薬を服して病気《びょうき》を治《なお》すことができ、父も喜《よろこ》んで戻《もど》った。

〈注11〉「今此三界《こんしさんがい》」の一節《いっせつ》。法華経譬喩品《ひゆほん》第3の文《もん》。同品《どうほん》に「今此《いまこ》の三界《さんがい》は　皆是《みなこ》れ我《わ》が有《う》なり　其《そ》の中《なか》の衆生《しゅじょう》は　悉《ことごと》く是《こ》れ吾《わ》が子《こ》なり　而《しか》るに今此《いまこ》の処《ところ》は　諸《もろもろ》の患難多《げんなんおお》し　唯我一人《ただわれいちにん》のみ　能《よ》く救護《くご》を為《な》す」（法華経191ページ）とある。釈尊《しゃくそん》がこの世界の主《しゅ》であることを述《の》べた文《もん》。

〈注12〉大般涅槃経《だいはつねはんぎょう》巻38の一節《いっせつ》。涅槃経《ねはんぎょう》は、法華経の内容《ないよう》を補足《ほそく》する経典《きょうてん》と位置《いち》づけられる。

〈注13〉【煩悩《ぼんのう》】86ページ参照。

〈注14〉【無明《むみょう》】元品の無明。45ページ参照。

〈注15〉御義口伝《おんぎくでん》に「一念《いちねん》に億劫《おくごう》の辛労《しんろう》を尽《つ》くせば、本来無作《ほんらいむさ》の三身念々《さんじんねんねん》に起《お》こるなり。いわゆる南無妙法蓮華経は精進行《しょうじんぎょう》なり」（新1099ページ・全790ページ）とある。

〈注16〉【饒宗頤《じょうそうい》】1917年～2018年。広東省潮安県出身《しゅっしん》。香港《ホンコン》中文《ちゅうぶん》大学終身主任教授《しゅうしんしゅにんきょうじゅ》。漢学者《かんがくしゃ》、書画家《しょがか》、詩人《しじん》として知《し》られる。フランス学士院《がくしいん》から「ジュリアン賞《しょう》」、香港政府《せいふ》から最高栄誉《さいこうえいよ》の「大紫荊勲章《だいしけいくんしょう》」が贈《おく》られている。池田大作先生とは1974年（昭和49年）の初《はつ》の出会《であ》い以来《いらい》、40

年以上《いじょう》にわたり、友誼《ゆうぎ》を深《ふか》めてきた。２００９年（平成21年）には、池田大作先生との対談集《たいだんしゅう》『文《ぶん》化《か》と芸術《げいじゅつ》の旅路《たびじ》』（潮出版社）が発刊《はっかん》されている。

〈注17〉自我偈《じがげ》の結《むす》びの一節《いっせつ》。「私（釈尊《しゃくそん》）は、つねにこのことを念《ねん》じている。すなわち、〝どのようにすれば、衆生《しゅじょう》を、無上《むじょう》の仏道《ぶつどう》に入《はい》らせ、速《すみ》やかに仏身《ぶっしん》を成就《じょうじゅ》させることができるだろうか〟と」（法華経４９３ページ、通解）。

常《じょう》不《ふ》軽《きょう》菩《ぼ》薩《さつ》品《ほん》第20

不軽品《ふきょうほん》の概要《がいよう》

寿量品《じゅりょうほん》で久遠実成《くおんじつじょう》が明《あ》かされた後《のち》、分別功徳品《ふんべつくどくほん》第17の前《ぜん》半《はん》では、如来《にょらい》の寿命《じゅみょう》を聴《き》く功徳《くどく》が示《しめ》されます。続《つづ》いて、同品《どうほん》後半《こうはん》から、随喜功徳品《ずいきくどくほん》第18、法師《ほっし》功徳品第19、常不軽菩薩《じょうふきょうぼさつ》品《ほん》第20では、法華経の弘通《ぐつう》の功徳を明《あ》かしています。

とりわけ、不軽品《ふきょうほん》では、釈尊《しゃくそん》の過去世《かこせ》の修行《しゅぎょう》の姿《すがた》として不《ふ》軽菩薩《きょうぼさつ》の実践《じっせん》を通《とお》して、法華経を弘《ひろ》める人の福徳《ふくとく》と、弘教者《ぐきょうしゃ》を誹謗《ひぼう》する罪《つみ》が述《の》べられます。

不軽菩薩《ふきょうぼさつ》は、男女《だんじょ》、出家在家《しゅっけざいけ》を問《と》わず、あらゆる人が仏性《ぶっしょう》を具《そな》えている故《ゆえ》に、人々に対《たい》して合掌《がっしょう》・礼拝《らいはい》を続《つづ》けて六根清《ろっこんしょう》浄《じょう》の功徳《くどく》を得《え》て、後《のち》に仏《ほとけ》になるのです。

人類《じんるい》の善性《ぜんせい》を薫発《くんぱつ》する友情《ゆうじょう》の対話《たいわ》を

来《く》る日も来る日も、人と会《あ》い続《つづ》ける。生命《せいめい》の持《も》つ尊厳性《そんげんせい》を見《み》つめ、対話《たいわ》する。きょうも、その人の持《も》つ可能性《かのうせい》を信《しん》じ、合掌《がっしょう》する。

特別《とくべつ》な修行《しゅぎょう》ではなく、生涯《しょうがい》、ただ一途《いちず》に、他者《たしゃ》を敬《うやま》う礼拝行《らいはいぎょう》を愚直《ぐちょく》なまでに繰《く》り返《かえ》す。そして、最後《さいご》は、非難《ひなん》する迫害者《はくがいしゃ》たちをも救《すく》い、偉大《いだい》なる人間の王者《おうじゃ》として輝《かがや》いていく――。

これが、法華経に説《と》かれる常不軽菩薩《じょうふきょうぼさつ》〈注1〉の軌跡《きせき》です。御本仏《ごほんぶつ》・日蓮大聖人《だいしょうにん》は、「日《にち》蓮《れん》はこれ法華経《ほけきょう》の行者《ぎょうじゃ》なり。不軽《ふきょう》の跡《あと》を紹継《しょうけい》するの故《ゆえ》に」（新1314ページ・全974ページ）と仰《おお》せられています。

この大聖人《だいしょうにん》に連《つら》なり、忍耐強《にんたいづよ》く、誰彼《だれかれ》の差別《さべつ》なく、人間の中《なか》へ飛《と》び込《こ》んでいく不軽《ふきょう》の行《こう》動《どう》を、まさに現代《げんだい》に映《うつ》しているのが、私たち学会員にほかなりません。創価の師弟《してい》は、縁《えん》する全《すべ》ての人に仏性《ぶっしょう》があることを信《しん》じて、人間の善性《ぜんせい》を開《ひら》く対話《たいわ》を粘《ねば》り強《づよ》く繰《く》り広《ひろ》げてきました。

不軽菩薩《ふきょうぼさつ》が語《かた》った、有名《ゆうめい》な「二十四文字《にじゅうよんもじ》の法華経」〈注2〉、すなわち、「我《われ》は深《ふか》く汝等《なんだち》を敬《うやま》い、敢《あ》えて軽慢《きょうまん》せず。所以《ゆえん》は何《いか》ん、汝等《なんだち》は皆菩薩《みなぼさつ》の道《どう》を行《ぎょう》ぜば、当《まさ》に作仏《さぶつ》することを得《う》べければなり」（法華経557ジペー）には、法華経に説《と》かれる「万人成仏《ばんにんじょうぶつ》」の思想《しそう》が凝縮《ぎょうしゅく》されているといえます。

「人《ひと》の振《ふ》る舞《ま》い」が出世《しゅっせ》の本懐《ほんかい》

しかし、不軽菩薩《ふきょうぼさつ》は慢心《まんしん》の人々から、いわれなき非難《ひなん》を浴《あ》び、迫害《はくがい》を受《う》け続《つづ》けました。それでも、「不軽」の名《な》の通《とお》り、断《だん》じて人を軽《かろ》んじなかった。
大聖人《だいしょうにん》は、仰《おお》せになられました。
「一代《いちだい》の肝心《かんじん》は法華経《ほけきょう》、法華経《ほけきょう》の修行《しゅぎょう》の肝心《かんじん》は不軽品《ふきょうほん》にて候《そうろう》なり。不軽菩薩《ふきょうぼさつ》の人《ひと》を敬《うやま》いしは、いかなることぞ。教主釈尊《きょうしゅしゃくそん》の出世《しゅっせ》の本懐《ほんかい》は人《ひと》の振《ふ》る舞《ま》いにて候《そうら》いけるぞ」（新1597ジペー・全1174ジペー）
仏《ほとけ》がこの世《よ》に出現《しゅつげん》した根本目的《こんぽんもくてき》は、「人《ひと》の振《ふ》る舞《ま》い」を示《しめ》すためであり、それは、不軽《ふきょう》菩薩《ぼさつ》の「人を敬《うやま》う」振る舞いなのである。どこまでも相手《あいて》の仏性《ぶっしょう》を信《しん》じ抜《ぬ》く「人を敬《うやま》う」

行動《こうどう》こそが、これ以上《いじょう》ない究極《きゅうきょく》の修行《しゅぎょう》となるのです。

そして、日蓮仏法の修行《しゅぎょう》の肝心《かんじん》とは、勤行・唱題と弘教《ぐきょう》という、自行《じぎょう》・化他《けた》にわたる実践《じっせん》です。この現実社会《げんじつしゃかい》の中《なか》で、私たちが妙法を唱《とな》え弘《ひろ》め、人間尊敬《そんけい》の励《はげ》ましの対話《たいわ》を積《つ》み重《かさ》ねていくことが、実《じつ》は、最極《さいごく》の仏道修行《ぶつどうしゅぎょう》として、自他共《じたとも》の仏性《ぶっしょう》を開《ひら》いていく根因《こんいん》となるのです。

人間の持《も》つ善性《ぜんせい》を信《しん》じ、互《たが》いに敬《うやま》い合《あ》う振《ふ》る舞《ま》いが広《ひろ》がれば、世界に確《たし》かな生命尊厳《せいめいそんげん》の思潮《しちょう》が広《ひろ》がります。やがて、人類《じんるい》の宿命《しゅくめい》というべき対立《たいりつ》と憎悪《ぞうお》の連鎖《れんさ》を断《た》ち切《き》り、新《あら》たな相互理解《そうごりかい》と平和創造《へいわそうぞう》の道《みち》が開《ひら》かれていくに違《ちが》いありません。

不軽菩薩《ふきょうぼさつ》の人間主義の振《ふ》る舞《ま》いこそ、世界が待望《たいぼう》する行動《こうどう》なのです。

ゆえに、ここで御義口伝《おんぎくでん》の不軽品《ふきょうほん》を拝《はい》し、仏縁《ぶつえん》を広《ひろ》げる対話《たいわ》の意義《いぎ》を確認《かくにん》していきたい。最初《さいしょ》に不軽菩薩《ふきょうぼさつ》の礼拝行《らいはいぎょう》の本義《ほんぎ》を述《の》べた御義口伝《おんぎくでん》の箇所《かしょ》を学《まな》びます。

「御義口伝《おんぎくでん》」不軽品《ふきょうほん》の一節

（新1064ジペー・全764ジペー）

御義口伝《おんぎくでん》に云《い》わく、「常《じょう》」の字《じ》は、三世《さんぜ》の不軽《ふきょう》のことなり。「不軽《ふきょう》」とは、一切衆生《いっさいしゅじょう》の内証《ないしょう》に具《ぐ》するところの三因仏性《さんいんぶっしょう》を指《さ》すなり。仏性《ぶっしょう》とは、法性《ほっしょう》なり。法性《ほっしょう》とは、妙法蓮華経《みょうほうれんげきょう》なり云々《うんぬん》。

現代語訳

〈常不軽品三十箇《じょうふきょうほんさんじっか》の大事《だいじ》　第一　「常不軽《じょうふきょう》」の事《こと》〉

御義口伝《おんぎくでん》には仰《おお》せである。「常不軽菩薩《じょうふきょうぼさつ》」の「常《じょう》」の字《じ》は、不軽菩薩《ふきょうぼさつ》が三世《さんぜ》にわたって常住《じょうじゅう》することである。

「不軽《ふきょう》」とは、一切衆生《いっさいしゅじょう》の生命《せいめい》に具《そな》わる三因仏性《さんいんぶっしょう》（正因仏性《しょういんぶっしょう》、了因仏性《りょういんぶっしょう》、縁因仏《えんいんぶっ》性《しょう》）を指《さ》すのである。仏性《ぶっしょう》とは、法性《ほっしょう》である。法性《ほっしょう》とは、妙法蓮華経なのである。

礼拝行《らいはいぎょう》の根底《こんてい》に生命尊厳《せいめいそんげん》の哲学《てつがく》

常不軽菩薩《じょうふきょうぼさつ》の「常」は、過去《かこ》・現在《げんざい》・未来《みらい》にわたる「三世《さんぜ》の不軽」であると説《と》かれています。衆生《しゅじょう》が病《や》み、瞋恚《しんに》〈注3〉と増上慢《ぞうじょうまん》〈注4〉の人々が充満《じゅうまん》する世《よ》に、常《つね》に不軽菩薩が出現《しゅつげん》し、人間蔑視《べっし》の闇《やみ》を万人尊敬《ばんにんそんけい》の光明《こうみょう》によって照《て》らしていく姿《すがた》とも拝《はい》せましょう。

大聖人《だいしょうにん》は「『不軽《ふきょう》』とは、一切衆生《いっさいしゅじょう》の内証《ないしょう》に具《ぐ》するところの三因仏性《さんいんぶっしょう》を指《さ》すなり」と仰《おお》せです。不軽菩薩《ぼさつ》の「決《けっ》して軽《かろ》んじない」という礼拝行《らいはいぎょう》の根底《こんてい》にあるのは、万人《ばんにん》の生命《せいめい》に必《かなら》ず仏性《ぶっしょう》が内在《ないざい》するという洞察《どうさつ》であり確信《かくしん》です。凡夫《ぼんぷ》の眼《まなこ》には、他者《たしゃ》を見《み》ても迷《まよ》いの九界《きゅうかい》を流転《るてん》する境涯《きょうがい》にしか見《み》えません。しかし、仏《ほとけ》の眼《まなこ》は、万人に内在《ないざい》する仏性を見《み》ていくのです。

御義口伝《おんぎくでん》では、万人《ばんにん》の生命《せいめい》に「正因仏性《しょういんぶっしょう》」「了因《りょういん》仏性」「縁因《えんいん》仏性」という三因《さんいん》仏性が具《そな》わっていると仰《おお》せです〈注5〉。それは、万人尊敬《ばんにんそんけい》の根源《こんげん》の真理《しんり》であり、私たちに不軽《ふきょう》の実《じっ》践《せん》を促《うなが》す極理《ごくり》です。

「正因仏性《しょういんぶっしょう》」とは、衆生《しゅじょう》の生命《せいめい》に元来具《がんらいそな》わる仏《ほとけ》の境地《きょうち》、すなわち仏界《ぶっかい》のことです。そして、「了因仏性《りょういんぶっしょう》」とは、真如《しんにょ》を覚知《かくち》し、開《ひら》き現《あらわ》す智慧《ちえ》です。「縁因仏性《えんいんぶっしょう》」とは、「了因《りょういん》」を助《たす》け、「正因《しょういん》」を開発《かいはつ》していく縁《えん》となる一切《いっさい》の善行《ぜんぎょう》をいいます。

土《つち》の中《なか》に埋《う》もれた金《きん》を掘《ほ》り出《だ》す

全《すべ》ての衆生《しゅじょう》の生命《せいめい》には、本然的《ほんねんてき》に「正因仏性《しょういんぶっしょう》」が具《そな》わっています。

しかし、譬《たと》えば、土《つち》の中《なか》に金《きん》が埋《う》もれていても、ただそのままでは、何《なん》の価値《かち》も発揮《はっき》しない。そこで、金《きん》を掘《ほ》り出《だ》すために「縁因仏性《えんいんぶっしょう》」がなければならない。

そして、金《きん》の素晴《すば》らしい光彩《こうさい》を知《し》り、その真価《しんか》を認識《にんしき》する智慧《ちえ》を発揮《はっき》するのは「了因仏《りょういんぶっ》性《しょう》」の働《はたら》きです。

仏法の仏法たるゆえんは、万人《ばんにん》の中《なか》に内在《ないざい》しているけれども、現実《げんじつ》には眠《ねむ》ったままの仏《ぶっ》性《しょう》を、どう引《ひ》き出《だ》していくか、その方途《ほうと》を明確《めいかく》にしていることにあります。

一人一人の生命《せいめい》には、仏性《ぶっしょう》を開《ひら》き顕《あらわ》す力《ちから》が潜在的《せんざいてき》にあります。その上《うえ》で、凡夫《ぼんぷ》がそれに気《き》づくには他者《たしゃ》からの働《はたら》きかけが必要《ひつよう》です。三因仏性《さんいんぶっしょう》を顕《あらわ》すためには、善知識《ぜんちしき》〈注6〉が重要《じゅうよう》となる。

善知識《ぜんちしき》となる人が誓願《せいがん》に生《い》き、祈《いの》り、語《かた》りかけることによって、初《はじ》めて相手《あいて》の仏性《ぶっしょう》が目《め》覚《ざ》めていくのです。現実《げんじつ》には、深《ふか》く厚《あつ》い岩盤《がんばん》に金《きん》が阻《はば》まれているような場合《ばあい》もあります。それでも見放《みはな》すことなく、「幸福《こうふく》の金」を取《と》り出《だ》すまで働《はたら》きかけていく。この能忍《のうにん》の不屈《ふくつ》の仏縁《ぶつえん》があればこそ、人々は、ようやく自身《じしん》の可能性《かのうせい》に気《き》づき、無上《むじょう》の宝《たから》を自《みずか》らの手《て》で掘《ほ》り出《だ》すことができるのです。

「仏心《ぶっしん》とは、大慈悲心《だいじひしん》」

法華経には、不軽菩薩《ふきょうぼさつ》を軽《かろ》んじ迫害《はくがい》を加《くわ》えた人たちは、ひとたびは、生命《せいめい》の因果《いんが》の理法《りほう》によって峻厳《しゅんげん》なる報《むく》いを得《え》る。しかし、正法《しょうほう》を聞《き》いた縁《えん》によって、再《ふたた》び不軽菩薩に巡《めぐ》り合《あ》えるという逆縁《ぎゃくえん》〈注7〉による救済《きゅうさい》の原理《げんり》が明《あ》かされています。

御義口伝《おんぎくでん》には、「既《すで》に杖木《じょうもく》・瓦石《がしゃく》をもって打擲《ちょうちゃく》すれども、『而強毒之《にごうどくし》（しかも強《し》いてこれを毒《どく》す）』するは、慈悲《じひ》より起《お》これり。『仏心《ぶっしん》とは、大慈悲心《だいじひしん》これなり』」（新1070ページ・全769ページ）と示《しめ》されています。

いかなる衆生《しゅじょう》とも、また、困難《こんなん》な状況《じょうきょう》にあっても、仏縁《ぶつえん》を結《むす》んでいくのが、慈悲《じひ》の心であり、私たちの対話《たいわ》の精神《せいしん》です。勇敢《ゆうかん》に誠実《せいじつ》に真摯《しんし》に仏法を語《かた》り切《き》る行動《こうどう》は、実《じつ》は仏《ほとけ》の慈悲の行為《こうい》そのものなのです。勇気《ゆうき》が慈悲に代《か》わるのです。

とともに、不軽菩薩《ふきょうぼさつ》は、相手《あいて》が瓦《かわら》や石《いし》を投《な》げてくると、石が届《とど》かない場所《ばしょ》までいったん避難《ひなん》します。そこから振《ふ》り向《む》き、大声《おおごえ》で「二十四文字《にじゅうよんもじ》の法華経」を叫《さけ》んだことも、見逃《みのが》してはならないでしょう。相手《あいて》の瞋恚《しんに》や慢心《まんしん》の行動《こうどう》に翻弄《ほんろう》されず、しなやかであり、大胆《だいたん》かつ快活《かいかつ》にして聡明《そうめい》なのです。大事《だいじ》なのは、その根底《こんてい》に相手《あいて》を思《おも》う慈悲《じひ》の祈《いの》りがあることです。

「今《いま》、日蓮等《にちれんら》の類《たぐ》い、南無妙法蓮華経と唱《とな》え奉《たてまつ》る行者《ぎょうじゃ》は、末法《まっぽう》の不軽菩薩《ふきょうぼさつ》なり」（新1066ジペー・全765ジペー）と仰《おお》せです。私たちは、「末法《まっぽう》の不軽菩薩」として、不信《ふしん》と憎悪《ぞうお》が渦《うず》巻《ま》く娑婆《しゃば》世界〈注8〉にあって、いよいよ妙法を唱《とな》え弘《ひろ》め、幸《さち》と平和《へいわ》の仏縁《ぶつえん》を結《むす》んでいくのです。

「御義口伝《おんぎくでん》」不軽品《ふきょうほん》の一節　（新1067ページ・全766ページ）

末法《まっぽう》の「仏《ほとけ》」とは、凡夫《ぼんぷ》なり、凡夫僧《ぼんぷそう》なり。「法《ほう》」とは、題目《だいもく》なり。「僧《そう》」とは、我《われ》ら行者《ぎょうじゃ》なり。仏《ほとけ》とも云《い》われ、また凡夫僧《ぼんぷそう》とも云《い》わるるなり。「深《ふか》く円理《えんり》を覚《さと》る。これを名《な》づけて仏《ほとけ》となす」の故《ゆえ》なり。「円理《えんり》」とは、法華経《ほけきょう》なり云々《うんぬん》。

現代語訳

〈第十三　「常不値仏《じょうふちぶつ》、不聞法《ふもんぼう》、不見僧《ふけんそう》（常《つね》に仏《ほとけ》に値《あ》わず、法《ほう》を聞《き》かず、僧《そう》を見《み》ず）」の事《こと》〉

（御義口伝《おんぎくでん》には仰《おお》せである）末法《まっぽう》の「仏《ほとけ》」とは、凡夫《ぼんぷ》であり、凡夫僧《ぼんぷそう》である。「法《ほう》を聞《き》かず」という「法《ほう》」とは、題目である。「僧《そう》を見《み》ず」の「僧《そう》」とは、私たち法華経の行者《ぎょうじゃ》のことである。仏《ほとけ》とも言《い》われ、また凡夫僧《ぼんぷそう》とも言《い》われるのである。「深《ふか》く円理《えんり》を覚《さと》る。これを名《な》づけて仏《ほとけ》となす」のゆえである。「円理《えんり》」とは、法華経である。

行動《こうどう》している学会員こそ仏《ほとけ》

御義口伝《おんぎくでん》では、末法《まっぽう》の仏《ほとけ》とは「凡夫《ぼんぷ》」であり、「凡夫僧《そう》」であると仰《おお》せです。

ですから戸田先生は、「不軽菩薩《ふきょうぼさつ》も大聖人《だいしょうにん》も、だれが見《み》ても偉《えら》そうな光相《こうそう》、光《ひかり》を放《はな》った仏様《ほとけさま》のような姿《すがた》はしていない。大聖人《だいしょうにん》は凡夫《ぼんぷ》の姿《すがた》そのままでいらっしゃる」と講義《こうぎ》されたことがあります。

「凡夫即極《ぼんぷそくごく》」〈注9〉こそ末法《まっぽう》の真実《しんじつ》の「仏《ほとけ》」の姿《すがた》であり、本当《ほんとう》の仏とは、人間を離《はな》れた存在《そんざい》などでは断《だん》じてありません。

そして、広宣流布は、現実《げんじつ》の社会《しゃかい》の中《なか》に飛《と》び込《こ》み、不軽菩薩《ふきょうぼさつ》のごとく一人一人と向《む》き合《あ》い、人間対《たい》人間として関《かか》わり続《つづ》ける中《なか》で進《すす》んでいく戦《たたか》いです。地位《ちい》や肩書《かたが》き、名誉《めいよ》などは関係《かんけい》ない。ただ、苦《くる》しみ悩《なや》む一人のために妙法を語《かた》り、弘《ひろ》めている人こそが、「仏《ほとけ》」となるのです。

どこまでも大事《だいじ》なのは、「行動《こうどう》」です。「行動」のあるところに、胸中《きょうちゅう》の妙法は輝《かがや》くのです。

不軽菩薩《ふきょうぼさつ》も、常《つね》に礼拝行《らいはいぎょう》を通《とお》した対話《たいわ》を貫《つらぬ》き、「六根清浄《ろっこんしょうじょう》」〈注10〉の功徳《くどく》を得《え》て寿命《じゅみょう》を延《の》ばしました。

六根清浄《ろっこんしょうじょう》とは現代《げんだい》の「人間革命」

六根清浄《ろっこんしょうじょう》は、この不軽品《ふきょうほん》に入《はい》る前《まえ》の法師功徳品《ほっしくどくほん》に説《と》かれています。法華経を修行《しゅぎょう》した結果《けっか》、得《え》られる功徳《くどく》を、具体的《ぐたいてき》に明《あ》かしながら弘教《ぐきょう》を勧《すす》めているのです。

「六根《ろっこん》」（目《め》〈眼《まなこ》〉・耳《みみ》・鼻《はな》・舌《した》・身《み》〈皮膚《ひふ》〉・意《い》〈心〉）が「清浄《しょうじょう》」になるとは、生命《せいめい》が浄化《じょうか》されるという意義《いぎ》で、現代的《げんだいてき》には、まぎれもなく「人間革命」といえるでしょう。

さらに御義口伝《おんぎくでん》には、「自他不二《じたふに》の礼拝《らいはい》なり。その故《ゆえ》は、不軽菩薩《ふきょうぼさつ》の四衆《ししゅ》を礼拝《らいはい》すれば、上慢《じょうまん》の四衆《ししゅ》の具《そな》うるところの仏性《ぶっしょう》もまた不軽菩薩《ふきょうぼさつ》を礼拝《らいはい》するなり。鏡《かがみ》に向《む》かって礼拝《らいはい》をなす時《とき》、浮《う》かべる影《かげ》また我《われ》を礼拝《らいはい》するなり云々《うんぬん》」（新1071ページ・全769ページ）とあります。

不軽菩薩《ふきょうぼさつ》は、目《め》の前《まえ》の人の最極《さいごく》の仏《ほとけ》の生命《せいめい》を信《しん》じ、礼拝《らいはい》した。その時《とき》に、鏡《かがみ》に映《うつ》る自分《じぶん》の姿《すがた》も、こちらを礼拝している。相互《そうご》に触発《しょくはつ》する善縁《ぜんえん》となり、自他共《じたとも》の心を高《たか》めていくのです。

戸田先生は、こうも言《い》われました。

「広宣流布のため、立正安国《りっしょうあんこく》のために、悩《なや》み苦《くる》しみながら、人々に仏縁《ぶつえん》を広《ひろ》げ、救《すく》っていく。だからこそ、皆《みな》が仏《ほとけ》になれる。計《はか》り知《し》れない功徳《くどく》があり、勝利《しょうり》があるのだ」と。

「御義口伝《おんぎくでん》」不軽品《ふきょうほん》の一節

（新1070ジペー・全768ジペー）

御義口伝《おんぎくでん》に云《い》わく、自他《じた》の隔意《きゃくい》を立《た》てて、彼《かれ》は上慢《じょうまん》の四衆《ししゅ》、我《われ》は不《ふ》軽《きょう》と云《い》い、不軽《ふきょう》は善人《ぜんにん》、上慢《じょうまん》は悪人《あくにん》と善悪《ぜんあく》を立《た》つるは、無明《むみょう》なり。ここに立《た》って礼拝《らいはい》の行《ぎょう》を成《な》す時《とき》、善悪不二《ぜんあくふに》・邪正一如《じゃしょういちにょ》の南無妙法蓮華経と礼拝《らいはい》するなり云々《うんぬん》。

現代語訳

〈第二十三　無明《むみょう》は礼拝《らいはい》の住所《じゅうしょ》の事《こと》〉
御義口伝《おんぎくでん》に仰《おお》せである。自分《じぶん》と他人《たにん》という立《た》て分《わ》けをして、「彼《かれ》は上慢《じょうまん》の四《し》衆《しゅ》、私は不軽菩薩《ふきょうぼさつ》」と言《い》ったり、「不軽《ふきょう》は善人《ぜんにん》、上慢《じょうまん》の四衆《ししゅ》は悪人《あくにん》」と善悪《ぜんあく》を立《た》て分《わ》けたりするのは無明《むみょう》である。

ここに立《た》って礼拝行《らいはいぎょう》を実践《じっせん》する時《とき》、善悪不二《ぜんあくふに》・邪正一如《じゃしょういちにょ》の南無妙法蓮華経と礼拝《らいはい》するのである。

潜在的《せんざいてき》に具《そな》わる善悪《ぜんあく》の両面《りょうめん》

次《つぎ》に掲《かか》げた御義口伝《おんぎくでん》の一節《いっせつ》では、善《ぜん》と悪《あく》、正《せい》と邪《じゃ》と「隔《へだ》てる意《こころ》」をもって、いわば二元《にげん》論的《ろんてき》に分《わ》けていく見方自体《みかたじたい》が「無明《むみょう》」〈注11〉であると示《しめ》されています。「彼《かれ》は上慢《じょうまん》の四衆《ししゅ》、私は不軽菩薩《ふきょうぼさつ》」「不軽《ふきょう》は善人《ぜんにん》、上慢《じょうまん》の四衆《ししゅ》は悪人《あくにん》」と善悪《ぜんあく》に分《わ》けたままで止《とど》まることは、日蓮仏法の精髄《せいずい》にはない。

「善悪不二《ぜんあくふに》・邪正一如《じゃしょういちにょ》」〈注12〉とあるように、人間には、善《ぜん》の心も悪《あく》の心も共《とも》に存在《そんざい》する。「十界互具《じっかいごぐ》」〈注13〉であるがゆえに、南無妙法蓮華経の唱題行で、誰《だれ》でも「無明《むみょう》」の生命《せいめい》を冥伏《みょうぶく》させ、「法性《ほっしょう》」の生命《せいめい》を顕現《けんげん》させていくことができるのです。

これまで宗教《しゅうきょう》が人間の幸福《こうふく》を求《もと》めながら、分断《ぶんだん》や争《あらそ》いの因《いん》となったことも、歴史《れきし》の教訓《きょうくん》として残《のこ》された事実《じじつ》です。法華経には、善悪《ぜんあく》を二分《にぶん》する思想《しそう》そのものを乗《の》り越《こ》える智慧《ちえ》が説《と》かれています。

つまり、全《すべ》ての人間の生命《せいめい》には、潜在的《せんざいてき》に「善悪《ぜんあく》」の両面《りょうめん》が具《そな》わり、縁《えん》に触《ふ》れてそれぞれが、冥伏《みょうぶく》し、顕在《けんざい》していく。善性《ぜんせい》の開発《かいはつ》は可能《かのう》であるとして、そのための法理《ほうり》が明《あ》かされているのです。

この点《てん》について、私は2007年（平成19年）、イタリアの名門《めいもん》パレルモ大学での記念講《きねんこう》演《えん》〈注14〉で、「自他《じた》ともに、内《うち》なる『悪《あく》』の発現《はつげん》を抑《おさ》え、『善《ぜん》』を薫発《くんぱつ》しゆく、生命《せいめい》の錬《れん》磨作業《まさぎょう》こそ、創造的《そうぞうてき》な『対話《たいわ》』の真骨頂《しんこっちょう》である」と言及《げんきゅう》しました。そして、「現代《げんだい》に要請《ようせい》される『対話《たいわ》』のあり方《かた》も、『コミュニケーション』の要件《ようけん》も、突《つ》き詰《つ》めれば、ここにいたるのではないでしょうか」と呼《よ》びかけたのです。

「人間の善性《ぜんせい》を信《しん》じる」

不軽菩薩《ふきょうぼさつ》の振《ふ》る舞《ま》いは「遠《とお》く四衆《ししゅ》を見《み》ても、亦復故《またことさら》に往《ゆ》きて礼拝《らいはい》・讃歎《さんだん》して」（法華経557ページ）と記《しる》されているように、積極果敢《せっきょくかかん》なる勇猛精進《ゆうみょうしょうじん》です。

常《つね》に自《みずか》ら動《うご》きを起《お》こし、相手《あいて》の生命《せいめい》の変革《へんかく》を促《うなが》す行為《こうい》は、まさに「仏《ほとけ》の使《つか》い」としての尊《とうと》い使命《しめい》であり、「仏の振《ふ》る舞《ま》い」そのものです。

深《ふか》き決意《けつい》の祈《いの》りから、勇気《ゆうき》が湧《わ》き起《お》こり、能動的《のうどうてき》に友《とも》に関《かか》わる創意工夫《そういくふう》の行動《こうどう》が生《う》まれます。

国際法《こくさいほう》の世界的権威《けんい》であるアメリカ・デンバー大学のベッド・ナンダ博士〈注15〉は、いまだ対立《たいりつ》と軍事力《ぐんじりょく》による支配《しはい》が続《つづ》く現代社会《げんだいしゃかい》を、「希望《きぼう》を求《もと》める死闘《しとう》の時代《じだい》」であると指摘《してき》しつつ、それでもと、次《つぎ》のように語《かた》られました。

「人間の善性《ぜんせい》を信《しん》じています。人生《じんせい》は善だと信《しん》じます。すべてが闇《やみ》のように思《おも》われるこの現代社会《げんだいしゃかい》であっても、変化《へんか》を起《お》こすことは可能《かのう》です。私は友情《ゆうじょう》を信《しん》じ、人々を信《しん》じます」

そして博士は、創価の青年たちの行動《こうどう》こそ、「世界平和《へいわ》の基盤《きばん》を確固《かっこ》たるものにする原《げん》動力《どうりょく》といえましょう」と絶大《ぜつだい》なる信頼《しんらい》を寄《よ》せてくださっています。

「自他《じた》の仏性《ぶっしょう》」を信《しん》じ抜《ぬ》き、「人を敬《うやま》う」行動《こうどう》を貫《つらぬ》き通《とお》すことこそ、末法《まっぽう》という時代《じだい》を変《へん》革《かく》していく鍵《かぎ》です。

不軽《ふきょう》の実践《じっせん》とは、人間の可能性《かのうせい》を開花《かいか》させゆく対話《たいわ》の道《みち》です。それを、一人一人の青年が受《う》け継《つ》いでくれることこそ、地道《じみち》でありながらも、最《もっと》も着実《ちゃくじつ》な世界平和《へいわ》への一歩一歩《いっぽいっぽ》なのです。

恩師《おんし》の「この私に代《か》わって」の言葉《ことば》を贈《おく》りたい

私は、恩師《おんし》・戸田先生が、故郷《こきょう》の厚田村《あつたむら》で夕日《ゆうひ》に染《そ》まる海《うみ》を見《み》つめながら語《かた》ってくださった言葉《ことば》が、今《いま》も耳朶《じだ》から離《はな》れません。

「世界は広《ひろ》い。そこには苦悩《くのう》にあえぐ民衆《みんしゅう》がいる。いまだ戦火《せんか》に怯《おび》える子《こ》どもたちもいる。東洋《とうよう》に、そして、世界に、妙法の灯《ひ》をともしていくんだ。この私に代《か》わって」と。

私は恩師《おんし》の名代《みょうだい》として、世界広宣流布の道《みち》を同志《どうし》と共《とも》に開《ひら》き、妙法という平和《へいわ》の種《たね》を、行く国、行く地《ち》で蒔《ま》いてきました。今《いま》、私は「世界青年学会」の新出発《しんしゅっぱつ》にあたり、不二《ふに》の地涌《じゆ》の若人《わこうど》たちに、恩師《おんし》の「この私に代《か》わって」との言葉《ことば》を贈《おく》りたい。

「勇気《ゆうき》の下種《げしゅ》」「友情《ゆうじょう》の対話《たいわ》」を

私たちは皆《みな》、地涌《じゆ》の菩薩《ぼさつ》の誓願《せいがん》によって使命《しめい》の天地《てんち》に出現《しゅつげん》しました。その上《うえ》で、非難《ひなん》や悪口《あっこう》も覚悟《かくご》し、他者《たしゃ》を敬《うやま》い続《つづ》ける行動《こうどう》は、不軽菩薩《ふきょうぼさつ》の「紹継《しょうけい》」でもあります。

各国・各地域《かくちいき》で、忍耐強《にんたいづよ》く〝創価の不軽《ふきょう》〟として進《すす》める「勇気《ゆうき》の下種《げしゅ》」「友情《ゆうじょう》の対話《たいわ》」こそが、地球民族《ちきゅうみんぞく》の善性《ぜんせい》を薫発《くんぱつ》する尊極《そんごく》の歴史《れきし》を創《つく》るのです。

永遠《えいえん》の世界平和《へいわ》への揺《ゆ》るぎなき礎《いしずえ》を築《きず》く大事《だいじ》な七年が、遂《つい》に幕《まく》を開《あ》けたのです。

《注　解》

〈注1〉【常不軽菩薩《じょうふきょうぼさつ》】66ページ参照。不軽菩薩《ふきょうぼさつ》が登場した時代《じだい》は、過去世《かこせ》の威音王仏《いおんのうぶつ》の入滅後《にゅうめつご》、正法《しょうほう》が滅《めっ》した像法《ぞうほう》時代の末《まつ》であり、増上慢《ぞうじょうまん》の比丘《びく》が大勢力《だいせいりょく》をなしていた時代である。不軽菩薩は、経典《きょうてん》の読誦《どくじゅ》に専念《せんねん》することはなく、ただ、四衆《ししゅ》（比丘《びく》・比丘尼《びくに》・優婆塞《うばそく》・優婆夷《うばい》）への礼拝行《らいはいぎょう》を実践《じっせん》した。四衆の姿《すがた》を遠く見れば近づいて人を差別することなく礼拝し、上慢《じょうまん》の四衆が罵詈《めり》しても瞋恚《しんい》の心を生《しょう》ぜず、杖木《じょうもく》・瓦石《がしゃく》の迫害《はくがい》があっても礼拝行を続《つづ》け、「我《われ》は敢《あ》えて汝等《なんだち》を軽《かろ》んぜず。汝等は皆当《みなまさ》に作《さ》仏《ぶっ》すべし」（法華経558ページ）と唱《とな》え続けたことから「常不軽《じょうふきょう》」と呼ばれた。長年、この礼拝行を続け、六根清浄《ろっこんしょうじょう》を得《え》て、更に寿命《じゅみょう》を増《ま》し、後《のち》に千万億の仏にあった。不軽品では、この不軽が釈尊《しゃくそん》自身に他《ほか》ならないことと、不軽を迫害した上慢の四衆が、この法華経の会座《えざ》の聴衆《ちょうしゅう》の中にいることが明《あ》かされている。

〈注2〉【二十四文字《にじゅうよんもじ》の法華経】「我深敬汝等《がじんきょうにょとう》、不敢軽慢《ふかんきょうまん》。所以者何《しょいしゃが》、汝等皆行菩薩道《にょとうかいぎょうぼさつどう》、当得作仏《とうとくさぶつ》」（法華経557ページ）と、漢字《かんじ》24文字で、万人成仏《ばんにんじょうぶつ》という法華経の教理《きょうり》が略説《りゃくせつ》されていることから、「二十四文字の法華経」という。

〈注3〉【瞋恚《しんに》】生命《せいめい》の最《もっと》も根源的《こんげんてき》な三つの煩悩《ぼんのう》である三毒《さんどく》（貪《とん》・瞋《じん》・癡《ち》）の一つ。怒《いか》りうらむこと。

〈注4〉【増上慢《ぞうじょうまん》】まだ覚《さと》りや徳《とく》を体得《たいとく》していないのに、体得したと思《おも》って慢心《まんしん》を起《お》こし、他《ほか》より優《すぐ》れていると思《おも》うこと。不軽菩薩《ふきょうぼさつ》は、増上慢《ぞうじょうまん》の比丘《びく》が多《おお》く、仏法が滅《めっ》しようとする時代《じだい》に出現《しゅつげん》した。

〈注5〉三因仏性《さんいんぶっしょう》は、涅槃経《ねはんぎょう》に基《もと》づいて中国の天台大師智顗《てんだいだいしちぎ》が仏性（成仏《じょうぶつ》の因《いん》として衆生《しゅじょう》の生命《せいめい》に元来具《がんらいそな》わっている性質《せいしつ》）を三つの側面《そくめん》に分析《ぶんせき》したもの。正因《しょういん》仏性、了因《りょういん》仏性、縁因《えんいん》仏性をいう。これらが相互《そうご》に密接《みっせつ》に関連《かんれん》し、支《ささ》え合《あ》って衆生《しゅじょう》が成仏《じょうぶつ》していく因《いん》となっていく。

〈注6〉【善知識《ぜんちしき》】正直《しょうじき》・有徳《うとく》の友人《ゆうじん》。人を仏道《ぶつどう》に導《みちび》き入《い》れる者《もの》のこと。仏法を教《おし》える師匠《ししょう》や、共《とも》に仏道修行《しゅぎょう》に励《はげ》む仲間《なかま》、同志《どうし》を指《さ》す。

〈注7〉【逆縁《ぎゃくえん》】仏法に対《たい》する悪《わる》い行《おこな》いが、かえって仏道《ぶつどう》に入《はい》るきっかけとなること。「而強毒之《にごうどくし》」「毒鼓《どっく》の縁《えん》」などと同義《どうぎ》。

〈注8〉【娑婆《しゃば》世界】145ページ参照。

〈注9〉【凡夫即極《ぼんぷそくごく》】迷《まよ》いと苦《くる》しみの多《おお》い普通《ふつう》の人間（凡夫）に、尊極《そんごく》の仏《ほとけ》の境涯《きょうがい》が現《あらわ》れるということ。法華経では十界互具《じっかいごぐ》が明《あ》かされ、凡夫の身《み》に本来《ほんらい》、仏の境涯が具《そな》わっていて、これを開《ひら》き現《あらわ》すことができると示《しめ》されている。

〈注10〉【六根清浄《ろっこんしょうじょう》】法華経の信仰《しんこう》と実践《じっせん》により、六根《ろっこん》が清《きよ》らかになることで、もたらされる種々《しゅじゅ》の功徳《くどく》のこと。法華経法師功徳品《ほっしくどくほん》第19に説《と》かれる。六根とは目《め》（眼《まなこ》）・耳《みみ》・鼻《はな》・舌《した》・身《み》（皮膚《ひふ》）・意《い》（心）の六つの感覚《かんかく》・認識器官《にんしききかん》のことで、これらが煩悩《ぼんのう》の影響《えいきょう》を受《う》けず、正《ただ》しく働《はたら》き、清《きよ》らかになることをいう。

〈注11〉【無明《むみょう》】元品の無明。45ページ参照。

〈注12〉【善悪不二《ぜんあくふに》・邪正一如《じゃしょういちにょ》】それぞれ、善《ぜん》と悪《あく》、正《せい》と邪《じゃ》が不二の関係《かんけい》にあること。全《すべ》ての事物《じぶつ》・事象《じしょう》は一念三千《いちねんさんぜん》の当体《とうたい》であり、両面《りょうめん》を具《そな》えている。

〈注13〉【十界互具《じっかいごぐ》】24ページ参照。

〈注14〉【パレルモ大学記念講演《きねんこうえん》】2007年（平成19年）3月23日、創立《そうりつ》200年を誇《ほこ》るイタリアの名《めい》門《もん》パレルモ大学から名誉博士号《ごう》を贈《おく》られた際《さい》、池田大作先生は「文明《ぶんめい》の十字路《じゅうじろ》から人間文化《ぶんか》の興隆《こうりゅう》を」と題《だい》する記念講演《きねんこうえん》（代読《だいどく》）を行《おこな》い、人間の尊厳《そんげん》の輝《かがや》く地球文明《ちきゅうぶんめい》の創造《そうぞう》をと訴《うった》えた（『池田大作全集』第150巻所収）。

〈注15〉**【ベッド・ナンダ博士】** ベッド・P・ナンダ。1934年〜2024年。米・デンバー大学教授《きょうじゅ》（元副学長《もとふくがくちょう》）、世界法律家協会《ほうりつかきょうかい》名誉会長（元《もと》会長）。インドとパキスタンの分離独立《ぶんりどくりつ》の混乱《こんらん》の中《なか》、インドに移《うつ》り、後《のち》に、デリー大学や米・エール大学などで学《まな》ぶ。世界的な国際法学者《こくさいほうがくしゃ》として活躍《かつやく》。核《かく》兵器《へいき》の使用《しよう》・威嚇《いかく》の違法性《いほうせい》の是非《ぜひ》を問《と》う「世界法廷《ほうてい》プロジェクト」等を推進《すいしん》。池田大作先生との対《たい》談《だん》『インドの精神《せいしん》——仏教《ぶっきょう》とヒンズー教』（『池田大作全集』第115巻所収）がある。

英訳『御義口伝』への序文

第3代会長　池田　大作

＊英訳『御義口伝』（バートン・ワトソン訳、創価学会、2004年刊）に池田大作先生が寄せた序文を抜粋し、収録しました（学生部「御義口伝」講義開始55周年の折に聖教新聞に紹介されました）。

「生命の尊厳《そんげん》」に基《もと》づく人間主義の時代を

思えば、1962年8月、私は大学生のメンバーを対象《たいしょう》に「御義口伝《おんぎくでん》」の講義《こうぎ》を開始した。未来への人材育成《いくせい》のためと、日蓮大聖人《だいしょうにん》の深遠《しんえん》な哲学《てつがく》を現代に展開《てんかい》して、不信《ふしん》と憎悪《ぞうお》が渦巻《うずま》く核兵器《かくへいき》の時代を信頼《しんらい》と調和《ちょうわ》の人間主義の時代へと転換《てんかん》させたいと深《ふか》く念《ねん》じたからである。

学生部の代表に「御義口伝」を講義する池田先生（1962年8月31日、旧聖教新聞本社で）

「人間の内面の変革《へんかく》」から「外的世界」の変革へ

仏教といえば、戒律《かいりつ》や瞑想《めいそう》を中心とする「内《うち》なる世界」の探求《たんきゅう》のイメージが強く、「内なる世界」から「外《そと》なる世界」への働《はたら》きかけという面が等閑視《とうかんし》されてきたことも事実である。したがって、仏教を平和実現《へいわじつげん》への哲学《てつがく》と捉《とら》える人も少なかった。

しかし、日蓮大聖人《だいしょうにん》は、有名な「立正安国論《りっしょうあんこくろん》」に明《あき》らかなごとく、人間の内面《ないめん》の変革《へんかく》から始まって、外的《がいてき》世界の変革を実現《じつげん》するための根本《こんぽん》の法理《ほうり》を提示《ていじ》されたのである。

大聖人《だいしょうにん》は、法華経を根本経典《こんぽんきょうてん》とし、人間変革《へんかく》、社会変革の源泉《げんせん》を仏や神という外的存在に求《もと》めるのではなく、人間自身の内面に通底《つうてい》し宇宙生命《うちゅうせいめい》に遍在《へんざい》する「法」に見いだし、その「法」を開示《かいじ》・弘通《ぐつう》された。

しかし、それは当時の通念《つうねん》をはるかに超《こ》えていたために、法華経に説《と》かれるとおり数々《かずかず》の大難《だいなん》に遭遇《そうぐう》せざるを得《え》なかった。実は、この忍難弘通《にんなんぐつう》の戦いが、法華経の教えが正しいことを証明《しょうめい》し、同時に、大聖人《だいしょうにん》が法華経を「身読《しんどく》」された、真実の「法華経の行者《ぎょうじゃ》」であることを証明《しょうめい》することになったのである。

後に、身延《みのぶ》入山を機《き》に、大聖人《だいしょうにん》は御自身《ごじしん》の悟《さと》りの立場から、弟子《でし》の育成《いくせい》を図《はか》られながら、法華経を講義《こうぎ》された。法華経の経文《きょうもん》は、既《すで》に実感《じっかん》を伴《ともな》って胸中《きょうちゅう》にあったが、その奥義《おうぎ》は、法華経の権威《けんい》である天台大師《てんだいだいし》や妙楽大師《みょうらく》も説《と》ききっていなかった。大聖人は、仏教の先達《せんだつ》の教えを踏《ふ》まえながら、その奥義の法華経講義を展開《てんかい》されたのである。その講義《こうぎ》を直弟子《じきでし》の日興上人《にっこうしょうにん》が筆録《ひつろく》され、師《し》である大聖人《だいしょうにん》の御允可《ごいんか》を賜《たまわ》ったのが「御義《おんぎ》口伝《くでん》」であると伝えられている。完成の日付は弘安《こうあん》元年（1278年）正月一日と記《しる》されている。

法華経には巧《たく》みな譬喩《ひゆ》や物語《ものがたり》はあるが、哲学《てつがく》がないという批判《ひはん》がある。確《たし》かに法華経の文面《ぶんめん》だけを見れば、そのとおりかもしれない。しかし、仏教には「文《もん》・義《ぎ》・意《い》」という原《げん》理《り》がある。中国の天台大師《てんだいだいし》や妙楽《みょうらく》大師は、法華経の「文」から、「十界互具《じっかいごぐ》」「一念三千《いちねんさんぜん》」「久遠実成《くおんじつじょう》」「開近顕遠《かいごんけんのん》」「開三顕一《かいさんけんいち》」などの精緻《せいち》な「義」（法理《ほうり》）を引き出した。しかし、いまだ法華経の「意」を開顕《かいけん》することはなかった。

日蓮大聖人《だいしょうにん》は、法華経の「意《い》」、つまり「肝心《かんじん》」を南無妙法蓮華経として顕《あらわ》され、その立場から法華経を講義《こうぎ》されたのである。これがいわゆる観心釈《かんじんしゃく》であり、そこには深遠《しんえん》な哲学《てつがく》がある。日蓮大聖人が法華経に新しい生命を吹《ふ》き込《こ》まれたのである。

「凡夫成仏《ぼんぷじょうぶつ》」「凡夫即仏《ぼんぷそくほとけ》」の原理《げんり》

「御義口伝《おんぎくでん》」の構成《こうせい》は、「南無妙法蓮華経」から説《と》き起こされて、法華経二十八品の各品の重要な経文《きょうもん》を取り上げられ、天台大師《てんだいだいし》や妙楽《みょうらく》大師の解説《かいせつ》を紹介《しょうかい》された後に、あるいは経文の後に直接、大聖人の観心釈《かんじんしゃく》を示《しめ》されるという形態《けいたい》をとっている。さらに、開結二経《かいけつにきょう》（無《む》量義経《りょうぎきょう》・普賢経《ふげんぎょう》）の要文《ようもん》を解説《かいせつ》され、合計231カ条《じょう》に及《およ》ぶ。その上に別伝《べつでん》が加《くわ》えられている。

「御義口伝《おんぎくでん》」の根本思想《こんぽんしそう》は何《なん》であろうか。さまざまな解釈《かいしゃく》が可能《かのう》であるが、私は人間の尊《そん》厳《げん》、生命《せいめい》の尊厳をその究極《きゅうきょく》において解《と》き明《あ》かした点にあると思う。具体的には、「凡夫成《ぼんぷじょう》仏《ぶつ》」「凡夫即仏《そくほとけ》」の思想《しそう》である。

通途《つうず》の宗教観《しゅうきょうかん》は、人間を〝聖《せい》なるもの〟の下位《かい》におくものであった。しかし、人間を最高の精神的存在《そんざい》へと高めゆく宗教本来の精神《せいしん》からいえば、その人間を〝神《かみ》の子〟〝仏子《ぶっし》〟へと転換《てんかん》するところに宗教の存在意義《そんざいいぎ》がある。

この観点《かんてん》を最《もっと》も明確《めいかく》に示《しめ》した「御義口伝《おんぎくでん》」の一節《いっせつ》を挙《あ》げたい。

法華経寿量品《じゅりょうほん》には、釈尊《しゃくそん》の久遠成道《くおんじょうどう》を説《と》いて、「我《われ》は実《じつ》に成仏《じょうぶつ》してより已来《このかた》、無量無辺《むりょうむへん》百千万億那由他劫《ひゃくせんまんのくなゆたこう》なり」（法華経478ページ）とある。

この「我《われ》」とは当然《とうぜん》、教主釈尊《きょうしゅしゃくそん》のことであるが、日蓮大聖人《だいしょうにん》はこの「我」を「法界《ほうかい》の衆《しゅ》生《じょう》」「十界己々《じっかいここ》」（新１０４９ページ・全７５３ページ）を指《さ》すと教示《きょうじ》されている。つまり、十界の衆生がすべて本来、仏《ほとけ》であると明《あ》かされているのである。

もちろんそれだけであれば、「理《り》」にすぎない。しかし、大聖人《だいしょうにん》は「今《いま》、日蓮等《ら》の類《たぐ》い、南無妙法蓮華経と唱《とな》え奉《たてまつ》る者《もの》は、寿量品《じゅりょうほん》の本主《ほんしゅ》なり」（新１０５０ページ・全７５３ページ）と仰《おお》せられて、題目を唱《とな》えることによって、誰人《たれびと》であれ、「本来《ほんらい》、仏《ほとけ》なり」と覚知《かくち》することができると、具体的《ぐたいてき》な方途《ほうと》を示《しめ》されているのである。

実に簡潔《かんけつ》な表現《ひょうげん》のなかに、端的《たんてき》に「凡夫即仏《ぼんぷそくほとけ》」の原理《げんり》を示《しめ》されている。こうした人間観が「御義口伝《おんぎくでん》」の顕著《けんちょ》な特徴《とくちょう》の一つである。

また、人生は多難《たなん》である。その意味で、人生は戦《たたか》いであり、鍛錬《たんれん》であるといっても過言《かごん》ではない。

トルストイが「幸福な家庭《かてい》はすべて互《たが》いに似《に》かよったものであり、不幸な家庭はどこもその不幸のおもむきが違っているものである」＊と書いたように、人生には、肉親《にくしん》との死別《しべつ》、不治《ふじ》の病《やまい》の宣告《せんこく》、倒産《とうさん》、失業《しつぎょう》、家庭不和《ふわ》など、さまざまな不幸の嵐《あらし》が吹《ふ》き荒《あ》れる。それが人生の実相《じっそう》であろう。

だからこそ、人々は法華経の「現世安穏《げんぜあんのん》」の哲理《てつり》に救《すく》いを求《もと》めるのである。しかし、苦《く》難《なん》の故《ゆえ》に人間は不幸であると決め付けるならば、幸福な人間など幻《まぼろし》のごとき存在《そんざい》でしかない。

日蓮大聖人《だいしょうにん》もまた、迫害《はくがい》の連続《れんぞく》の人生であられた。２度の流罪《るざい》、死刑《しけい》、武士《ぶし》や暴徒《ぼうと》による襲撃《しゅうげき》、悪口罵詈《あっくめり》等々、命《いのち》に関《かか》わる大難《だいなん》の連続であった。それは法華経の説《と》く「現世安《げんぜあん》穏《のん》」とは遠《とお》くかけ離《はな》れた実相《じっそう》であった。そのために、人々は大聖人が法華経を経文《きょうもん》のままに実践《じっせん》する「法華経の行者《ぎょうじゃ》」であることを疑《うたが》ったのである。

「人の振《ふ》る舞《ま》い」こそ

大聖人《だいしょうにん》は、法華経を講義《こうぎ》されるなかで、御自身《ごじしん》の来《こ》し方《かた》を省《かえり》み、人生の実相《じっそう》を厳《きび》しく凝《ぎょう》視《し》されながら、「難来《なんきた》るをもって安楽《あんらく》と意得《こころう》べきなり」（新１０４５ページ・全７５０ページ）と、法華経とは一見《いっけん》、反対とも見える結論《けつろん》を導《みちび》き出《だ》されるのである。

いな、法華経と反対の結論《けつろん》というより、人々が表面的《ひょうめんてき》に捉《とら》えていた経文《きょうもん》の深意《しんい》を浮《う》かび上がらせたというべきであろう。

これこそ、苦難《くなん》のないことが幸福ではなく、苦難に負《ま》けないことが幸せであるとの真実《しんじつ》の幸福観を提示《ていじ》されたものといえよう。

さらに大聖人《だいしょうにん》は、「涅槃経《ねはんぎょう》に云《い》わく『一切衆生《いっさいしゅじょう》の異《い》の苦《く》を受《う》くるは、ことごとくこれ如来《にょらい》一人《いちにん》の苦《く》なり』云々《うんぬん》。日蓮云《い》わく、一切衆生《いっさいしゅじょう》の異《い》の苦《く》を受《う》くるは、ことごとくこれ日蓮一《いち》人《にん》の苦《く》なるべし」（新1056ジペー・全758ジペー）と、一切衆生への同苦と、その苦を除《のぞ》く大慈《だいじ》悲《ひ》の実践《じっせん》を宣言《せんげん》されている。

このように、自分一人でなく、すべての人々の幸福を祈《いの》り願うところに、仏法者の生き方があることを、御自身《ごじしん》の身《み》をもって、指南《しなん》されたのである。

さらに、大聖人《だいしょうにん》は、法華経に説《と》かれる不軽菩薩《ふきょうぼさつ》に注目《ちゅうもく》された。

彼の菩薩《ぼさつ》の忍難弘通《にんなんぐつう》の方軌《ほうき》、信《しん》ずる者《もの》も謗《ぼう》ずる者も共《とも》に救《すく》いきる「法《ほう》」の力《ちから》、万人《ばんにん》に内在する仏性《ぶっしょう》を敬《うやま》う「但行礼拝《たんぎょうらいはい》」の実践《じっせん》――そこには「万人成仏《ばんにんじょうぶつ》」の思想《しそう》が如実《にょじつ》に示《しめ》されている。

その修行《しゅぎょう》のあり方を大聖人《だいしょうにん》は御自身《ごじしん》の修行《しゅぎょう》に重《かさ》ね合《あ》わせて、民衆救済《みんしゅうきゅうさい》の大慈悲《だいじひ》の戦《たたか》いを広宣流布として壮大《そうだい》に展開《てんかい》されたのである。

大聖人《だいしょうにん》は、法華経が釈尊一代聖教《しゃくそんいちだいしょうぎょう》の肝心《かんじん》であり、法華経の修行《しゅぎょう》の肝心は不軽品《ふきょうほん》であるとされた。そして「不軽菩薩《ふきょうぼさつ》の人《ひと》を敬《うやま》いしは、いかなることぞ。教主釈尊《きょうしゅしゃくそん》の出世《しゅっせ》の本懐《ほんかい》は人《ひと》の振《ふ》る舞《ま》いにて候《そうら》いけるぞ」（新1597ページ・全1174ページ）と仰《おお》せられた。

この御文《ごもん》は、仏法の真実《しんじつ》を、経文《きょうもん》だけでなく、人間の行動を通《とお》して示《しめ》すことに仏《ほとけ》の目的《もくてき》があるという、仏法の人間主義を高《たか》らかに謳《うた》いあげている。

一切衆生《いっさいしゅじょう》に内在《ないざい》する仏性《ぶっしょう》を自覚《じかく》させるために、あらゆる人々を礼拝《らいはい》した不軽菩薩《ふきょうぼさつ》の実践《じっせん》は、揺《ゆ》るぎない信念《しんねん》と無限《むげん》の勇気《ゆうき》から発《はっ》している。

人間内面の尊厳《そんげん》を疑《うたが》わない、確固《かっこ》たる「信《しん》」の確立《かくりつ》

「御義口伝《おんぎくでん》」では、この不軽菩薩《ふきょうぼさつ》の「但行礼拝《たんぎょうらいはい》」について14の角度《かくど》から論《ろん》じられている。

その一つに、「鏡《かがみ》に向《む》かって礼拝《らいはい》をなす時《とき》、浮《う》かべる影《かげ》また我《われ》を礼拝《らいはい》するなり」（新1071ページ・全769ページ）とある。現代社会に欠《か》けている非常《ひじょう》に重要《じゅうよう》な道徳的原理《どうとくてきげんり》である。

つまり、自分が他者《たしゃ》を尊敬《そんけい》するならば、他者も自分を尊敬《そんけい》するという、相互信頼《そうごしんらい》、相互《そうご》尊敬の精神《せいしん》が説《と》かれているのである。

現代社会における人間疎外《そがい》の最大の原因《げんいん》は、利己主義《りこしゅぎ》にある。

これは、私が歴史学者《れきしがくしゃ》のトインビー博士と語り合った結論《けつろん》でもある。

いかにして利己主義《りこしゅぎ》を超克《ちょうこく》するのか。仏法から見れば、人間を自己中心《じこちゅうしん》に追《お》いやるの

は、その生命に潜《ひそ》む「元品《がんぽん》の無明《むみょう》」である。これは、自身の生命が妙法の当体《とうたい》であり、本来の自身が仏《ほとけ》という尊極《そんごく》の存在《そんざい》であることを知らない「無知《むち》」のことである。

その無知《むち》を滅《めっ》するのは、人間の仏性《ぶっしょう》、人間内面《ないめん》の尊厳《そんげん》を信《しん》じて疑《うたが》わない、確固《かっこ》たる「信《しん》」にある。この「信」の確立《かくりつ》こそ、今、人類《じんるい》が最《もっと》も必要としているものではないだろうか。

この日蓮大聖人《だいしょうにん》の生命《せいめい》と平和《へいわ》の哲学《てつがく》を世界に広め、その信仰《しんこう》と理念《りねん》を共有《きょうゆう》する人々の連《れん》帯《たい》は、現在１９０カ国・地域《ちいき》（＝現在は１９２カ国・地域）に拡大《かくだい》している。

生命の真の尊厳《そんげん》に目覚《めざ》めた人類《じんるい》の連帯《れんたい》が、戦争《せんそう》やテロの暴力《ぼうりょく》を排除《はいじょ》し、貧困《ひんこん》や環境《かんきょう》破壊《はかい》など、人類が抱《かか》える地球的《ちきゅうてき》な問題を解決《かいけつ》する日が来ることを確信《かくしん》するとともに、またその日が一日も早いことを強く願うものである。

（２００４年11月18日）

＊トルストイ著『アンナ・カレーニナⅠ』木村浩訳、『世界文学全集21』所収、講談社

後記

２０２２年8月の第10回本部幹部会に寄せたメッセージで、池田大作先生は述べられた。

「確固たる精神の指標が求められてやまない現代にあって、誰もが人間革命し得る真の民衆仏法であり、人類の宿命を転換し得る真の世界宗教である『太陽の仏法』の極理を、創価の師弟は『哲学界の王者』の誇りも高く、いよいよ語り、いよいよ広めてまいりたい。私も多くの求道の友からの要請に応え、新たに『御義口伝』の要文の講義を開始したいと思っております」

そして、大白蓮華誌上で同年11月号から要文講義が始まり、翌２０２３年12月号での第14回となる不軽品編が最後の講義となった。本書はその全編を収録した。

学生部を対象とした御義口伝講義から60年余、池田先生は一貫して御義口伝から、仏法の生命観、生死観、人間観、成仏観、社会観、宇宙観、そして師弟観と広宣流布観を紡ぎ出している。「凡夫即極」という仏教精髄の哲学を通して、地球民族の幸福と平和を創造しゆく確かな道筋を説き残してくださった。

なお、本書には、２００４年に刊行された英訳『御義口伝』（バートン・ワトソン訳）に池田先生が寄せた序文も掲載した。御義口伝の概要を海外の友に端的に紹介する内容となっている。

今回、この一書を上梓できることに、あらためて著者である池田先生に深く感謝申し上げるとともに、読者にとって智慧と希望を育む源泉となることを願ってやまない。

――編集部

池田大作（いけだ・だいさく）
1928年～2023年。東京生まれ。創価学会第三代会長、名誉会長、創価学会インタナショナル（SGI）会長を歴任。創価大学、アメリカ創価大学、創価学園、民主音楽協会、東京富士美術館、東洋哲学研究所、戸田記念国際平和研究所などを創立。世界各国の識者と対話を重ね、平和、文化、教育運動を推進。国連平和賞のほか、モスクワ大学、グラスゴー大学、デンバー大学、北京大学など、世界の大学・学術機関から名誉博士・名誉教授、さらに桂冠詩人・世界民衆詩人の称号、世界桂冠詩人賞、世界平和詩人賞など多数受賞。
著書は『人間革命』（全12巻）、『新・人間革命』（全30巻）など小説のほか、対談集も『二十一世紀への対話』（A・J・トインビー）、『二十世紀の精神の教訓』（M・ゴルバチョフ）、『平和の哲学　寛容の智慧』（A・ワヒド）、『地球対談　輝く女性の世紀へ』（H・ヘンダーソン）など多数。

「御義口伝」要文講義

発行日　二〇二五年一月二日

著　者　池田大作
発行者　小島和哉
発行所　聖教新聞社
〒一六〇―八〇七〇　東京都新宿区信濃町七
電話　〇三―三三五三―六一一一（代表）

印刷・製本　TOPPAN株式会社

定価はカバーに表示してあります
© The Soka Gakkai 2025 Printed in Japan
ISBN978-4-412-01716-0
ブックデザイン　中山聖雨

落丁・乱丁本はお取り替えいたします
本書の無断複製は著作権法上での例外を除き、禁じられています